Fashion Law

Fashion Law

DIREITO DA MODA

2019

Coordenação: Renata Domingues Balbino Munhoz Soares

ALMEDINA

FASHION LAW

AUTOR:Renata Domingues Balbino Munhoz Soares
DIAGRAMAÇÃO: Almedina
DESIGN DE CAPA: FBA
ISBN: 9788584935123

Dados Internacionais de Catalogação na Publicação (CIP)
(Câmara Brasileira do Livro, SP, Brasil)

Fashion Law - direito da moda / coordenação
Renata Domingues Balbino Munhoz Soares. --
São Paulo : Almedina, 2019.

Ed. bilíngue português/inglês.
Bibliografia.
ISBN 978-85-8493-512-3

1. Design de moda - Leis e legislação 2. Direitos
autorais 3. Moda - História 4. Propriedade industrial
5. Propriedade intelectual I. Soares, Renata
Domingues Balbino Munhoz. Título: Fashion Law.

19-29081 CDU-34:391

Índices para catálogo sistemático:
1. Fashion Law : Propriedade intelectual : Direito 34:391
Iolanda Rodrigues Biode - Bibliotecária - CRB-8/10014

Este livro segue as regras do novo Acordo Ortográfico da Língua Portuguesa (1990).

Setembro, 2019

EDITORA: Almedina Brasil
Rua José Maria Lisboa, 860, Conj.131 e 132, Jardim Paulista | 01423-001 São Paulo | Brasil
editora@almedina.com.br
www.almedina.com.br

SOBRE A COORDENADORA

Renata Domingues Balbino Munhoz Soares

Advogada e Consultora jurídica em *Fashion Law*. Doutora e Mestre em Direito pela Universidade Presbiteriana Mackenzie. Especialista em *Fashion Law* pelo *Milano Fashion Institute* - Itália. Especialista em Direito Privado pela Escola Paulista da Magistratura. Membro efetivo do IBERC - Instituto Brasileiro de Estudos de Responsabilidade Civil. Professora da Universidade Presbiteriana Mackenzie. Coordenadora do Grupo de Estudo "Princípios de Direito Contratual - *Fashion Law*", da Universidade Presbiteriana Mackenzie. Coordenadora e Professora do Curso de Pós-Graduação *Lato Sensu* (Especialização) em Direito da Moda da Universidade Presbiteriana Mackenzie. Autora e co-autora de várias obras jurídicas. Parecerista.

SOBRE OS AUTORES

Ana Carolina Paes de Carvalho

Pós-graduada em Direito Processual Civil pela FGV - GVLAW e em direito do consumidor pelo Damásio Educacional. Bacharel em Direito pela Universidade Presbiteriana Mackenzie.

Aurelio Assenza

Advogado na Itália.

Carolina Boari Caraciola

Advogada e pesquisadora do mercado de luxo. Pós Doutoranda em Comunicação pela Escola de Comunicações e Artes da USP. Doutora em Comunicação e Semiótica pela PUC-SP. Professora em cursos de Comunicação e *Marketing*.

Cristiano Bacchini

Advogado na Itália.

Eloá Souza Figaro

Mestre em Direito pela USP. Membro do Grupo *Ad-Hoc* sobre Responsabilidade Internacional do Estado pelo Meio Ambiente da Sociedade Latino Americana de Direito Internacional.

Erika Synowiec

Advogada na Argentina.

Evane Beiguelman Kramer

Advogada. Doutora em Direito pela USP. Mestre em Direito pela PUC-SP. Professora da Faculdade de Direito da Universidade Presbiteriana Mackenzie. Foi Chefe de Gabinete e Secretária Adjunta da Justiça do Estado de São Paulo (2005-2006). Foi membro da Comissão de Gestão do Judiciário na Ordem dos Advogados do Brasil - Seção de São Paulo. Membro do IASP - Instituto dos Advogados de São Paulo.

Flávio de Leão Bastos Pereira

Doutor e Mestre em Direito pela Universidade Presbiteriana Mackenzie. Especialista em Direitos Fundamentais pela Universidade de Coimbra (Instituto *Ius Gentium Conimbrigae*/IGC) e IBCCRIM. Egresso do *International Institute For Genocide and Human Rights Studies* (*Zoryan Institute*) da Universidade de Toronto - Canadá. Membro do rol de especialistas da Academia Internacional dos Princípios de Nuremberg - Alemanha. Conselheiro componente do Conselho Editorial da Imprensa Oficial do Estado de São Paulo. Colaborador do Departamento de História - IFCH/ Unicamp, desde 2018, sob supervisão de Pedro Paulo A. Funari. Professor e coordenador adjunto da Faculdade de Direito da Universidade Presbiteriana Mackenzie.

Irene Patrícia Nohara

Advogada. Livre-Docente, Doutora, Mestre e Bacharel em Direito pela USP. Professora-Pesquisadora do Programa de Pós-graduação *Stricto Sensu* da Universidade Presbiteriana Mackenzie.

Ivandick Cruzelles Rodrigues

Advogado. Doutorando em Direito pela USP. Mestre em Direito pela PUC--SP. Professor da Faculdade de Direito da Universidade Presbiteriana Mackenzie.

Karen Rochlin

Bacharel em Ciências Sociais pela UFPE. Possui curso de extensão em Jornalismo, Marketing e Planejamento Estratégico pela PUC-RJ, em *Design Thinking* pela ESPM-RJ e em Fashion *Forecasting* pela Univercidade. Consultora e palestrante. Coordenadora do Projeto de Moda Sustentável do Sebrae.

Leonardo Maria Seri

Advogado na Itália.

Manuella Santos de Castro

Advogada e Editora Jurídica. Doutoranda em Direito pela USP. Mestre e Bacharel em Direito pela PUC-SP. Bacharelanda em História pela USP. Professora da Pós-graduação *Lato Sensu* (Especialização) da Universidade Presbiteriana Mackenzie, da Ebradi - Escola Brasileira de Direito e do Curso Gaia.

Maria Edelvacy Pinto Marinho

Advogada. Doutora em Direito pela Universidade Paris 1 - *Pantheón Sorbonne*. Professora da Faculdade de Direito da Universidade Presbiteriana Mackenzie.

Maria Elena Forchieri

Advogada na Argentina.

Maykel Ponçoni

Doutora em Ciências Jurídicas e Sociais pela *Universidad del Museo Social Argentino*. Doutoranda e Mestre em Direito pela Universidade Presbiteriana Mackenzie. Especialista em Direito Público pela Universidade Gama Filho. Pesquisadora da Plataforma Internacional ASAP - *Academics Stand Against Poverty*. Servidora do Governo do Estado de Mato Grosso na Unidade Setorial de Correição. Presidente da Segunda Junta de Julgamento do Conselho Estadual do Meio Ambiente de Mato Grosso.

Nicola Guerini

Diretor do Milano Fashion Institute - Itália.

Olivier Lassoie

Advogado atuante na Itália e na Bélgica. Mestre em Direito pela Universidade Católica de Milão. Mestre em Direito pela Universidade Católica de Louvain.

Patricia Vanzolini

Advogada. Doutora e Mestre em Direito pela PUC-SP. Professora da Faculdade de Direito da Universidade Presbiteriana Mackenzie.

Rangel Perrucci Fiorin

Advogado. Doutorando e Mestre em Direito pela PUC-SP. Professor da Pós-graduação *Lato Sensu* (Especialização) e da Faculdade de Direito da Universidade Presbiteriana Mackenzie. Ex-conselheiro do CARF - Conselho Administrativo de Recursos Fiscais.

Rubens Carmo Elias Filho

Advogado. Doutor e Mestre em Direito pela PUC-SP. Especialista em Direito Empresarial pela Universidade Presbiteriana Mackenzie. Bacharel em Direito pela mesma instituição. Professor da Pós-graduação *Lato Sensu* (Especialização) e da Faculdade de Direito da Universidade Presbiteriana Mackenzie. Coordenador do curso de extensão "Temas Atuais do Direito Imobiliário" da FAAP. Palestrante e professor convidado nas seguintes instituições: EPM, PUC-SP, EPD, FGV e INSPER. Membro efetivo do IASP.

Solange Teles da Silva

Pós-doutora e Doutora pela Universidade Paris I - *Panthéon-Sorbonne*. Diploma de Estudos Aprofundados em Direito Ambiental pela Universidade Paris I - *Panthéon-Sorbonne*. Especialização pela *Rhodes Academy of Oceans Law and Police*. Bacharel em Direito pela USP. Professora da Pós-Graduação *Stricto Sensu* em Direito da Universidade Presbiteriana Mackenzie. Pesquisadora do CNPq.

Vicente Bagnoli

Advogado. Doutor em Direito pela USP. Mestre em Direito pela Universidade Presbiteriana Mackenzie. Pesquisador visitante no Instituto *Max Planck* de Concorrência e Inovação. Professor da Faculdade de Direito da Universidade Presbiteriana Mackenzie. Coordenador do Grupo de Estudos de Direito da Concorrência da Faculdade de Direito da Universidade Presbiteriana Mackenzie. Membro da ASCOLA - *Academic Society for Competition Law*. Membro do Observatório de Efetivação do

Direito da Concorrência da Universidade Católica Portuguesa - Porto. Consultor não governamental da ICN - *International Competition Network*. Consultor temporário do Banco Mundial e da Organização Mundial da Propriedade Intelectual. Presidente da Comissão de Estudos da Concorrência e Regulação Econômica da OAB-SP (2013-2015). Presidente do Comitê Jurídico da Câmara Ítalo-Brasileira de Comércio, Indústria e Agricultura; e Conselheiro do IBRAC - Instituto Brasileiro de Estudos da Concorrência, Consumo e Comércio Internacional. Membro da ICC - *International Chamber of Commerce*.

NOTA DA COORDENADORA

Parafraseando Christin Dior, quando afirma que *senza fondamenta, la moda non può esistere*, sem fundamentos o Direito da moda (Fashion Law) não se sustenta, não pode existir. Essa é a razão deste livro: encontrar os fundamentos para o Fashion Law. Resultado da paixão pelo Direito e pela Moda, esta obra reúne os apaixonados pelos dois campos. Não é sem motivo que representantes do Direito da Universidade Mackenzie deram as mãos nessa empreitada aos representantes da Moda e do Milano Fashion Institute (MFI).

A *passione per la moda* e o *made in Italy* estão presentes nessa obra, com artigos de profissionais que têm voltado seu olhar para o Direito e para como a ciência jurídica pode ser instrumento a favor da indústria da moda, do mercado e do consumidor.

O interesse dessa coordenadora pelo *Fashion Law* nasceu há alguns anos e, podemos dizer, da infância pulou para a vida adulta - crescendo extraordinariamente! O ponto de partida do interesse acadêmico sobre a matéria se deu em 2007, a partir da fundação do Grupo de Estudos de Contratos, na Faculdade de Direito da Universidade Presbiteriana Mackenzie. Em 2016, finalmente, o *Fashion Law* passou a ser objeto de pesquisa na universidade. Em seguida, vieram palestras, cursos, seminários, aulas, congressos internacionais, orientações, projetos e hoje, após o *Summer Course* em Milão, no *Milano Fashion Institute*, sob a coordenação de Nicola Guerini, essa *passione* tornou-se uma realidade e aqui está o nosso livro em parceria! E virão muitas outras!

A obra é voltada a todos aqueles que, estudantes de graduação, de pós-graduação e profissionais da moda ou do Direito, desejam compreender melhor o que é o *Fashion Law* e sua relação com os ramos do Direito já conhecidos, a partir da interdisciplinaridade entre o âmbito jurídico e a moda, o *design* e a arte. Para fins didáticos, o livro encontra-se dividido em seis partes, a seguir descritas:

A parte I, que trata da indústria da moda e as perspectivas do mercado para o Fashion Law, conta com três artigos: o primeiro, de autoria de Nicola Guerini, diretor do *Milano Fashion Institute* (Itália), que aborda os novos desafios da indústria da moda, os novos protagonistas e o novo cenário para os próximos anos. Trata dos diversos segmentos da moda, do luxo ao "*fast fashion*" e do fenômeno "*see now, buy now*", além de analisar o novo perfil do consumidor – dos *millenials* à geração Z e da herança do "made in Italy". Na sequência, Vicente Bagnoli oferece uma análise detalhada das perspectivas do mercado brasileiro. Por fim, fechando a primeira parte, Carolina Boari Caraciola trata da evolução do mercado de luxo.

A parte II, que tem como objeto de análise o direito contratual, oferece mais três artigos. O primeiro, de autoria desta coordenadora que vos escreve, trata dos novos paradigmas contratuais da indústria da moda. Em seguida, Rubens Carmo Elias Filho e Ana Carolina Paes de Carvalho tratam das peculiaridades dos contratos de *shopping centers*. Por fim, Olivier Lassoie, advogado em Milão e na Bélgica e especialista em comércio internacional e *Fashion Law*, traz o instigante tema da incorporação de empresas e seus contratos, como agência, distribuição, franquia e licença, ilustrando com casos emblemáticos.

A parte III, que tem como foco de análise a propriedade intelectual, oferece mais três artigos. O primeiro, de autoria de Leonardo Maria Seri e Cristiano Bacchini, trata da situação da indústria da moda entre a proteção do *design* e a lei de direitos autorais sob a perspectiva do direito italiano. Na sequência, Aurelio Assenza traz reflexões sobre a proteção da marca nos termos do Regulamento EU 2017/1001. Fechando esta parte, Erika Synowiec e Maria Elena Forchieri analisam a propriedade intelectual e o *Fashion Law* no direito argentino.

A parte IV, de forma inovadora no *Fashion Law*, traz cinco artigos que analisam o atual e relevante tema do *compliance*. Irene Patrícia Nohara e Maykel Ponçoni inauguram essa parte tratando do *compliance* na indústria da moda. Manuella Santos de Castro examina casos célebres em que marcas famosas foram acusadas de uso de trabalho em condição análoga à de escravo. Em seguida, Patricia Vanzolini examina os limites da responsabilidade penal no contexto da terceirização. Ivandick Cruzelles Rodrigues analisa a cadeia produtiva, a terceirização e a responsabilidade trabalhista. Por fim, Rangel Perrucci Fiorin cuida do PIS e do COFINS na indústria têxtil.

A parte V, tratando do direito ambiental, oferece três artigos. O primeiro, de Eloá Souza Figaro, enfrenta os desafios para a sustentabilidade na indústria da moda e a aplicabilidade de princípios de direito internacional do meio ambiente. Em seguida, Solange Teles da Silva e Maria Edelvacy Pinto Marinho, cuidam do conceito de sociobiodiversidade na indústria da moda. Fechando essa parte, Evane Beiguelman Kramer e Karen Rochlin analisam o novo *mindset* e a sustentabilidade na cadeia produtiva da moda.

Concluindo a obra, a parte VI é dedicada aos direitos humanos, e traz o artigo de Flávio de Leão Bastos Pereira, estudioso do tema, que examina a relação entre direitos humanos e apropriação cultural na indústria da moda.

Verifica-se, pois, que o *Fashion Law* reúne uma grande família: heterogênea, global, mas focada num mesmo propósito - o conteúdo e a linguagem desse livro são a prova disso. Deixo registrado meu sincero muito obrigada aos alunos, aos colegas professores, aos profissionais estrangeiros, ao diretor da Faculdade de Direito da Universidade Presbiteriana Mackenzie, ao *Milano Fashion Institute* e, especialmente, à editora Almedina, por acreditar nesse novel e promissor ramo do Direito!

Boa leitura a todos, seja em inglês, espanhol ou português!

Renata Domingues Balbino Munhoz Soares
Advogada.
Doutora e Mestre em Direito
pela Universidade Presbiteriana Mackenzie.
Especialista em *Fashion Law* pelo *Milano Fashion Institute* - Itália.
Especialista em Direito Privado pela Escola Paulista da Magistratura.
Membro efetivo do IBERC - Instituto Brasileiro de Estudos
de Responsabilidade Civil.
Professora da Universidade Presbiteriana Mackenzie.
Coordenadora do Grupo de Estudo "Princípios de Direito Contratual - Fashion Law", da Universidade Presbiteriana Mackenzie.
Coordenadora do Curso de Pós-Graduação *Lato Sensu* (Especialização) em Direito da Moda da Universidade Presbiteriana Mackenzie.

PREFÁCIO

A indumentária, desde as civilizações primordiais, é vestida de significados. Ela pode indicar que determinado indivíduo ocupa uma posição de prestígio dentro da escala hierárquica militar, como acontecia com os centuriões romanos ou pode indicar o pertencimento à determinada classe de trabalhadores, como fez representar o jeans nos idos dos anos 40 e 50 do século XX. A moda, ainda que não assim descrita, sempre fez parte da História do homem. Se não por sinal distintivo de classe social (como o foi nos séculos XV e seguintes), como forma de expressão artística dos estilistas (desde 1965, com Yves Saint Laurent e seu vestido inspirado nas pinturas de Mondrian, até Galliano e sua homenagem às bailarinas de Degas), a moda define as cores do cotidiano e impacta o consumo e a economia.

Ainda que assim não fosse, os dados econômicos relativos à indústria de moda são espantosos. De acordo com a Associação Brasileira da Indústria Têxtil e de Confecção (Abit), dados de 2017 indicam que o faturamento da cadeia têxtil e de confecção foi de US$ 51,58 bilhões. O saldo da geração de empregos no setor têxtil e de vestuário, no mês de janeiro de 2019, foi de 9.276 e na indústria de transformação 34.929. A movimentação econômica dessa indústria é altamente relevante. A indústria têxtil é o segundo maior empregador da indústria de transformação, perdendo apenas para alimentos e bebidas (juntos).

É nesse contexto que se inserem os advogados e juristas. O *Fashion Law*, termo inglês, cunhado por Susan Scafidi (que ajudou a fundar o *Fashion Law Institute*) é um ramo da Propriedade Industrial, que envolve áreas diversas do direito, como: direito autoral, direito da concorrência, direito do consumidor, privacidade, regulação da internet e sustentabilidade, além de relações de trabalho e societárias.

Com foco em áreas plurais do Direito, a coordenadora da presente obra, Renata Domingues Balbino Munhoz Soares, pesquisadora de grande tradição na área e destacado conhecimento, concebeu um livro que apresentasse o mercado nacional e internacional da moda, seus aspectos econômicos e concorrenciais, o mercado de luxo e as *trademarks* com seus casos relacionados.

Assim, nessa leitura é possível encontrar o direito do consumidor, os direitos humanos e apropriação cultural; o direito do trabalho, a cadeia produtiva e a responsabilidade trabalhista, dentro do contexto da moda. As questões contratuais em espécie (contratos de prestação de serviço, contrato de representação comercial, contratos com agências), contratação comercial (contrato de propriedade intelectual: licença de uso de marca, cessão e franquias) e violações também são abordadas durante a obra.

Outro aspecto bastante comum, dentro dessa área de estudo, são os estabelecimentos de rua e *shopping centers*, formação de aluguel, cláusulas de raio e exclusividade, vitrines, cases emblemáticos, ou seja, questões imobiliárias. As regras econômicas levam às fusões e aquisições, que são objeto de estudo, juntamente com questões aduaneiras. Por fim, o sensível tema da sustentabilidade que é a chave para o equilíbrio entre o consumo e a renovação dos recursos como forma de garantir o equilíbrio entre consumo e geração de riqueza como herança para as gerações futuras.

Portanto, a leitura sobre os temas relativos ao *Fashion Law* é crucial para entender sobre o financiamento da indústria, geração de emprego e aumento do PIB nacional. O tema é importante e a leitura, essencial.

Felipe Chiarello Souza Pinto

Doutor e Mestre em Direito pela PUC-SP. Diretor da Faculdade de Direito da Universidade Presbiteriana Mackenzie. Professor do Programa de Mestrado e Doutorado em Direito Político e Econômico da mesma instituição. Membro do Comite da Área do Direito no Programa SciELO/ FAPESP. Membro Titular da Academia Paulista de Letras Jurídicas e da Academia Mackenzista de Letras.

SUMÁRIO

Parte I - A Indústria da Moda e as Perspectivas do Mercado para o Fashion Law

1. Fashion versus Fashion: Where is the Change Going? The Impact of Dismantling the Old Rules of the Industry and the Role of the Made in Italy in Front of the New Challenges..............27
Introduction 27
1. Rethinking the fashion cycle: the emergence of the phenomenon called "see now, buy now" 28
2. A new customer: from Millenials to Gen-Z 33
3. Fashion disruption: is breaking the rules the new rule? 36
4. The Fashion System and the legacy of the 'Made in Italy' 38
5. Made in Italy & Italian Sounding 40

2. As Perspectivas do Mercado Brasileiro para o *Fashion Law* 45
Introdução 45
1. Contexto e Perspectivas Econômicas 45
2. Análise Concorrencial 51
Conclusões 59
Referências 59

3. A Evolução do Mercado de Luxo: de Luís XIV à Contemporaneidade.....61
Introdução 61
1. O Propulsor do Mercado de Luxo 62
2. O Luxo como Negócio 70
Conclusões 75
Referências 76

Parte II - Direito Contratual

4. A Indústria da Moda e os Novos Paradigmas Contratuais: Princípios, Espécies e Características 79
Introdução 79
1. Os Princípios Contratuais Aplicáveis ao *Fashion Law* e sua Repercussão Prática 79
2. Os Contratos em Espécie e o Mercado da Moda 83
3. Características Peculiares 88
Conclusões 91
Referências 92

5. Direito Imobiliário: Contratos de *Shopping Center* e suas Peculiaridades 95
Introdução 95
1. *Shopping Centers*: Tenant Mix - Auxílio no Desenvolvimento e Promoção de Marcas e Produtos 98
2. Cláusulas Específicas dos Contratos de *Shopping Centers* 104
3. Responsabilidade do Empreendedor e Administrador do *Shopping Center* 115
Conclusões 116
Referências 117

6. Different Legal Issues in the Fashion Industry 119
Introduction 119
1. The brand and its registration 119
2. The incorporation of the company 122
3. The products commercialization and its agreements 124
3.1. Agency Agreement 124
3.2. Distribution Agreement 125
3.3. Franchise Agreement 127
3.4. Licence Agreement 128
Conclusions 131
References 131

Parte III - Propriedade Intelectual

7. Fashion Industry between Design Protection and Copyright Law: an Italian Perspective 135
Introduction 135
1. Design rights 138
1.1 Unregistered design 144

2. Copyright: industrial design 145
Conclusions 148
References 149

8. Pills about Trademark Protection under Reg. EU 2017/1001 151
Introduction 151
1. What can be Registered as a Trademark 152
1.1. Shape 153
1.2. Position TMs 154
1.3. Colors 155
1.4. Patronymics 156
2. Requirements for a valid registration of a sign as a trademark 156
2.1. Novelty and likelihood of confusion 157
2.2. Distinctiveness 158
2.3 Lawfulness 159
3. Registration of a TM at EU level 160
4. Rights conferred by a TM - infringement 160
Conclusions 164
References 165

9. Propiedad Intelectual en el Derecho de la Moda en Argentina 167
1. Una nueva rama del derecho ha nacido "derecho de la moda" 167
2. Una industria sin uniformidad internacional en cuanto a normativa 169
3. La protección local 170
3.1. Marcas y logos 171
3.2. Diseño industrial 172
3.3. Derecho de autor 175
3.4. Contratos como forma de protección de derechos 176
Conclusiones 177
Referencias 177

Parte IV - Compliance na Indústria da Moda e suas Implicações no Direito Aduaneiro, Trabalhista e Criminal

10. *Compliance* na Indústria da Moda 181
Introdução 181
1. A Inserção na Legislação Brasileira da Tendência Internacional de *Compliance* 182
2. Análise e Gestão de Riscos na Governança da Indústria da Moda 185
2.1. Indústria e Comércio da Moda: Modelos Sustentáveis na Cadeia Produtiva 186

2.2. *Compliance* no Direito Trabalhista
e a Importância no Combate ao Trabalho Escravo e Infantil 187
3. *Compliance* como Mecanismo de Concorrência Desleal 189
3.1. Combate à Contrafação:
a Proteção das Criações de Moda pelos Direitos Autorais 190
3.2. *Compliance* Tributário na Indústria da Moda no Brasil 192
Conclusões 194
Referências 195

11. Marcas Famosas e uso de Trabalho em Condição Análoga à de Escravo 199
1. Breves Noções sobre Propriedade Intelectual 199
2. Propriedade Intelectual e Desenvolvimento Econômico 201
3. Marcas Famosas e uso de Trabalho em Condição Análoga à de Escravo 203
Conclusões 213
Referências 214

12. O Trabalho Escravo na Moda:
Limites da Responsabilidade Penal no Contexto da Terceirização 217
Introdução 217
1. Análise do Tipo 218
2. Desafios à Imputação Objetiva 223
3. Desafios à Imputação Subjetiva 226
Conclusões 227
Referências 228

13. Cadeia Produtiva, Terceirização e Responsabilidade Trabalhista:
O Que Mudou Após a Reforma Trabalhista
e o Julgamento do RE958252 e da ADFP 324? 229
Introdução 229
1. Cadeia Produtiva do Mercado *Fashion* 230
1.1. Divisão das Etapas Produtivas 232
2. Terceirização 234
2.1. Conceito 234
2.2. A Terceirização na era da Súmula 331 do TST 236
2.3. A Terceirização na era Pós-Reforma Trabalhista
e o Julgamento do RE 958.252 e ADPF 324 238
3. Responsabilidade Trabalhista e Critérios
para Valoração de Danos Extrapatrimoniais 241
3.1. Quem Responde pelos Créditos Trabalhistas? 245
3.2. Responsabilidade Subjetiva e Objetiva 245

3.3. Situação de Formação de Vínculo: da Subordinação Estruturada 248
Conclusões 250
Referências 252

14. PIS e COFINS na Indústria Têxtil:
Utilização de Créditos Relativos a Despesas Aduaneiras 255
Introdução 255
1. Do Regime não Cumulativo da Contribuição
para o Programa de Integração Social - PIS
e da Contribuição para o Financiamento da Seguridade Social - COFINS 255
Referências 262

Parte V - Direito Ambiental

15. Desafios para a Sustentabilidade na Indústria da Moda
e Aplicabilidade de Princípios de Direito Internacional do Meio Ambiente . 265
Introdução 265
1. Indústria da Moda e Geração de Resíduos 266
2. Direito Internacional do Meio Ambiente 268
2.1. Princípios como Fonte de Direito Internacional do Meio Ambiente 270
2.1.1. Princípio da Cooperação 273
2.1.2. Princípio da Soberania sobre os Recursos Naturais
e a Responsabilidade de não Causar Danos ao Meio Ambiente
de Outros Estados ou Áreas Além da Jurisdição Nacional 274
2.1.3. Princípio do Desenvolvimento Sustentável 275
2.1.4. Princípio da Prevenção 277
2.1.5. Princípio do Poluidor Pagador 278
2.1.6. Princípio da Responsabilidade Comum - Porém Diferenciada 279
Conclusões 280
Referências 281

16. Sociobiodiversidade que se Veste 283
Introdução 283
1. A Relação entre a Cadeia Produtiva da Moda e a Sociobiodiversidade:
a Indústria Têxtil, de Confecção e Vestuário e os Parâmetros de Sustentabilidade. 284
1.1. Breve Panorama da Indústria Têxtil, de Confecção e Vestuário
e os Impactos nos Componentes da Biodiversidade 285
1.2. Da Industrialização Inclusiva e Sustentável, Fomentando a Inovação,
a Produção e Consumo Sustentáveis 287
2. O Uso de Expressões Gráficas dos Povos Indígenas pela Indústria da Moda .. 291

2.1. O Tratamento Internacional dado
às Expressões Culturais Tradicionais (ECTs) 291
2.2. O Tratamento dado às Expressões Culturais Tradicionais no Brasil 293
Conclusões 295
Referências 296

17. O Novo Mindset e a Sustentabilidade na Cadeia Produtiva da Moda 299
Introdução 299
1. O Novo Mindset da Sustentabilidade na Moda 300
2. Controle Interno e Externo da Sustentabilidade da Cadeia Produtiva
e de Fornecimento 304
Conclusões 310
Referências 310

Parte VI - Direitos Humanos

18. Direitos Humanos E Apropriação Cultural na Indústria da Moda 315
Introdução 315
1. Globalização e Relativismo Multicultural: Desterritorialização e Memória 316
1.1. Multiculturalidade e Cidadania 320
2. Apropriação Cultural, Racismo Estrutural e Representatividade 323
3. Consulta Prévia e Parceria - Igualdade Relacional
e Responsabilidade do Setor da Moda 328
Conclusões 332
Referências 333

Parte I - A Indústria da Moda e as Perspectivas do Mercado para o *Fashion Law*

1. Fashion versus Fashion: Where is the Change Going? The Impact of Dismantling the Old Rules of the Industry and the Role of the *Made in Italy* in Front of the New Challenges

Nicola Guerini

Introduction

In recent years, the international Fashion System has been strongly characterized by a series of profound and very diverse changes that have involved companies, consumers, but in particular business models and logics that are changing the context in which companies operate. In some cases, as for example in the recent "disruptive change" phenomena -that more and more brands adopt to radically change their stylistic identity and image- there is a real "subversion" of the "rules of the game". Those principles of brand management that, considered universally and timelessly valid, have instead become obsolete in a sector that bases its strength and raison d'être in change.

If once the success of a brand was mainly dependent on the ability to impress itself distinctly on the perception of a specific consumer target, through a consistent and clearly identifiable supply system, in recent times this is no longer sufficient. Transversal targets looking for value contents change the customer base of reference. New protagonists of communication, called influencers, move the place of value creation outside the traditional company boundaries and create a new dialogue and narrative. The fashion product fluctuates in search of a new positioning, between a young consumer, who often does not know the old stylistic codes of brands born and established over 40 years ago, and the request for products and collections that are more and more specific, customized, and able to allow a real identification, thanks to phenomena such as "mass on-demand": the possibility for a brand to offer customized products, often co-created by the customer, but produced in series.

Within this scenario, what are the changes that it is reasonable to expect will change the sector profoundly, and in some cases even radically? How can the Fashion System be defined over the next 10 years?

1. Rethinking the fashion cycle: the emergence of the phenomenon called "see now, buy now"

Fashion companies have traditionally been characterized by the adoption of two alternative production logics: "made-to-order" and "made-to-stock". The first model - "made- to-order" - is based on a cycle that starts with the design of a collection proposal, then its presentation to the reference market, and subsequently the orders' collection phase, before the starting of the production and subsequent placing on the market. This model is the one typically adopted by companies operating in the high-end of the market, especially in two segments. The first segment is the "ready to wear", made up of the so-called "first lines" of Italian and French designers, like the cases of Gucci , of Armani with the Giorgio Armani line, Roberto Cavalli with the homonymous line, or to French brands such as Louis Vuitton, Balenciaga, Celine, etc. The second segment is called "diffusion": collections characterized, among other elements, by a more accessible price positioning, and therefore aimed at a much wider market than that of "ready-to-wear"[1]. Inside this positioning we can find the "second lines" of Italian brands like Emporio Armani, Versace Collection, Just Cavalli, etc.

[1] The distinction between "ready to wear" and "diTffusion" segments is based on many elements in addition to price positioning. Among these, the intrinsic product quality - typically higher in the ready-to-wear segment; the creativity content; exclusivity in the distribution strategy; the level of product and material researches, as well as the country of origin (that typically is "made in Italy" or "made in France" for a "ready to wear" product, unlike what

The adoption of a specific production logic strongly influences the structure of the company as it conditions its processes and timing. It is sufficient to say that the design phase of a collection, which includes several steps, from research on trends and materials, to the definition of the concept and structure, up to the creation of a sample for the fashion show, can take up to one year of time. In addition, we must consider the subsequent time for the preparation and development of the fashion show, a fundamental moment of presentation to the public of the collection, followed by the collection of orders (by buyers of department stores, independent retailers, etc.), the production by series, and then the phase of placing the collection in the market. These last stages usually take another 6 months. Traditionally, a product presented in the Milan Fashion Week of September, is available in stores from the end of January of the following year for the 'spring-summer' season.

Advantages of this model are many: a reduction of risk, thanks to the "sold" production, which leads to a more efficient stock management, a reduction of the unsold items, and an optimization of logistics processes. Through this long timing, it is also feasible to create complex products, such as those in the "ready to wear" segment that often require high skills for the selection of materials, the design, the construction of garments with expensive and time-consuming processes. As a matter of fact, these products are often made in series but by hand, through the use of different actors in the supply chain, specialized in specific products or intermediate processes, whose coordination is complex and laborious. From a communicative point of view, an extended time frame also facilitates the creation of desire in the final customer, the so-called "dream factor" necessary to increase the degree of aspirational component associated to the product and to the brand itself. Thus the construction of effective storytelling strategies with which establish relationships with the client based on a strong emotional involvement will be possible.

Along with this, the wait for the product, lasting for about six months, and whose maximum media exposure coincides with the fashion show, increases the perception of scarcity too, thus increasing as well the perceived value. Against this, the main disadvantage lies in a long 'time to

happens for a diffusion product, usually made in countries with low labor costs in order to guarantee price accessibility for the customer the final).

market', i.e. the time between the creation of the collection and its placing on the market, which can take up to nine months.

Unlike "made-to-order", the second model - "made-to-stock" - is based on the reversal of the sequence between orders collection and production. In fact, it foresees that production takes place immediately following the creation of the sample, typically aimed at a "public" inside the company -a team of "insiders"- which evaluates several aspects, including the market potential. This model does not provide a presentation to the public, such as press and buyers, through fashion shows, and allows to shorten time-to-market timing thanks to the possibility of placing the product on the market, "cutting" the time window dedicated to collecting pre-production orders.

Typically this model has been universally adopted by "fast fashion" brands, such as Zara, H&M, C&A, Massimo Dutti. They have innovated the sector, approximatively 20 years ago, thanks to the introduction of a new business model: universally known as "fast fashion", it is characterized by an extremely short cycle, in some cases of only two weeks, instead of the approximately two years required by the "made-to-order" model. Along with this, the offer system consists of particularly simple and accessible products, which are massively distributed on a global scale with an economic price point. The time-to-market reduction is possible thanks to several factors: the design of the collection takes place by looking at emerging trends and proposed by ready-to-wear brands, rather than requiring months of work around a distinctive creative concept [2]; research on materials is not a time consuming phase, as the presentation of a sample through a fashion show is not carried out. Typically, fast fashion companies opted for integration into retail, with direct sales to the customer, and they are able to create value also thanks to the timeliness of processes, the optimization of logistics, the extensive coverage of the market, and the access to a lot of information typically not obtainable through indepen-

[2] Originally, fast fashion brands were in fact able to impose themselves to the public attention and to gain consensus thanks to the main innovation that they brought in the sector: reactivity. In particular, the extreme reactivity they implemented was carried out with reference to those trends proposed by established luxury brands, typically during the fashion week, which were immediately adopted by fast fashion retailers (such as Zara, etc.). By this logic, they demonstrated to be able to create collections inspired from luxury brands, and to put them on the market months in advance of the ready-to-wear competitors.

dent retailers. Along with this, their product, inspired by that of ready--to-wear brands, has more accessible construction features and a greater level of simplicity, permitting to reduce the industrialization times. The production process usually takes place through external partners that are responsible in its entirety, from realization to control. Thanks to these characteristics, and to the large produced quantities, it is also possible to obtain significantly lower industrial costs, resulting in extremely competitive price points to the public, capable of fueling even faster purchasing decision- making processes.

The main advantage of this model, suitable for simple, inexpensive products and with a low intrinsic risk, lies in very short times: if for example a trend is affirmed during a specific fashion week, a fast fashion brand is able within 3 weeks to bring collections designed around that trend into their stores around the world.

In February 2016, for the first time in Milan, collections of high-end brands were presented, created through a totally new logic, which took the name of "see-now, buy-now". It was indeed on the Milanese runways that Prada presented two models of bags, Pionnière and Cahier, which would have been available in its stores in Milan, Paris, London and New York starting the following day, instead of having to wait until July like the rest of the collection.

The "see-now, buy-now" is the strategy that is characterized precisely for allowing the final customer to buy a product the day after its presentation during the fashion week, instead of having to wait four months or so, as usually happened in the past. Among the first international brands to have joined this new logic there are Burberry, Tom Ford and several others. The success of this logic is based on two main factors: on one hand, the ability to meet the needs of an increasingly 'impatient' consumer, attracted by the immediacy of a purchase and guided by the emotional component. Secondly it represents a response to the competitive pressures of fast-fashion retailers, which thanks to the "made to stock" logic are able to industrialize in a very short time span a few weeks a fashion product inspired by trends proposed by the 'big players' of the sector at a reduced price and quality.

Impacts on companies are considerable, starting from the complete rethinking of the current supply chain, the timing, and the "made to order" collection development model. Selling a collection, or a part of it, the day after the show – instead of four months later - requires that the definition of the collection concept, its design and prototyping are not started about six months before the presentation, but anticipated for several months. Subsequently, the photo shoot will take place about three months before the show (and not contextually), to allow the start of the sales campaign roughly two months before the fashion week (rather than later). Then, the production of the collection is carried out one month before the presentation event (instead of during the following months). By this way, the collection will be available in stores the day after the fashion show. The 'synchronization' of the entire supply chain, from production, to communication, to marketing, thus becomes crucial. However, it is reasonable to wonder whether a model of "instant fashion" is able to create that aura of aspirational factor that is essential to conquer an increasingly sophisticated and connected customer, and if this timing is sufficient to build an effective storytelling for this purpose too.

What then will be the future of production logics? On the one hand, the "see-now, buy-now" cannot be univocally adopted by all the players in the sector - just think about those retail-oriented companies that make the most of their sales through independent distributors and resellers, which have their own logics, timing and habits of purchase that can hardly be eradicated.

On the other hand, more and more brands are experimenting the "hybrid" model based on "made to stock" collections that include some "see-now, buy-now" products, for example through a capsule collection of accessories. In this way, it is possible to obtain an efficient management of the risk of the new logic, while exploiting at the same time its benefits. However, challenges that still persist and which are not yet answered today will be mainly two:

a) Within the 'hybrid model', what will be the optimal weight of the "see-now, buy- now" component? This will depend on several factors: company orientation in terms of distribution, between wholesaler or retailer; the main target of reference; the prevailing product category. For example the industrialization and sale of leather goods, are different from those of a women's clothing, with consequent impacts on the logic of product development and risk management.

b) What will be the impact of "see-now, buy-now" on creativity? In fact, by introducing further risk and temporal pressure, is there any impact on the design phase? Will there be new constraints on style offices, limiting efforts, perhaps at the expense of the product itself?

Nevertheless, even if we are still in a phase of experimentation, the "see--now, buy- now" represents a response to the evolution created by digital communication, which, compared to the past, has made fashion shows the key event not only for "insiders", but above all for the final consumer. Fashion shows have now become real consumer marketing tools, capable of converting the buzz created through social media into sales, thanks to a real and direct connection with the end customer. And this is why, the "see-now, buy-now" can represent the right leverage for connecting with the customer and monetizing the relation.

2. A new customer: from Millenials to Gen-Z

Who are the Millennials? And why are they so important, and different, for fashion companies? From a registry point of view, it is the generation born between 1980 and 2000; however what deeply characterizes them is the strong discontinuity with respect to previous generations. A value and behavioral discontinuity.

Millennials are in fact born with technology, not only grown with it, and for this generation the connection is a sort of "commodity", available anytime and anywhere. This has also generated a phenomenon of radical displacement of their places of aggregation, which have become digital rather than physical. The squares of the European cities and the mall of the Asian and American cities have been replaced in some ways by the digital environment, as for aggregation and socialization.

In addition, the digital has revealed the importance of user-generated content, that for Millennials becomes the main source and it is considered the most reliable. Sources of inspiration, and therefore of relationship with brands, also become digital.

Besides behaviors, values constitute strong discontinuity with respect to the past for Millennials. From an ethical and social point of view, they are more attentive consumers, who often seek the history that characterizes a product, as well as the intrinsic values of the brand. This derives from the birth in a period of very strong economic and social turbulence and of great attention to the sustainability of actions, of companies, of the social environment. Precisely from this, a different attitude is created towards fashion too, increasingly seen as a way of expressing one's own identity rather than a means of distinction and social identification.

What are the consequences for the fashion system? If the places of aggregation are digital, the presence and contact of the brands will have to take place mainly in those places, which will have an importance, a relevance, and a greater influence than the physical ones.

The user-generated content will have to enter the communication processes and tools of companies, creating a feeling of genuineness, that is necessary to feed a continuous relationship with Millennials. One of the first experiments, several years ago, was introduced by Burberry through the campaign called "the Art of the Trench", the forerunner of what in the future would have been called user-generated-content. An initiative halfway between showcase and social networking which allowed customers to upload photographs of themselves wearing the traditional and iconic timeless trench, and interpreting it with a proper meaning, fostering authenticity and being able to interact with each other through comments, combining content and relationship.

For this reason, as fashion is also an expression of identity, it will be necessary to work to build on one side a "brand personality", as the set of distinctive characters and values that define the brand and which "surpass" the tangible product, enriching it, and making it relevant and consistent with the consumer. On the other hand, it will be necessary to leave a certain freedom of interpretation that will permit the client to build the personality in which he can identify her/himself. Some critics believe that in the more recent "disruptive change" phenomena, in which old logos and identities are replaced by more neutral and sometimes almost undifferentiated modes of communication (as for examples in the cases of changes in the communication strategy of brands such as Balenciaga , Celine, Balmain, we can glimpse an attempt in this direction.

However, telling Millennials does not exhaust the complexity of the current panorama of the "new customers" of the Fashion System. A new generation is emerging on the horizon: the so-called "Gen-Z". It is the next generation to the Millennials, the one born in the 21 century[3], and mainly composed of teenagers who in the space of a few years will begin to become an important target for fashion companies.

A generation that has been born with technology and social media, like Millennials were, but that differs from these because of values too. It expresses an even stronger desire for independence, entrepreneurship in their attitudes, and due to the fact that was since young living in a context of very strong opposites: the sharing of social battles, such as marriage equality, versus the growth of populism that took place in the second half of 2010 in various countries of the world.

The Gen-Z, unlike Millennials, has no direct memories of historical events such as the tragedy of 9/11, while living the economic instability shared in the family with more closeness has determined a greater propensity to share social issues in a community of reference. At the same time, it is a more reserved generation on one's private life. They tend to follow someone through the social media, rather than to share. It is the generation that created the phenomenon of "Finstagram", a neologism that derives from a mix between two worlds: fake and Instagram. This phenomenon refers to the use of a second Instagram profile, extremely reserved and open to a few people, in which to post funny and embarrassing contents, coupled with the first public and "official" one, inspired by the artificial perception of a carefully studied and designed visual narrative. Some researchers are seeing in this a reaction to the perfection of the image of digital culture, as well as the desire to create a place of disinhibition and real emotional connection.

At the same time, it is the generation with less "face to face" in interactions, thus determining a sense of greater solitude, despite the potential of the digital world. For fashion companies, the Gen-Z represents an evolution too with respect to the previous generation: if for Millennials communication was composed of images and text, for Gen-Z it is almost only images; if Millennial is more a curator of content, the Gen-Z is more fascinated by being its creator; from optimism it evolves towards realism. Their reaction to the artificial socially iuced perfection in the visual nar-

[3] At present, a precise to make the start of this generation date has not yet been clearly defined, varying between the mid-1990s and the early 2000s. In any case, the determination of this generation as unique to that of the Millennials is univocal, and belonging, at an indicative level, to those born during the new millennium.

rative suggests a greater inclination towards comfort, function, spontaneity, eclecticism, to the detriment of aesthetics and construction. Finally, the experience, even more for the Gen-Z, becomes more important than possession.

3. Fashion disruption: is breaking the rules the new rule?

In recent years there has been an interesting phenomenon that, started on the sly, has been able to involve several brands, including the biggest ones, with a common denominator: radical change, or, as it is currently called, fashion disruption.

This is a relatively new phenomenon, unseen in the industry. If change is part of fashion, it is equally true that the success of many brands, in the past, was built thanks to the careful and constant construction of identity of image, style and product that were consistent over time, thus able to convey the values of the brand itself. One example can be a French brand like Yves Saint Laurent, created in Paris in 1961, and of immediate success thanks to an aesthetic inspired by the Parisian sophistication but at the same time thanks to being revolutionary, subverting the rules of the "well--dressed" traditionalists of the time. Thus the women tuxedo was born, based on the desire to transfer men's power to women; the same applied for the trouser suit. Printed dresses inspired by artistic movements ("Mondrian Collection", 1965), were created, with simple but strongly expressive and refined lines. Multiple male garments are adapted to the shapes and proportions of the female body; ethnic styles are introduced for the first time, mainly inspired by North Africa, as well as the nude look in 1968, and daring combinations of expressive bichromies. The reference is the Parisian *rive guache*, indicated in the naming of the brand itself, and which recalls a district of the city synonymous with intellectual district, but in particular with the concepts of *bohèmiene*, artistic and counterculture. Over the years, even after the company's founder's departure, and with a different creative director, Yves Saint Laurent brand has been consistent with these values, thanks to a careful management based on collections able to bring forward the more important stylistic codes, in a consistent manner both in terms of time and in terms of product categories and brand extensions. As for communication and retail, thanks to this, it has been possible to sediment in the client's perception a precise and distinctive identity, with strong references to a story telling inspired by the founder's figure and the values he himself proposed.

In 2012, a young designer, Hedi Slimane, named company's Creative Director, triggered a radical change that would have left its mark on the industry. In contrast with all the best practices of brand management in fashion, which indicated the key factors of success as the need of stylistic, communicative and image coherence, with constant references to the historical codes of the brand, Hedi Slimane revolutionized collections, inspiring and importing values that were even extraneous to the brand, and estranging from historical ones. Thus, Yves Saint Laurent became SAINT LAURENT PARIS, with a contemporary and more immediate naming and lettering, as a distinguishing mark of rupture. The inspiration is no longer the Parisian *rive gauche*, but it is the culture of rock and roll in Los Angeles, and the different subcultures adhering to the so-called "rock-and-roll chic", from those of bikers, to grunge to glam-rock, with unisex lines inspired by the gender-bender approach. This radical change followed an extraordinary and unexpected economic success, with sales doubled over 3 years.

The one of SAINT LAURENT PARIS is not the only case; more recently, brands like Burberry, Balenciaga and Balmain are implementing similar strategies, that are apparently incompatible with the best fashion practices of a few years ago. Why then rules that have universally worked for decades seem to have lost some of their effectiveness and universality?

There are several factors that can come into play:

a) On the one hand, new, younger consumers are often not aware of the "old" stylistic codes, for them no longer as relevant as they were in the past for the previous generation. This makes it possible to change, with greater confidence, and lower risk, values and reference points of a brand that can look to the contemporary as it is experienced by the new consumer. In this way, it can be perceived as relevant and capable of arousing the attention of a consumer over-reached by many messages, whose attention and emotional involvement are difficult to capture.

b) Secondly, the affirmation of a new identity makes it possible to start from a "white canvas", which can be filled with new values, also through a bi-univocal interpretation, starting from the same customer base, under the guidance of a bold creative director able

> to overcome the call to a distant founder. From the exclusivity of a patriarchal appeal, we pass to the inclusivity of a conversation with the new generations, through an approach perceived as irreverent towards the past, as spontaneous in the present.

Certainly, these successful cases cannot lead to a radical and universal rethinking of corporate strategies adopted so far by fashion companies. However, they represent something that goes beyond mere reflection, proving to be a valid and effective reaction to a profound change in the competitive environment.

4. The Fashion System and the legacy of the 'Made in Italy'

When we refer to the concept of fashion systems, we immediately draw our attention to some countries that, first in the world, have been able to create productive systems, in the course of the last century, able to narrate themselves globally and to become a sort of reference point. This was due to the birth and presence of brands and people able to build extraordinary imaginaries, with a transversal value, and a universal communicative relevance.

Among these, Italy is certainly in the foreground, and along with this what particularly we could define as "Made in Italy", meaning that set of values, that can be summarized in the phrase 'beautiful and well done', and symbols that have been constantly representing for over 30 years the image of the country, with a strong identifying connotation.

The determinants of this success are several, and they are still present in the Italian Fashion System. The concept of 'Made in Italy' is associated, in particular at international level, with clearly identified values: beauty, creativity, artisanship, passion and, more recently, 'lifestyle'.

Thanks to these values, it has been possible to affirm, over the time, a true identity of "Made in Italy" as a real brand, which recalls expectations that are well rooted in the consumers' perception. On the one hand, in terms of tangible characteristics of the product: function, quality, aesthetics, pleasantness; on the other, in intangible terms, and summarized in the concept of belonging and expression to a precise cultural identity, the 'Italian way of life'.

The combination of these two aspects has allowed us to build a competitive advantage that is expressed in the two main components that characterize a product. Firstly, the functional component, aimed at satisfying a need and proposing a solution for the final consumer (dressing, feeding , etc.); then, the emotional component, definable as the ability of the product to communicate to a distinct sphere of intelligence and to respond to different needs, such as the desire for possession, belonging, self-gratification.

How was it possible to create this phenomenon of bi-univocal relation between a territory, Italy, and this value system? There are several factors that can explain the origins of the phenomenon. Primarily historical reasons, and in particular the so-called 'Renaissance effect', i.e. the creation over 500 years ago of a widespread artisanal system, born and raised thanks to the role of the courts, that has consolidated production skills based on 'know-how': craftsmanship, intrinsic quality of the product, attention to detail, and in particular aesthetic-design sensibility.

Furthermore, 'Renaissance effect' also means that constant and daily exposure to the 'beautiful' factor, that is present in every Italian city, from the smallest to the biggest ones, thanks to the palaces, monuments, churches and works of art, which history has handed down to today, and which has allowed the sedimentation of a deep diffused aesthetic sensibility. This, in turn, has allowed nourishing the "beautiful" production system, and in turn creating a market for receptive, aware and sophisticated consumers. Moreover, there are other additional factors that have led to the birth and success of 'Made in Italy'. In particular, the economic and structural specificities of the Italian production system that can be summarized in flexibility, hybridization capacity, and sensitivity to change.

Thanks to the flexibility, it was possible, starting from the post-war period, to create a solid manufacturing apparatus for the textile-clothing sector of small and medium-sized businesses. They are highly interconnected and they able to respond quickly to the new needs of the market and society. These companies have built supply chain relationships, within a context that already presented all the actors that make up the links in the supply chain, from upstream to downstream, and that are necessary for the creation of the fashion product: from yarn to the manufacturing of the final product.

Secondly, hybridization has been the foundation on which the interweaving of contaminations has been built within different industries, sectors, production and design logics that can even deeply differ from those characteristic of the textile-clothing industry, and thus that are able to look, and inspire, to other sectors, introducing the 'Italian lifestyle'. On this basis the growth strategies adopted since the 80s of the last century were founded by the main players - at the time emerging - of the sector, through brand extensions in similar product categories. These are the cases of the 'stylists' (as they were defined at the time) Giorgio Armani, Gianni Versace, Gianfranco Ferré among others, who have innovated on the very definition of 'sector'.

Finally, the sensitivity to changes in the market has allowed the entry and the affirmation in the sector of companies and business models that can be defined as 'carriers of innovation' on several fronts. Anticipating the emerging needs of the consumer, they created supply systems perceived as current, relevant, thanks in particular to one factor: the Italian style, that is, as defined in 1981 Alessandro Mendini, one of the most famous Italian architects and artists, considered among the renovators of the Italian design, that 'right balance between realism and imagination'.

All this has allowed the "Made in Italy" to represent a solid source of competitive advantage, thanks to the extraordinary communicative content and consolidated values in the last decades, able to subsequently generate positive externalities on Italian products, places and imaginaries.

5. Made in Italy & Italian Sounding

While on one hand "Made in Italy" is a key factor in building a country's competitive advantage, on the other it raises the question of how effectively this source of advantage is sustainable in the future, faced with threats that are likely to crack its positioning. In fact, attempts to adopt an opportunistic approach to the 'Made in Italy' are not uncommon: for example, leveraging only 'apparently Italian' products, that able to communicate to the end customer that precious value system, but which are actually obtained through manufacturing processes unrelated from the territory, and from the intrinsic quality of Italian products. These phenomena are those of off-shoring and hybrid-shoring. They mean the realization of a product through the execution of only one part of the production process within our country – a minimum part but sufficient to obtain the recognition of 'Made in'- represent a question and a very strong risk that the legislator should face with determination, in order to protect the meaning of "Made in Italy".

However, the greatest risks derive from a phenomenon, not very recent, but that only in recent years has massively hit the fashion industry, and whose size has grown considerably in the new millennium: Italian sounding. This phenomenon is substantiated by the exploitation of the intangible values associated with 'Italian-ness', through the use of brands, images and narratives that induce, in the consumer's perception, the association between a product or a brand - which are typically not Italian- to the values of 'Made in Italy'. In other words, these are cases of 'copying', through the use of predominantly semiotic elements that allow the product or brand to 'look Italian'; from this the Italian sounding expression is born.

If on the one hand, to freely inspire ourselves with a value system can't be considered negative or punishable (we can just think of how many cultural inspirations from all over the world are also present in the collections of European designers), the situation becomes more complex when the inspiration is implemented with the aim of replacing the product of inspiration, thanks to the elements that make the 'copy' product look like the 'original' product that is a source of inspiration. These include the cases, even in different sectors, of the 'Parmesan' cheese. Clearly inspired by the Parmigiano Reggiano cheese, it is without any link with it and the territory. The same situation applies to different brands, artificially created, for example by Asian conglomerates, which incorporate a cleverly communicated Italian phonetics and which induces the consumer to retain the product of Italian origin, despite an intrinsic quality typically inferior and totally disconnected from Italy.

What are the risks of this approach? Certainly the most evident is the erosion of the values of the 'Made in Italy', through the experience of products perceived as "Made in Italy" that do not incorporate the intrinsic "Made in Italy" characteristics. One might ask, for example, what kind of associations are put in place by the consumer in front of a pair of VINCCI shoes. The brand is a footwear and accessories brand belonging to the Padini group, a Malaysian holding with a turnover of around 360 million euro in 2018 and present in the main markets of Southeast Asia and the Middle East. The same situation could happen in front of a BONIA bag, a brand untied from Italy if not for the communication recalls and the inspiration "to the artistic works of the 16th century Giambologna sculptor", as declared by the company itself, but perhaps not very visible in the system of offer. With this in mind, attempts at Italian sounding can pose a threat, because they are the most subtle and hardly sanctioned form of *de facto* counterfeiting through the exploitation of non-real associations on the source of origin of a product, able to confuse the final consumer, despite fully abiding with the current law system.

Beyond that, there is a second risk, that is equally important, and that concerns the possibility of affirming a clear and distinctive positioning of the national fashion industries from different countries and of the creative work carried out by their designers. Overlooking a model to be replicated can in fact generate the risk of inhibiting the growth and international affirmation of a specific system of values, of a Country Fashion System able to identify its own stand-point, with a clear, independent and genuine affirmation value to communicate in the world.

If we take as an example the birth of the Italian Fashion System, one of the strengths that allowed the affirmation of the "Made in Italy" from the second half of the 60s of the last century was precisely the ability to position itself, independently of other systems. Actually, a new product intrinsically coherent with the Country System itself was proposed and coherent as well, with its creative attitudes, its craft skills and the vision of its entrepreneurs and managers. In a context that, at the time, was dominated by the reference of the French *haute couture*, some Italian entrepreneurs anticipated the needs of an evolving market. In fact, they understood that the market was looking for an excellent product but produced in series – not hand-made made to measure like an *haute couture* dress- and that should available in stores. That product was the ready-to-wear, and those Italian entrepreneurs immediately supported the creative efforts of young designers, like Giorgio Armani, Gianni Versace, Walter Albini and Gianfranco Ferrè, who founded their vision on the goal of creating new aesthetics inspired by the many dimensions of culture as much as of Italian contemporaneity. Thus, the classicism of the Magna Grecia costume by Gianni Versace took place; the contemporaneity of the new unstructured and informal elegance of Giorgio Armani's men's clothing was created, as well as the innovation of the women's jacket inspired by the men's one, destined to career women looking for elegance and practicality that represented a new "social role" in society Italian of the time.

Important cases can be found in many other countries. For example, in Hong Kong, with reference to Shanghai Tang, a brand founded in 1994 by David Tang and inspired by the Chinese dress and ornamental styles of the 20s of the last century and the contemporary of the 21st century; it is considered the first Chinese luxury brand, and the first made in China. Differently, we can mention the case of Shang Xia, a brand that ranges from fashion to interior design, and that in Chinese means "up and down", to communicate the blending between tradition and modernity. Created by the French group Hermes in 2007, it is led by the designer Jiang Qiong, with the aim of designing and proposing a product philosophy inspired by the ancient know-how of Chinese craftsmanship, and projected into the contemporary high-end lifestyle, reflecting the traditional values of an extraordinary ancient culture.

For these reasons, it will be even more important in the future that there will be the right conditions for the growth and the development of local and global fashion systems able to rely on genuinely connected supply chains and specificities, and able to respond to the new and urgent challenges: new production cycles, new consumers, and new markets.

In this direction, it will be possible to make this sector grow. An industry that is characterized by constant evolution, and which requires knowing how to balance between the value of the past and sensitivity to the contemporary landscape, in order to meet needs not yet fully satisfied and to feed spaces where it will be possible to express the work and the talent of new professionals and young talents. This evolution will happen in a renewed context too, that will increasingly have a global orientation, extending its current boundaries from the product to experience, from fashion to lifestyle.

2. As Perspectivas do Mercado Brasileiro para o Fashion Law

Vicente Bagnoli

Introdução

Os números apresentados pelo mercado da moda são relevantes para a economia nacional, contribuindo diretamente para o desenvolvimento socioeconômico. A cadeia da moda, indústria têxtil e varejo, gera empregos, arrecada tributos, promove a produção e a circulação da riqueza.

O mercado da moda está diretamente ligado à economia nacional e às questões estruturais do País, de modo que se a economia está bem e o ambiente para fazer negócios é bom, a indústria da moda prospera e gera riquezas. Porém, problemas econômicos e estruturais afetam diretamente o desempenho do mercado da moda. O contexto e as perspectivas econômicas, bem como a análise concorrencial do setor da moda, são importantes elementos para compreender esse mercado e, consequentemente, o *Fashion Law*.

1. Contexto e Perspectivas Econômicas

O ano de 2019 é tido para os agentes econômicos que concorrem no mercado da moda como sendo o momento de despertar. Para ter sucesso, independentemente do segmento ou tamanho do negócio, é necessário ao agente econômico ter agilidade, pensar primeiro na economia digital e ser ágil no mercado. Além disso, os competidores do mercado da moda necessitam assumir uma postura ativa em questões sociais, satisfazer as demandas dos consumidores por intensa transparência e sustentabilidade, bem como ter a coragem de serem "auto disruptivos", destruindo, muitas vezes, sua própria identidade e as fontes de seus antigos sucessos para inovar, promovendo mudanças para conquistar novas gerações de consumidores.

Mas não é só. Os *players* do mercado da moda, conforme destaca o relatório da moda de 2019 elaborado pela McKinsey&Company e Business of Fashion[1], também precisam investir no aumento de sua produtividade e ter a capacidade de se adaptar às adversidades do momento e promover as mudanças necessárias, em um contexto onde as perspectivas são cada vez mais incertas. O Índice Global da Moda elaborado pela McKinsey (*McKinsey Global Fashion Index* - MGFI) prevê um crescimento de 3,5% a 4,5% para 2019, ligeiramente abaixo do crescimento de 2018, o qual fora previsto entre 4% e 5%.

Enquanto um cenário positivo pode ser esperado em situações específicas, principalmente na América do Norte e nos segmentos de luxo e premium, auxiliado por seu forte desempenho obtido em 2018, para os demais segmentos e as outras áreas geográficas o cenário é pessimista. A volatilidade, incertezas e mudanças na economia global, como riscos de interrupções no comércio e desaceleração das perspectivas de crescimento econômico, são fatores a serem considerados para 2019. Na América Latina, os correntes desafios econômicos e políticos, tendem a reduzir os gastos dos consumidores.

O Brasil encerrou o mês de dezembro de 2018 com 949,6 milhões de peças de vestuário vendidas no varejo, um volume de vendas 72,8% maior em relação ao mês novembro, que em valor representa R$ 34,3 bilhões, 75% a mais que o mês anterior. Porém, se comparada a variação do acumulado de todo o ano de 2018 sobre o mesmo período de 2017, cujas ven-

1 https://www.mckinsey.com/~/media/McKinsey/Industries/Retail/Our%20Insights/The%20State%20of%20Fashion%202019%20A%20year%20of%20awakening/The-State-of-Fashion-2019-final.ashx, p. 11.

das no varejo de vestuário somaram R$ 220 bilhões[2], verifica-se a queda de 1,5%, que em termos de valor significa menos 0,1%[3].

Com relação aos canais de varejo de vestuário, no final de 2017 existiam no Brasil 149,1 mil pontos de venda, englobando as lojas de departamento especializadas em vestuário, redes de pequenas lojas, lojas independentes, os hipermercados e as lojas de departamento que também comercializam vestuário, mas não especializadas em moda. Desse total, 37,2% das lojas encontravam-se espalhadas pelos 571 shoppings do País, enquanto 62,8% são lojas de rua[4].

As lojas de departamento especializadas em vestuário representavam 98,6% dos pontos de venda e se tratava do principal canal de distribuição do varejo de vestuário brasileiro em receitas, respondendo por 31,4% das vendas. Já as lojas independentes representavam 27,6%, as redes especializadas 26,6%, lojas de departamento não especializadas 8,8% e os hipermercados 5,6%[5]. Estimativas do IEMI Inteligência de Mercado para o varejo físico de moda infantil e bebê são otimistas[6]. Em volumes, a expectativa é um crescimento de 3,3% no número de peças comercializadas, cerca de 1,479 bilhão de peças e em valores, um crescimento de 7,5%, movimentando cerca de R$ 54,5 bilhões. Trata-se de momento em que o varejista deve diversificar produtos, com novidades, ofertas e ampla faixa de preços. Além de itens diferenciados e mais caros, a oferta de produtos básicos e casuais com preços acessíveis é essencial, atendendo assim um público diversificado.

Com relação ao comércio eletrônico, o ano de 2017 teve 55,1 milhões de consumidores, 16% a mais em relação ao ano anterior, com faturamento de R$ 47,7 bilhões, uma alta de 7,5%, que totalizaram 112 milhões de pedidos. Destaca-se o número de pedidos em Moda e Acessórios, 14,2% do total de pedidos, ou seja, com 15,8 milhões de pedidos. Ressalta-se que o comércio eletrônico entre empresas (B2B), em termos de valor movimentou nove

[2] https://www.fiesp.com.br/noticias/mercado-de-moda-deve-crescer-31-ao-ano-ate-2021/

[3] http://www.iemi.com.br/indicadores-foram-vendidos-no-varejo-em-dezembro-9496--milhoes-de-pecas-de-vestuario/

[4] http://www.iemi.com.br/lojas-de-departamento-lideram-vendas-em-valores-entre-os--canais-de-varejo-de-vestuario/

[5] http://www.iemi.com.br/lojas-de-departamento-lideram-vendas-em-valores-entre-os--canais-de-varejo-de-vestuario/

[6] http://www.iemi.com.br/expectativa-de-alta-no-varejo-e-industria-de-moda-infantil--aponta-iemi/

vezes mais que o comércio eletrônico entre empresa e consumidor (B2C), totalizando R$ 420 bilhões[7].

A cadeia têxtil brasileira era de 27.000 indústrias, revelando um recuo de 17,2% no número de empresas têxteis e de 18% no número de empresas de vestuário entre 2012 e 2017. O efeito no emprego foi uma queda de 5,3% na cadeia têxtil e 3,4% no vestuário. As manufaturas têxteis, cujo volume produzido em 2017 teve um aumento de 5,8%, movimentaram R$ 164,7 bilhões, aumento de 10,1% em relação à 2016[8]. No contexto do comércio internacional de têxteis e vestuário o Brasil é pouco expressivo, ocupando a 41ª posição de exportador, o que significa 0,3% do valor total exportado. Entre os anos de 2012 a 2016 o recuo nas exportações de têxteis foi de 16,1%. Com relação às exportações de vestuário em 2017 houve aumento de 13,6%. Enquanto importador, o Brasil ocupa a 30ª posição, 0,7% do valor total importado. Em 2017 houve alta de 23,3% nas importações de vestuário[9]. Pensar a indústria e comércio da moda é compreender os desafios para a competitividade do setor e, consequentemente, do Brasil num contexto global.

Como ressalta o Banco Mundial em seu relatório *Doing Business 2019: Training for Reform*[10], uma economia não pode prosperar sem um setor privado saudável. Quando as empresas locais florescem, elas criam empregos e geram renda que pode ser gasta e investida internamente. Qualquer governo racional que se preocupa com o bem-estar econômico da sociedade, e o avanço de seu eleitorado, presta atenção especial às leis e regulamentos que afetam as pequenas e médias empresas locais. A regulamentação eficaz das empresas proporciona às micro e pequenas empresas a oportunidade de crescer, inovar e, consequentemente, sair do setor informal para o setor formal de uma economia. Nesse sentido, vale destacar as micro, pequenas e médias empresas, ainda que informais, e suas relações diretas ou indiretas com o mundo da moda.

O Índice de Competitividade 2017-2018 do Fórum Econômico Mundial[11] classificou o Brasil como a 80ª economia competitiva entre 137 paí-

[7] https://www.fiesp.com.br/noticias/mercado-de-moda-deve-crescer-31-ao-ano-ate-2021/

[8] https://www.fiesp.com.br/noticias/mercado-de-moda-deve-crescer-31-ao-ano-ate-2021/

[9] https://www.fiesp.com.br/noticias/mercado-de-moda-deve-crescer-31-ao-ano-ate-2021/

[10] http://portugues.doingbusiness.org/content/dam/doingBusiness/media/Annual-Reports/English/DB2019-report_web-version.pdf, p. 1

[11] https://www.weforum.org/reports/the-global-competitiveness-report-2017-2018

ses. Os números ascendentes e descendentes do Produto Interno Bruto (PIB) brasileiro que em 2010 atingiram 7,5% e em 2015 caíram para menos (-) 3,5% relevam os problemas econômicos que, consequentemente, afetam o mercado da moda. Em 2018[12], o PIB foi de 1,1%, totalizando R$ 6,8 trilhões. O PIB *per capita* alcançou R$ 32.747,00, um avanço em termos reais de 0,3% em relação a 2017. Para 2019[13] as projeções indicam um PIB de 2,3% de acordo com o relatório Focus do Banco Central, mas a OCDE (Organização para a Cooperação e Desenvolvimento Econômico) estima que o País crescerá 1,9%.

Alguns tópicos que afetam negativamente a produtividade e, portanto, a competitividade da economia brasileira, especialmente no que se refere à indústria da moda, podem ser listados. Problemas de infraestrutura, como altos custos relacionados a recursos energéticos para as indústrias e baixa qualidade de ferrovias, rodovias, portos e aeroportos, que aumentam os custos de transporte e reduzem a competitividade, bem como excesso de burocracia com leis e regulamentações desnecessárias. Uma economia fechada para o comércio internacional e pouco inserida nas cadeias globais de produção, o que aumenta os custos e reduz a qualidade dos produtos nacionais. Uma baixa qualidade de ensino, especialmente nas escolas públicas, que não prepara os indivíduos para a inserção na economia formal na era da Revolução Industrial 4.0.

Graves problemas de segurança pública e corrupção que aumentam os custos da indústria doméstica e tornam ainda mais frágil a concorrência global. O Banco Mundial em seu relatório *Doing Business 2019: Training for Reform – Economy Profile Brazil*[14] destaca alguns pontos positivos relacionados ao Brasil e que também são de interesse da indústria e comércio da moda. De forma positiva o Banco Mundial ressalta que o Brasil facilitou o início de um negócio com o lançamento de sistemas on-line para registro de empresas, licenciamento e notificações de emprego, notadamente nos Estados do Rio de Janeiro e São Paulo. Também uma sinalização positiva, especialmente em São Paulo, onde houve a melhora na confiabilidade da

[12] https://agenciadenoticias.ibge.gov.br/agencia-sala-de-imprensa/2013-agencia-de-noticias/releases/23886-pib-cresce-1-1-em-2018-e-fecha-ano-em-r-6-8-trilhoes

[13] https://g1.globo.com/economia/noticia/2019/03/06/ocde-volta-a-reduzir-previsao-de--crescimento-do-pib-brasileiro-em-2019.ghtml

[14] http://www.doingbusiness.org/content/dam/doingBusiness/country/b/brazil/BRA.pdf, p. 108

eletricidade com a modernização da rede e introdução de novos softwares/programas que permitem o melhor gerenciamento de interrupções e planejamento de distribuição.

O Brasil também melhorou o acesso a informações de crédito ao distribuir pelo menos dois anos de dados históricos. Reduziu-se, também, o tempo necessário para a conformidade com o documento de importação, introduzindo certificados eletrônicos de origem. Por fim, as alterações nas regulamentações referentes a trabalho intermitente, programação de trabalho, remuneração, rescisão de contrato de trabalho e representação sindical. Nesse contexto, apesar dos avanços indicados, de 190 economias pesquisadas pelo Banco Mundial acerca dos indicadores quantitativos sobre a regulamentação para iniciar um negócio, lidar com licenças de construção, obter eletricidade, registrar propriedades, obter crédito, proteger investidores minoritários, pagar impostos, negociar além das fronteiras, fazer cumprir contratos, resolver insolvências e características da regulação do mercado de trabalho, em 2019 o Brasil desponta apenas na posição de número 109[15], atrás, por exemplo, do Chile – posição 56, México – posição 54 e China – posição 46.

Em que pese estimativas apresentadas em 2018 por Marcelo Prado, diretor titular adjunto do Comitê da Cadeia Produtiva da Indústria Têxtil, Confecção e Vestuário da Fiesp (Comtextil)[16], de crescimento acumulado de 13% do mercado de moda no Brasil até 2021, com média de 3,1% ao ano, o que levaria à produção recorde de 6,68 bilhões de peças, tais projeções podem não se confirmarem diante dos números já do final de 2018. Os cenários e projeções de Varejo de Moda em 2019 elaborados pelo SEBRAE[17], ainda em 2016, visam munir os empresários do setor com informações que podem contribuir para a competitividade e a manutenção no mercado dos micro e pequenos negócios, como também contribuir com a tomada de decisão. Os cenários e projeções se dão a partir de uma análise do cruzamento das duas vertentes – Economia e Tecnologia – e como elas se comportarão sob diferentes situações, favoráveis ou desfavoráveis ao segmento.

15 http://www.doingbusiness.org/content/dam/doingBusiness/country/b/brazil/BRA.pdf, p. 04)

16 https://www.fiesp.com.br/noticias/mercado-de-moda-deve-crescer-31-ao-ano-ate-2021/

17 https://bibliotecas.sebrae.com.br/chronus/ARQUIVOS_CHRONUS/bds/bds.nsf/011e25fbc3eb382604afbcc7c96629cb/$File/7485.pdf

Nesse sentido, entende-se que o cenário 1, aquele que considera que o acesso à tecnologia será favorável para o setor de varejo de moda, mas, no entanto, a situação econômica do país será desfavorável, é o mais provável para 2019. No que se refere à tecnologia, trata-se de situação favorável ao setor do varejo da moda com o amplo acesso a tecnologias, uso simplificado e facilitação ao consumo. Nesse sentido, o uso da tecnologia tende a facilitar a escolha e compra de produtos, ampliando o acesso a informações e as formas de aquisição do produto, o que tende a aumentar o consumo no varejo. A utilização da tecnologia pelo empreendedor também tende a divulgar e solidificar sua presença no mercado.

Com relação à situação econômica, desfavorável, de economia instável, com provável aumento do desemprego e alta concentração de renda a um pequeno grupo de pessoas. Tais ocorrências terão impacto direto no comportamento do consumidor e nas ações que os empresários do setor deverão adotar.

2. Análise Concorrencial

A análise das perspectivas de mercado de qualquer setor fica mais detalhada quando observadas as operações societárias realizadas e escrutinadas pelo CADE (Conselho Administrativo de Defesa Econômica), que considera em seus estudos dados passados, presentes e, até mesmo, expectativas futuras do setor. Dentre as motivações econômicas que levam empresas a realizar operações societárias, notadamente atos de concentração, tem-se a busca de eficiências, com economias de escala e de escopo, acesso à inovação tecnológica, custo de capital e economias tributárias. Outrossim, estratégias de consolidação e o preenchimento do espaço de produtos, aumento da velocidade de crescimento com o acesso a mercados e vantagens de propriedade de ativos únicos. Ainda, o aumento do poder de mercado com integrações horizontais, verticais e conglomeradas, a busca de poder compensatório, que se contraponha ao poder prevalecente de uma dada contraparte[18].

Em regra, a empresa que realiza uma concentração econômica a faz em razão das eficiências econômicas que vislumbra no cenário pós-con-

[18] BAGNOLI, Vicente. *Direito Econômico e Concorrencial.* 7ª ed. São Paulo: Revista dos Tribunais, 2017, capítulo 5.9.1 e 5.11.2

centração. Porém, em casos extremos, a concentração se dá simplesmente para eliminar um concorrente, nos casos de concentrações horizontais, ou dificultar o acesso de concorrente a insumos, em situações de concentrações verticais. Não obstante os atos de concentração serem analisados pelo CADE desde a Lei nº 8.884/1994, com o avento da Lei nº 12.529/2011 a prevenção aos abusos do poder econômico, denominados pelo legislador de "atos de concentração", é analisada por meio do controle de concentrações.

A Lei de Concorrência não define o que é um ato de concentração, apenas apresenta situações em que tais atos ocorrem.Nos termos do art. 90, realiza-se um ato de concentração quando: (i) duas ou mais empresas anteriormente independentes se fundem; (ii) uma ou mais empresas adquirem, direta ou indiretamente, por compra ou permuta de ações, quotas, títulos ou valores mobiliários conversíveis em ações, ou ativos, tangíveis ou intangíveis, por via contratual ou por qualquer outro meio ou forma, o controle ou partes de uma ou outras empresas; (iii) uma ou mais empresas incorporam outra ou outras empresas; ou (iv) duas ou mais empresas celebram contrato associativo, consórcio ou joint venture.

Quanto à submissão das operações para análise do CADE, o critério objetivo estabelecido é o do faturamento. Assim, conforme dispõe o art. 88 da Lei, com alteração de valores promovida pela Portaria Interministerial nº 994/2012, são de submissão obrigatória ao CADE pelas partes envolvidas na operação os atos de concentração econômica em que, cumulativamente: (i) pelo menos um dos grupos envolvidos na operação tenha registrado, no último balanço, faturamento bruto anual ou volume de negócios total no País, no ano anterior à operação, equivalente ou superior a R$ 750 milhões; e (ii) pelo menos um outro grupo envolvido na operação tenha registrado, no último balanço, faturamento bruto anual ou volume de negócios total no País, no ano anterior à operação, equivalente ou superior a R$ 75 milhões.

Necessário observar que o critério de faturamento não se limita à parte envolvida na operação, mas sim ao grupo econômico ao qual ela está relacionada e que atinja o faturamento estipulado na Lei no território nacional. Nos termos da Resolução nº 2 do CADE, de 2012, que disciplina a notificação de atos de concentração, e redação dada pela Resolução nº 9 do CADE, de 2014, entende-se como partes da operação as entidades diretamente envolvidas no negócio jurídico e os respectivos grupos econômicos. Assim, considera-se o que é grupo econômico para efeitos de adequação ao critério de faturamento para submissão de uma operação à análise do CADE.

Também dispõe a Resolução em comento que, no caso dos fundos de investimento, são considerados integrantes do mesmo grupo econômico para fins de cálculo do faturamento, cumulativamente: (i) o grupo econômico de cada cotista que detenha direta ou indiretamente participação igual ou superior a 50% das cotas do fundo envolvido na operação via participação individual ou por meio de qualquer tipo de acordo de cotistas; e (ii) as empresas controladas pelo fundo envolvido na operação e as empresas nas quais o referido fundo detenha direta ou indiretamente participação igual ou superior a 20% (vinte por cento) do capital social ou votante.

Após a sua análise o CADE pode decidir pela aprovação do ato de concentração sem restrições, aprovar com condições mediante a adoção de remédios estruturais e/ou comportamentais e até mesmo vetar o ato de concentração. Desde a entrada em vigor da Lei de Concorrência em 2012, o CADE analisou alguns atos de concentração envolvendo o mercado da moda. A tabela a seguir apresenta esses casos de forma objetiva:

Ato de Concentração nº	Requerentes	Considerações sobre a operação	Decisão
08700.009354/2012-86	Alpargatas S.A. e Terras de Aventura Indústria de Artigos Esportivos Ltda.	Refere-se à aquisição pela Alpargatas de 30% do capital social votante da Terras, com uma opção de compra para adquirir participação acionária adicional equivalente a 30% do capital social votante da Terras. A operação ocorreu no segmento de atividades desenvolvidas pelo "Negócio Osklen", a saber, o desenvolvimento e comercialização de artigos de vestuário, acessórios e calçados, no Brasil e no exterior, sob a marca Osklen, por meio de lojas próprias e franqueadas da marca.	aprovação sem restrições

08700.010040/ 2013-07	TVDA Participações 3 S.A., TVDA Participações 4 S.A., WP XI Moça Holdeo S.A. e Adropar Participações S.A.	Refere-se à aquisição, pela TVDA e pela WP em conjunto, de ações de emissão do capital social de AdroPar, VillaPar e Dudalina, resultando no controle da Dudalina por parte das Compradoras.	aprovação sem restrições
08700.011004/ 2013-60	TMG II PE Fund. LP e Modanet Comércio Eletrônico S.A.	Refere-se ao investimento feito pela TMG na Modanet, que consiste na subscrição de ações representativas de 23,367% da referida empresa. A Modanet é uma empresa brasileira que atua no segmento varejista de vestuário e acessórios femininos na internet.	aprovação sem restrições
08700.002224/ 2014-84	FIP Kinea Private Equity II, FIP Kinea Private Equity III e Kinea 1 Private Equity FIP	A operação envolve o Grupb Caseli e os Fundos Kinea (Kinea 1, Kineà II e Kinea III) e consiste na aquisição de ações representativas do capital social da Caseli pelos Fundos Kinea, sem obtenção de controle. O Grupo Caseli, por meio da Lojas Avenida, atua no comércio varejista de artigos do vestuário e acessórios de utilidades domésticas (cama, mesa e banho), além de ofertar cartões *private label* vinculados a Lojas Avenida e seguros relacionados a tais cartões. Atua por meio da marca Lojas Avenida e Giovanna Calçados.	aprovação sem restrições

08700.008655/ 2014-54	WF Leblon Participações Ltda. e Simarida Comercial de Modas Ltda.	Com a operação a WF Leblon passou atuar na produção, industrialização e comercialização de malhas e artigos têxteis e acessórios. A operação abrange parcialmente as atividades das partes, ou seja, apenas os elementos de propriedade intelectual detidos pela Simarida (marcas e nomes de domínio) e rede de franquias operada sob a marca "Mercatto". A Simarida continuará desenvolvendo suas demais atividades e será fornecedora relevante dos produtos para a marca "Mercatto", continuando a operar lojas próprias da rede de varejo "Mercatto", mas na qualidade de franqueada da WF Leblon.	aprovação sem restrições
08700.000881/ 2015-78	HAP Participações Ltda., APJM Participações S.A. e Q1 Comercial de Roupas S.A.	O Grupo adquirente ("Grupo Colombo") atua no segmento de comércio varejista de vestuário e acessórios, apenas por meio de suas participações na empresa objeto (APJM) e por meio da A3M4P, empresa que compartilha o controle da Q1 Comercial de Roupas (e de suas subsidiárias), com a APJM. A operação representa uma aquisição de controle, pelo grupo Colombo, por meio de uma ampliação da participação societária na empresa APJM (por meio da HAP).	aprovação sem restrições

08700.011303/ 2015-67	Adidas International, B.V. e Reebok Produtos Esportivos Brasil Ltda.	O *Joint Venture Agreement* (JVA) que criou a joint venture em questão, estabeleceu a repartição de quotas sendo 99,99% para a Adidas e 0,01% para a Vulcabrás e determinou a data para término da joint venture, 31 de dezembro de 2015, quando a participação da Vulcabrás seria adquirida pela Adidas. O JVA também preconizava o controle conjunto da Empresa Objeto (Reebok), além de delegar a gestão e controle das principais atividades comerciais do negócio de distribuição dos Produtos Reebok à Vulcabrás.	aprovação sem restrições
08700.005516/ 2016-31	Lupo S.A. e Scalina S.A.	A operação trata da aquisição, pela Lupo, da totalidade do capital social da Scalina, companhia detentora das marcas de roupas íntimas e meias, roupas esportivas e roupas de banho Trifil e Scala. A operação resultou na aquisição indireta das seguintes subsidiárias da Scalina: Itabuna, TFL e TFS. Para o Grupo Lupo, a operação implicou a expansão de seu portfólio de produtos, bem como o aumento de sua capacidade produtiva no estado da Bahia, relativos a itens mais solicitados na Região Nordeste, o que reduzirá o tempo de atendimento com relação a pedidos de clientes desta região.	aprovação sem restrições

08700.007762/ 2016-27	Wal-Mart Stores, Inc. e Shoebuy. com, Inc.	Refere-se à aquisição, pela Wal-Mart Stores, Inc., da Shoebuy.com, Inc., então controlada pelo IAC / InteractiveCorp. Ambas as requerentes possuíam em seu portfólio de vendas, calçados e vestuário e produtos relacionados, além de realizarem a venda online desses mesmos produtos. No entanto, a Walmart tem um modelo de negócios multiproduto, e atua tanto em lojas físicas quanto no comércio eletrônico. A Shoebuy.com, por sua vez, atuava no mercado de varejo eletrônico, com produtos especializados (calçados), direcionando suas atividades principalmente para o mercado norte-americano.	aprovação sem restrições
08700.004391/ 2018-93	Vulcabrás Azaleia - CE, Calçados e Artigos Esportivos S.A. e UA Brasil Comércio e Distribuição de Artigos Esportivos Ltda.	Refere-se à aquisição, pela Vulcabras Azaleia CE, da totalidade do capital social da Under Armour Brasil, hoje detido por Under Armour Europe e Under Armour UK (a "Operação"). O Grupo Vulcabras atua na fabricação e na comercialização de calçados esportivos e femininos e de artigos esportivos, sob as marcas Olympikus e OLK, no Brasil e na América Latina e, também, na gestão de marcas com ênfase em marcas próprias. O Grupo Under Armour, por sua vez, atua na comercialização e na distribuição de calçados esportivos, vestuário esportivo e artigos esportivos em diversos países.	aprovação sem restrições

08700.004168/ 2016-84	InBrands S.A. e Restoque Comércio e Confecções de Roupas S.A.	Refere-se a um Memorando de Entendimentos não vinculativo ("MdE") celebrado entre InBrands e Restoque, cujo objeto é a possível operação de combinação de negócios entre as duas companhias. Considerando as atividades da InBrands e da Restoque, a operação resultou em sobreposição horizontal nos mercados de (i) vestuário e acessórios; e (ii) calçados. Ambas as empresas atuam em âmbito nacional. A InBrands atua no comércio de roupas e acessórios de vestuários, por meio das marcas Ellus, Ellus 2nd floor, Richards, VR, VRK, Bobstore, Salinas, Mandi, Alexandre Herchcovitch, Bobstore e Tommy Hilfiger (quanto a esta, na qualidade de licenciada no Brasil). A InBrands também comercializa calçados (primordialmente por meio da marca Richards Selaria) e, em grau secundário, perfumes e alguns artigos de decoração. A Restoque atua no comércio de roupas e acessórios de vestuários, por meio das marcas John John, Bo.Bô – Bourgeois Bohême, Rosa Chá, Le Lis Blanc Deux, Noir Le Lis, Dudalina, Individual e Base. A Restoque também comercializa perfumes, calçados, cosméticos e artigos de decoração (cama, mesa e banho).	aprovação sem restrições

Fonte: Tabela elaborada pelo autor a partir das informações disponibilizadas no sítio do CADE.

As operações apresentadas na tabela acima confirmam que as partes envolvidas se tratam de grupos com significativo poder econômico que atuam no mercado da moda. Não obstante, todos os atos de concentração foram analisados pelo CADE sob o rito sumário em virtude da simplicidade das operações no que se refere ao menor potencial ofensivo à concorrência. Por fim, destaca-se que em todos os casos a decisão do CADE foi pela aprovação do ato de concentração sem restrições. Igualmente, a análise de tais operações confirma a importância do mercado da moda para a economia nacional, contribuindo para o desenvolvimento socioeconômico.

Conclusões

Conforme apresentado, as expectativas para o PIB em 2019 apontam que o mesmo estará na casa dos resultados obtidos em 2018. Caso isso se confirme, é de se acreditar que as perspectivas do mercado da moda tendem a repetir ou, aproximarem-se, dos resultados observados em 2018.

Trata-se, portanto, de um cenário econômico que enfrentará dificuldades e, consequentemente, ao mesmo tempo demandará dos empreendedores que se adaptem a essa nova realidade econômica, tecnológica e, portanto, mercadológica. A seara concorrencial, por sua vez, a partir da atuação das empresas promovendo concentrações econômicas e, consequentemente, o papel desempenhado pelo CADE na análise dos possíveis efeitos dessas concentrações econômicas no mercado, é valioso instrumental para auxiliar a avaliar as perspectivas do mercado.

Em suma, o contexto e a perspectiva econômica, bem como a análise concorrencial, indicam que mesmo o mercado da moda enfrentando dificuldades e desafios decorrentes do cenário econômico, o Fashion Law seguirá como importante elemento do setor, possibilitando que os profissionais de direito atuem nas mais diversas áreas do campo jurídico, relacionando-se com o mercado da moda, tais quais: mobiliário, propriedade intelectual, tributário, empresarial, trabalhista, consumidor, dentre outras e, não menos importante, o concorrencial.

Referências

BAGNOLI, Vicente. *Direito Econômico e Concorrencial.* 7ª ed. São Paulo: Revista dos Tribunais, 2017.

http://www.cade.gov.br/

http://www.doingbusiness.org/content/dam/doingBusiness/country/b/brazil/BRA.pdf

http://www.iemi.com.br/expectativa-de-alta-no-varejo-e-industria-de-moda-infantil-

-aponta-iemi/

http://www.iemi.com.br/indicadores-foram-vendidos-no-varejo-em-dezembro-9496--milhoes-de-pecas-de-vestuario/

http://www.iemi.com.br/lojas-de-departamento-lideram-vendas-em-valores-entre-os--canais-de-varejo-de-vestuario/

https://agenciadenoticias.ibge.gov.br/agencia-sala-de-imprensa/2013-agencia-de-noticias/releases/23886-pib-cresce-1-1-em-2018-e-fecha-ano-em-r-6-8-trilhoes

https://bibliotecas.sebrae.com.br/chronus/ARQUIVOS_CHRONUS/bds/bds.nsf//011e25fbc3eb382604afbcc7c96629cb/$File/7485.pdf

https://g1.globo.com/economia/noticia/2019/03/06/ocde-volta-a-reduzir-previsao-de--crescimento-do-pib-brasileiro-em-2019.ghtml

https://www.fiesp.com.br/noticias/mercado-de-moda-deve-crescer-31-ao-ano-ate-2021/

https://www.mckinsey.com/~/media/McKinsey/Industries/Retail/Our%20Insights/The%20State%20of%20Fashion%202019%20A%20year%20of%20awakening/The--State-of-Fashion-2019-final.ashx

https://www.weforum.org/reports/the-global-competitiveness-report-2017-2018

http://portugues.doingbusiness.org/content/dam/doingBusiness/media/Annual--Reports/English/DB2019-report_web-version.pdf

3. A Evolução do Mercado de Luxo: de Luís XIV à Contemporaneidade

Carolina Boari Caraciola

Introdução

A origem do luxo relaciona-se com questões espirituais, de dádiva, gratidão, transcendência e não acúmulo de posses. "O luxo não começou com a fabricação de bens de preço elevado, mas com o espírito de dispêndio: este precedeu o entesouramento das coisas raras." (LIPOVETSKY; ROUX, 2005, p. 22). A história do luxo não nasce no consumo de bens materiais ou na vida capitalista, sua forma primitiva refere-se ao coletivo, sendo representada por rituais de trocas de presentes, oferendas cerimoniais, distribuição de bens, dispêndios ostentatórios com a finalidade de receber estima social e prestígio, conferidos pela circulação e consumo de riquezas, ou seja, uma forma de "luxo altruísta". (SOMBART, 2009, p. 50, NT)

O luxo, na sua forma inicial de dádiva deve ser interpretado como o elemento que desenraizou o Homem da sua natureza instintiva de necessidade de posse, já que, por via da oferta ou troca simbólica, se instituiu a preponderância do social sobre a natureza do Homem, do coletivo sobre o particular. Esses ciclos de dádivas mútuas foram um dos caminhos empreendidos pela sociedade primitiva para construir uma ordem coletiva e integrante. (ROSA, 2010, p. 23, NT)

A natureza do luxo é, portanto, efêmera, volátil, transitória, sendo caracterizada pelas influências do momento histórico em que ocorre. A palavra luxo, originária do latim *luxus,* refere-se à abundância, ao refinamento. Em um primeiro momento, o vocábulo esteve associado à agricultura, àquilo que cresce em excesso, admitindo, assim, o entendimento de excesso de um modo geral, a partir do século XVII (ROSA, 2010, NT). O conceito de luxo remete a prazer, fausto, desejo, raridade, bom gosto, refinamento, elegância, sofisticação. Por vezes, seu significado correlaciona-se com luz: "uma visão positiva do brilho e da capacidade de iluminar desses produtos". (PASSARELLI, 2010, p. 19)

Durante o Renascimento, a Itália estabeleceu padrões de refinamento, tanto na moda, como na gastronomia, servindo como modelo a ser seguido pelo restante da Europa; porém, a partir do século XVII, a França tornou-se a principal referência de luxo e sofisticação.

1. O Propulsor do Mercado de Luxo

O reinado de Luís XIV configurou-se como o apogeu do luxo na França, "[...] o mais importante período na história da elegância, do ímpeto criativo e dos artigos de luxo" (DEJEAN, 2010, p. 09). Luís XIV estabeleceu as regras que tornaram a França uma referência de bom gosto e de viver com elegância. Soberano de uma monarquia absoluta, o que significava que nenhum indivíduo ou instituição poderia contestar seu poder supremo, o *delfim* representava Deus na Terra, e sua imagem, desde infante, época em que assumiu o trono, até sua morte, fora construída através de esculturas, pinturas, poemas, óperas e demais espetáculos, com o objetivo de aumentar sua glória e seu poder.

As reproduções de imagens reais, pinturas, esculturas, medalhas, moedas, entre outras, tinham como objetivo ampliar a visibilidade do monarca, difundindo informações sobre sua pessoa, bem como incentivar o povo a amá-lo e obedecê-lo. Sendo assim, as imagens de Luís deveriam glorificá-lo, muito mais do que "[...] fornecer uma cópia reconhecível dos traços do rei, uma descrição sóbria de suas ações." (BURKE, 1994, p. 31)

O mais famoso retrato de Luís XIV (figura I), feito por Hyacinthe Rigaud, no ano de 1700, consiste em um bom exemplo da construção da imagem do rei. O retrato solene, no qual pessoas importantes são apresentadas em tamanho natural, sentadas ao lado do trono, ficava exposto na sala do trono, em *Versailles,* e representava Luís quando ele estava ausente, como uma forma de simbolizar sua onipresença.

A pintura, muito mais do que uma obra de arte, simboliza a encenação do poder do governo absolutista. Através do uso de símbolos visuais, é possível constatar a glorificação do rei e apontar suas qualidades. Luís era o comandante sagrado da França, que somente prestava conta de seus atos a Deus, assumia o papel de pai do povo, empenhado em proporcionar bem-estar a seus súditos, além de ter a obrigação de garantir os privilégios do clero e da nobreza.

Figura 1 – Retrato de Luís XIV – Hyacinthe Rigaud, 1700.

Fonte: SAULE, Béatrix; VINHA, Mathieu. **Visitar Versalhes.** Paris: Éditions Artlys, 2012, p. 35.

No retrato há vários elementos que corroboram a ideia de sua elevada posição social, de seu poder e distinção, como as roupas, retratadas com detalhes meticulosos, e os objetos que o cercam, tais como colunas clássicas, cortinas de veludo, além da coroa e do trono. O modelo, com expressão altiva, aparece em proporção maior que a dos demais elementos, como o cetro, por exemplo, clara evidência de sua superioridade e de seu poder absoluto. A luz refletida da parte direita de seu rosto reforça a personalidade imponente de Luís.

A pose imóvel, típica entre os estadistas absolutistas europeus, e o olhar fixo simbolizam o poder. O cenário luxuoso, com cortinas vermelhas e tapete dourado, ostenta a riqueza da França. O manto azul, com a flor de lis bordada a ouro, o emblema real, o cetro, que simboliza um instrumento de comando do povo, bem como a coroa e o trono, símbolos máximos de poder legitimam sua condição de rei e hereditariedade.

Luís, monarca absoluto, herdou três poderes de Deus, que se mostram presentes na imagem: religioso, pois Luís aparece com o colar da Ordem do Espírito Santo, considerada a principal figura eclesiástica, com o dom milagroso de curar doenças de pele através do toque real; militar, representado pela espada de Carlos Magno, outro emblema real, presa à cintura; e judicial, já que o monarca era o supremo magistrado do país, o que pode ser percebido na elevação de sua mão direita, a mão da justiça. A coluna, atrás do monarca, exibe a imagem de Têmis, considerada a deusa da Justiça, de acordo com a mitologia. "No Olimpo, essa deusa está sentada perto do trono de Júpiter; ajuda o Deus com seus conselhos, que são todos inspirados na prudência e no amor à justiça." (COMMELIN, 2011, p. 69-70).

A imagem destaca, ainda, as pernas de Luís. No retrato, o rei tem sessenta e três anos e ainda possui vigor e disposição. Enquanto outros monarcas eram retratados sempre jovens, Luís foi envelhecendo gradativamente, porém, "[...] Rigaud pôs esse rosto envelhecido num corpo jovem" (BURKE, 1994, p. 46), um contraste entre o real e o pretendido pelo modelo. Exímio dançarino, o monarca adorava exibir suas pernas, além de que, a moda masculina da época, encorajada pelo soberano, valorizava a tendência de usar "[...] gibões, e os coletes fabulosamente bordados e decorados eram curtos o suficiente para exibir as pernas em quase toda a sua extensão, algo muito conveniente para um rei que considerava as pernas seu ponto forte". (DEJEAN, 2010, p. 103)

Outro elemento de destaque na imagem são os sapatos, posicionados no centro da parte inferior do quadro. O Rei Sol era fascinado por sapatos e essa paixão impulsionou a fabricação de calçados na França. Os sapatos de salto vermelho, *talon rouge*, que na França significavam um sinal de nobreza, indicavam elevado *status* social e combinavam com os laços de tamanho exagerado, adornados por fivelas de diamantes. Reportando aos dias atuais, a marca francesa de calçados de luxo, Christian Louboutin, utiliza como referencial de seus produtos as solas vermelhas, o que se tornou o diferencial da marca e uma característica fortemente copiada da época de Luís XIV.

Ao longo de seu governo, Luís acumulou a maior coleção de joias do Ocidente. A pedra preciosa escolhida como representante de seu reino foi o diamante, utilizado como símbolo de poder, estilo, opulência, "[...] o diamante era a pedra preciosa escolhida para representar um reino efervescente e brilhante [...]." (DEJEAN, 2010, p. 195). Enquanto na Renascença as pérolas eram sinal de *status* e distinção, a partir do governo de Luís XIV, os diamantes passaram a ter a simbologia atual de valor, brilho, raridade, sendo considerados os principais objetos de desejo. Com o objetivo de impressionar e destacar sua magnificência, o Rei Sol mandava confeccionar trajes adornados com diamantes, uma forma de aumentar seu brilho, sua luz. Durante o governo do *delfim*, vários joalheiros, com habilidade na lapidação de diamantes, mudaram-se para Paris. A cidade, até os dias atuais, possui uma grande concentração de joalherias, como as famosas marcas de luxo Cartier e Van Cleef & Arpels.

Luís também fez moda com as perucas que usava. Acometido por uma doença, que fez com que ele perdesse um volume considerável de cabelo, o rei passou a aparecer com perucas, difundindo o costume entre a nobreza europeia. As perucas também ajudavam na construção de uma imagem maior do monarca, dando ao rei a altura extra de que precisava para impressionar. A década de 1670 marcou o auge da moda das perucas. A procura era tanta que, na falta de cabelos humanos, eram utilizadas crinas de cavalos. As perucas simbolizavam elevado *status* social e poder, sobretudo as produzidas na França. Luís XIV possuía uma coleção de perucas, usando penteados diferentes para cada ocasião. Nesse contexto, uma nova profissão surge na França: o cabeleireiro. Inicialmente, somente os homens cuidavam de seus cabelos e barbas. Posteriormente, os *coiffeurs*, neologismo francês criado para designar os profissionais de cabelo, surgiram para pentear as damas do reino.

Os penteados seguiam a sazonalidade da moda, um para cada estação. Exibir um penteado assinado significava ser reconhecido por quem entendia de tendências de moda, além de possuir recursos para pagar os altos preços cobrados. Pessoas de todas as partes da Europa se deslocavam a Paris para terem seus cabelos penteados, uma vez que a França virou referencial de qualidade na arte de arrumar cabelos, percepção presente até os dias atuais. Saber qual penteado estava sendo usado era possuir bom gosto e entender de moda.

No âmbito das cidades, o governo de Luís XIV provocou uma grande mudança nos centros urbanos. Obcecado pela perfeição estética, construiu jardins e monumentos como parte de um projeto de embelezamento da França, sendo que esses monumentos também serviam para divulgar os atos heroicos do rei, as guerras vencidas e a prosperidade do governo. Luís transformou a França em uma nação moderna, e Paris, na metrópole da elegância. A iluminação noturna da cidade, que contribuiu para diminuir os índices de violência, a inauguração de butiques, a publicação de periódicos sobre a moda na corte, a criação de temporadas de moda, que variavam de acordo com as estações, fizeram que a França se tornasse a principal referência de moda e estilo, no século XVII. "De fato, as raízes da moderna indústria da moda remontam à Paris da década de 1670" (FOGG, 2013, p. 86).

Luís XIV era qualificado como belo, brilhante e iluminado como o sol, glorioso, triunfante e grande, adjetivo que passou a ser utilizado, oficialmente, a partir de 1671. "*LOUIS LE GRAND* – era assim, em letras maiúsculas, que seu nome figurava frequentemente no meio de textos em caixa baixa." (BURKE, 1994, p. 47). Analisando algumas marcas de luxo contemporâneas, é possível perceber que seus logotipos também são utilizados em letras maiúsculas, reforçando sua superioridade. Algumas marcas que se encaixam nesse modelo são: LOUIS VUITTON, CHANEL, GOYARD, BOUCHERON.

A partir de 1682, Luís começou o processo de transferência da sede de seu governo para o Palácio de *Versailles*, um templo de formalidade e magnificência, que funcionava como palco de uma vida luxuosa, festas galantes, disseminação de estilos, troca de favores e culto à imagem do rei. "Mais do que um edifício, Luís constrói um autêntico conceito: o reagrupamento sedentário não só da sua corte, como também do seu governo" (SAULE; VINHA, 2013, p. 155).

A ostentação e a magnificência eram utilizadas como diferencial da França, instrumentos para mostrar à Europa a superioridade da nação. Nesse sentido, *Versailles* organizou-se com um estilo de vida cortesã baseado na etiqueta, no fausto e no prestígio, ali, as letras e as artes se desenvolveram, fato que culminou na idade de ouro da cultura francesa.

Adorador da suntuosidade, o rei concebeu uma residência que deveria ser a mais bela, a maior, cuja decoração, além da função de adorno, reforçasse sua glória, destacando a relação entre arte e poder. O ordenamento do local, a hierarquia dos empregados e a etiqueta exigida evidenciavam que, além de um palácio, *Versailles* simbolizava a extensão da personalidade do rei, um conjunto em que tudo era controlado, representando uma boa analogia com sua forma de governar, sendo célebre a frase de Luís XIV: "O Estado sou eu", *L'état c'est moi.*

Versailles funcionava como um palco para os cerimoniais faustosos promovidos pelo rei, tais como fazer suas refeições em público, um ritual composto pela degustação de cinco pratos. Joan Dejean (2010) aponta que Luís XIV lançou moda até na culinária. A gastronomia francesa, conhecida atualmente, remonta à época do monarca. Os *chefs* franceses foram os primeiros a reduzir o uso de temperos oriundos do Oriente, substituindo-os por ervas nativas da França, como a salsa. A separação dos doces, servidos com os alimentos salgados até o fim do século XVII, surgiu da necessidade de diferenciação. A divisão entre o sal e o açúcar (encontrado facilmente nas colônias francesas) resultou na criação das sobremesas. Outro ritual apreciado consistia na permissão concedida a alguns súditos para entrarem no dormitório real, estrategicamente localizado no centro do palácio, simbolizando a posição de Luís no coração do reino para que fosse possível assistir o despertar e o adormecer do rei. O despertar e deitar do monarca eram atos fortemente ritualizados e divididos em partes, como o pequeno e o grande levantar, cada qual destinado à exibição de membros da corte selecionados por importância. Assistir tais cerimoniais significava um privilégio e um dos critérios para se obter um favor real.

Enquanto a linguagem e a utilização de imagens apelavam para o uso do intelecto, as encenações geravam mais impacto e entendimento pela gente do povo. A Galeria dos Espelhos, no palácio de *Versailles,* além de propor a ideia do resplandecer de Luís XIV, representa o sucesso da França no que tange à política, através de pinturas que retratam as vitórias militares e diplomáticas do governo; à economia, em função das dimensões do ambiente e dos 357 espelhos; e às artes, através das colunas de mármore adornadas em bronze, técnica dominada pelos franceses. A partir de 1664, a França passou a produzir espelhos, objetos considerados de alto luxo na época, cujo monopólio pertencia a Veneza.

Os cofres franceses estavam deficitários e a aquisição de espelhos era vista como desperdício pelo primeiro ministro Colbert que, na tentativa de poupar as reservas francesas de ouro e de prata, decidiu se apropriar da tecnologia italiana de confecção de espelhos, o que, além de economia, representava um crescimento econômico através da exportação de tais produtos. Nesse período, os espelhos eram comparados a obras de arte, em função de seu valor e de sua raridade, sendo até mesmo emoldurados e colocados em paredes, como se realmente fossem pinturas. Luís concebeu o uso de espelhos na decoração de interiores, o que possibilitava a ampliação do ambiente. A Galeria dos Espelhos tornou-se referência em estilo de decoração e se transformou na maior representação da superioridade francesa, símbolo da monarquia de Luís XIV, que assim como sol, desejava brilhar.

A França revolucionou a tecnologia de produção de espelhos e passou a fabricar tais artigos em tamanhos maiores, proporcionando uma experiência inédita, a de ver o corpo humano por inteiro, sem a necessidade de um criado para conferir se tudo estava apropriado, passando a impulsionar, ainda mais, a indústria da moda e dos penteados de cabelo. O valor dos espelhos variava de acordo com suas proporções, cabendo à nobreza os maiores tamanhos, tornando-se objetos indispensáveis na vida francesa. Os espelhos tinham a capacidade de iluminar e fazer que tudo parecesse maior, uma grande metáfora do estilo de reinar de Luís XIV.

Assim como a Itália possuíra o monopólio da fabricação de espelhos até a Renascença, esse país também dominou a produção de perfumes durante o mesmo período. Perfume era a palavra empregada para especificar substâncias de odor agradável, que poderiam ser pastilhas, talcos, sabonetes. Coube à França popularizar um novo ritual de cuidados pessoais: *la toilette*. Os produtos de beleza eram experimentados e endossados pela aristocracia, técnica utilizada até os dias atuais e que gera a vontade de utilização, em função da referência feita por uma pessoa próxima.

O ato da *toilette* alcançou grandes proporções, dando origem a novas necessidades, como uma mesa para ser executado o ritual, a penteadeira, além de um quarto de vestir. "Por toda a Europa, os novos quartos de vestir ficaram abarrotados de artigos de luxo franceses de todos os tipos" (DEJEAN, 2010, p. 303), sendo que somente os produtos franceses eram considerados, realmente, de luxo. Os fabricantes de perfumes franceses diferenciavam-se dos demais pelo uso de fragrâncias florais, tais como, lavanda, jasmim e flor de laranjeira, bem como pela produção de perfumes para várias partes do corpo, incluindo as perucas. A produção de talcos também era alta e rentável, uma vez que tais produtos proporcionavam, além de odores agradáveis, a possibilidade de tingir cabelos ou perucas, resultando em tons acinzentados, a moda da época. Porém, a época áurea dos perfumes, na França, não aconteceu durante o reinado de Luís XIV, mas sim na de seu bisneto, Luís XV, que transformou *Versailles* na corte dos perfumes. O primeiro sofria maus súbitos ao sentir fragrâncias, fato que teve como consequência o não financiamento para a descoberta de novas tecnologias na produção perfumista, o que ocorrera na fabricação de espelhos. Até os dias atuais, os perfumes franceses são envoltos por uma aura de sedução, prometendo tornar seu usuário uma pessoa extremamente sedutora. A marca de luxo Guerlain, fundada em 1828, é a mais antiga *maison* do segmento (AUGOUARD, 2009, p. 158-163).

O governo de Luís XIV, em *Versailles*, residência oficial, templo da magnificência, fez surgir uma busca pelo belo, pelo luxuoso, transformando o consumo em uma emoção diferenciada, uma busca pelo prazer. A era *Versailles* moldou o ideal atual de elegância, sofisticação e luxo, alicerçado pela busca de momentos de puro prazer e forte emoção. A era resplandecente também foi o cenário da invenção da bebida que melhor representa a França: o champanhe. Luís XIV julgava que a bebida se ajustava à nova imagem da nação: superior e sofisticada.

Criada por um monge, Dom Pérignon, nome atual da marca mais famosa da bebida, o champanhe passou a representar um novo estilo de vida. As garrafas, em vez de rótulos, exibiam os brasões das famílias para as quais a bebida seria vendida; dessa forma, o champanhe "Logo se tornou conhecido como o vinho do rei [...]" (DEJEAN, 2010, p. 189), o que fazia que os cortesãos o desejassem, conferindo alto valor de *status* à bebida. Oferecer champanhe significa que a pessoa que é servida é especial. Em função da alta fermentação, várias garrafas da bebida explodiam, o que dificultava seu engarrafamento; sendo assim, o consumo era maior do que a produção, o que fez a bebida se tornar cara, além de rara, qualidades que justificam o conceito de luxo até a contemporaneidade.

No que tange ao ato de fazer compras, a França também revolucionou o sistema de vendas. Em um primeiro momento, as vendas eram realizadas em particular, na casa dos clientes, ou em depósitos sem nenhum tipo de sofisticação, passando, em outro momento, a ser feitas em lojas, possibilitando a entrada dos consumidores e a uma melhor experiência de consumo. As lojas introduziram vitrines, um grande diferencial na história da comercialização de artigos de moda, que possibilitavam mostrar aos clientes os produtos disponíveis. "Os novos artigos de luxo eram expostos em ambientes dignos de recebê-los, os primeiros interiores projetados para fazer que as pessoas desejassem fazer compras." (DEJEAN, 2010, p. 21). Dessa forma, Paris tornou-se a primeira cidade dedicada às compras, atraindo pessoas de todas as partes da Europa. O consumo tornou-se uma experiência diferenciada, fundamentada na "filosofia do valor estético" (ibid., p. 27). Os artigos oferecidos, além dos valores funcionais, possuíam características intangíveis, como estilo, elegância e emoção. A *rue Saint-Honoré* era o local em que se encontravam as lojas de moda mais conceituadas e os estilistas mais ousados. Ainda nos dias atuais, essa rua é referência de sofisticação e famosa por abrigar as mais conceituadas marcas de luxo.

2. O Luxo como Negócio

Até o momento, apresentamos a importância do governo de Luís XIV na caracterização do mercado de luxo, tendo reflexos até a contemporaneidade. A alta-costura, a joalheria, o champanhe, a gastronomia, os penteados e os perfumes foram setores patrocinados pelo monarca, que desejava fazer da França a principal referência de luxo, sofisticação e opulência. Porém, esse objetivo somente foi conquistado com a ajuda de Jean-Baptiste Colbert.

Colbert começou a servir o rei em 1661, como membro do Conselho de Estado. Como ministro das finanças, foi o grande responsável pela reorganização financeira da França, transformando o país em uma potência mercantilista. "Além de diminuir as perdas, Colbert expandiu a receita tributária de vários modos." (SHENNAN, 1986, p. 34). O clero foi obrigado a aumentar sua contribuição anual, e os impostos para proprietários de terra foram recalculados, fatos que permitiram a duplicação da receita da coroa. Colbert preocupava-se em glorificar Luís XIV, empenhando-se na construção de grandes palácios e na modernização de Paris. O ministro também atuou como mecenas das artes, pois julgava que elas contribuíam para o enaltecimento da majestade.

A parceria entre Luís XIV e Colbert resultou no protecionismo econômico francês. Durante as décadas de 1661 a 1683, a aliança entre o comércio e as artes resultou no monopólio de artigos de luxo na França, uma economia alicerçada pela moda e pelo bom gosto. Colbert acompanhava de perto as regulamentações do mercado, priorizando as exportações em detrimento das importações. O ministro assegurou que todos os artigos utilizados por Luís XIV, que lhe conferiam opulência e sofisticação, fossem produzidos na França, por trabalhadores franceses. A indústria têxtil passou por uma série de regulamentações para preservar a economia da França, como a proibição do uso de tecidos importados do Oriente, uma forma de assegurar os lucros obtidos com a alta-costura francesa. Dessa forma, o ministro impulsionava as tendências de moda concebidas por Luís XIV, assegurando que a produção dos materiais necessários, para a confecção dos artigos, ocorresse em território francês. "O rei criou novos padrões de luxo que passaram a ser aceitos como genuinamente franceses, e Colbert cuidou para que todos os produtos que pudessem estar diretamente relacionados a essa ideia fossem comercializados tanto quanto possível." (DEJEAN, 2010, p. 16)

Em homenagem ao ministro, foi criado, na França, no ano de 1954, o *Comité Colbert*, uma "associação para o desenvolvimento das empresas exportadoras que empregam mão-de-obra de qualidade." (ALLÉRÈS, 2006, p. 133). O maior objetivo desse *Comité* é reunir as marcas francesas do segmento do luxo, regendo-as sob severas normas de criação e fabricação, a fim de proporcionar um elevado controle de qualidade dos produtos ofertados. O *Comité Colbert* realça a tradição da França como precursora do luxo, corroborada com a expansão de marcas francesas no âmbito internacional, além de disseminar um estilo de vida: *l'art de vivre française.*

Durante o governo de Luís XIV, "[...] a França encontrara uma missão econômica: controlar os setores do mercado de luxo que passaram a dominar esse comércio desde então." (DEJEAN, 2010, p. 10). Diferente da Itália, a França conseguiu difundir sua moda, gastronomia e cultura de luxo por todo o mundo ocidental, sendo copiado e desejado por uma grande parte das pessoas. Paris tornou-se o lugar referência de elegância e refinamento. "Na década de 1660, Paris iniciou um reinado sobre o modo luxuoso de se viver que ainda perdura, mesmo três séculos e meio depois." (ibid., p. 12)

Atualmente, não é mais possível conceber uma única forma de luxo, não há como se enquadrar todos os artigos em um único contexto de luxo, nem destiná-los a uma classe específica e limitada de consumidores, uma vez que "[...] o luxo 'estilhaçou-se', não há mais *um* luxo, mas *luxos*, em vários graus, para públicos diversos" (LIPOVETSKY; ROUX, 2005, p. 15). Os produtos de luxo podem ser enquadrados em três esferas diferenciadas, de acordo com o grau de acessibilidade apresentado: superluxo, luxo intermediário e luxo acessível. (CASTARÈDE, 2005, p. 84)

Agora, havia um novo modelo piramidal: a alta-costura sob medida no alto, para os realmente ricos, o *prêt-à-porter* dos mesmos estilistas para a classe média e uma ampla gama de fragrâncias e acessórios para os que se encontram em baixo. Com o advento do licenciamento de nomes, o negócio das fragrâncias começou a crescer e a alta-costura diminuiu rapidamente. (THOMAS, 2008, p. 30)

Os produtos classificados como superluxo são considerados top de linha, extremamente caros, prestigiosos, apresentam elevado grau de perfeição e características sensíveis de excelência. A fabricação é realizada artesanalmente, possuindo normas rígidas de produção e uma distribuição estritamente seletiva. Os produtos enquadrados nessa esfera são mais difíceis de serem copiados, sendo acessíveis a poucos consumidores, e podem ser exemplificados pelas obras de arte, palácios, alta joalheria, alta-costura, iates e aviões particulares.

Produtos pertencentes ao grupo de luxo intermediário são mais acessíveis em relação aos artigos de superluxo, mas conservam características de distinção, sofisticação e prestígio em comparação aos produtos de consumo corrente. Encontram-se disponíveis a uma maior parcela de consumidores, que busca, nesses artigos, símbolos que representem seu elevado poder aquisitivo. São exemplos de tal segmento as coleções *prêt-à-porter*:

Nele, encontram-se objetos elegantes que vêm envoltos numa aura de bom gosto e refinamento, mas que estão mais para derivações do luxo. É o que resulta da escolha deliberada de um artigo pelo qual se aceita pagar mais por causa da marca ou de alguma conotação valorizadora (por exemplo, o isqueiro Cartier, uma gravata Hèrmes ou uma bolsa Vuitton). (CASTARÈDE, 2005, p. 84)

O segmento de luxo acessível é constituído por produtos com mais disponibilidade e conhecimento por parte do consumidor, até mesmo por apresentarem mais divulgação em relação aos pertencentes aos outros níveis de luxo. Em função de uma ampla distribuição, muitas vezes, coabitam no ponto de venda com produtos de massa. Esse segmento é composto por perfumes, cosméticos, gastronomia, vinhos e destilados.

A alta-costura, até os dias de hoje, continua importante para a publicidade das marcas, porém, sem as outras linhas – do vestuário aos acessórios, passando pela cosmética e perfumaria –, elas não sobreviveriam. Desse modo, é de suma importância para a manutenção das grifes no mercado o desenvolvimento das coleções de acessórios – sapatos, bolsas e cintos, responsáveis por boa parte do faturamento anual. (COSTA, 2010, p. 136)

O grande entrave para o crescimento do mercado de luxo se refere às falsificações. O desejo de possuir um logotipo estampando o produto faz que a indústria da pirataria encontre consumidores dispostos a pagar quantias diferenciadas, em função da "qualidade" do bem. No universo do luxo, muito mais do que o produto, o que vale é o emblema da marca. A primeira organização oficial do segmento de luxo, voltada para a luta contra a contrafação, foi promovida pelo já mencionado *Comité Colbert*. Na época de sua criação, somente quinze *maisons* participavam do *Comité*, mas, atualmente, ele representa oitenta e duas marcas[1]. A participação no grupo exige a recomendação de, pelo menos, dois membros do *Comité*, bem como a avaliação da comissão de ética, no que tange à participação internacional da marca, padrão de qualidade e processo criativo.

A contrafação ocorre quando um bem similar se apropria, indevidamente, de elementos essenciais que constituem o objeto protegido por lei. O grau de perfeição da reprodução não ameniza ou exclui o crime de falsificação, independentemente de provocar prejuízos ao artigo copiado. Porém, para constituir ato ilícito, o Código Penal brasileiro determina que deve haver benefício monetário, ou seja, lucro, bem como exclui do crime o uso de forma privada. Relevante, nesse contexto, é observar algumas distinções referentes às técnicas de pirataria, que, de acordo com Gino Giacomini Filho (2011, p. 227), "[...] refere-se à reprodução e comercialização ilegal e em larga escala de obras legitimamente criadas, envolvendo produtores, estabelecimentos comerciais, autoridades governamentais, fisco e receptores."

No campo da contrafação, há as réplicas, que se dividem em primeira e segunda linha, de acordo com o grau de perfeição. A réplica mais perfeita, de primeira linha, refere-se ao produto cuja qualidade é "similar ao original, às vezes feito pela mesma fábrica que produz os originais, sendo

[1] Disponível em: <http://www.comitecolbert.com>. Acesso em: 20 fev. 2019.

bastante difícil distingui-lo destes." (PEREZ et al., 2013, p. 359). Réplicas de segunda linha são mais baratas em relação às de primeira linha, apresentando qualidade inferior, "[...] os símbolos e logotipos estão mal apresentados e, por isso, são visivelmente diferentes e claramente inferiores que os originais." (ibid., p. 359)

A falsificação de produtos, sobretudo os de luxo, movimenta um grande setor da economia. "A falsificação está sempre ligada a uma atividade fraudulenta e, portanto, envolve infrações legais" (Lívia Souza, In: PEREZ et al., 2013, p. 301). Isso porque a falsificação fere os direitos de propriedade intelectual das marcas, não sendo uma prática presente, apenas, no mercado de luxo, mas também nas áreas da saúde, informática, automobilística, entretenimento, perfumes, brinquedos, relógios e moda. Por isso, a falsificação de produtos é crime, sendo previsto na legislação brasileira pela Lei n. 9.279/1996 (Lei de Propriedade Industrial). A referida lei dispõe um conjunto de bens intangíveis que dizem respeito à proteção de marcas e patentes, com o fim de coibir a reprodução indevida de produtos de consumo e proteger os direitos de seu inventor. O Brasil conta, também, com um Conselho Nacional de Combate à Pirataria (CNCP), responsável pela elaboração do Plano Nacional de Combate à Pirataria, que atua em três vertentes principais: educacional, com o objetivo de conscientizar o consumidor a respeito dos prejuízos que tal prática ilícita produz; econômico, com o escopo de reduzir a perda de impostos para o país; e o fiscalizatório e repressor de tal atividade criminosa.

No âmbito Europeu, a Comissão Europeia também regulamenta a questão da contrafação com medidas regulamentadas pela *Comission des Communautes Européenes*. O direito à proteção das marcas é fundamental no atual sistema econômico, pois permite a distinção de produtos e serviços, pelo consumidor. As marcas são um meio muito eficaz de comunicação, informação e publicidade, constituindo "um símbolo que cria e representa o espírito e a imagem empresarial.[2]"

As falsificações, entre outros aspectos negativos, impedem o crescimento das organizações, bem como sua lucratividade.

O mercado de falsificações é globalizado. A produção de produtos clandestinos ocorre em quase todo o território mundial, com destaque para a

[2] Disponível em: <http://eur-lex.europa.eu/legalcontent/ES/TXT/PDF/?uri=CELEX:52008DC0465&from=EN>. Acesso em: 20 fev. 2019.

China. Desta forma, a falsificação de produtos de luxo prejudica a marca em função da popularização e do uso indistinto de produtos que deveriam ser raros e de uso seletivo. Nesse sentido, a pirataria alicerça o fenômeno *trickle-down*, uma vez que as classes econômicas mais abastadas abandonam os produtos cuja imitação é acentuada e, dessa forma, deixam de ser exclusivos e distintivos.

Conclusões

O conceito de luxo há muito é discutido, sendo que suas definições são subjetivas e efêmeras, um conceito instável que varia de acordo com o *Zeitgeist* de cada época. O luxo, sinônimo de ostentação, fausto e distinção social remota ao reinado de Luís XIV, monarca francês que consagrou sua corte em *Versailles* em um estilo de opulência, disseminado por toda Europa e presente até os dias atuais.

Luís XIV criou estilos de moda, de perucas, revolucionou a culinária francesa, separando os alimentos salgados dos doces e, dessa forma, criando a sobremesa, dominou a arte de produzir espelhos, a arte da joalheria, em especial, os diamantes, transformou o champanhe em uma bebida galante, algo que se oferece a pessoas especiais, urbanizou Paris, tornando-a a primeira capital da moda.

Versailles, muito mais do que um palácio, era uma referência de bom gosto, sinônimo de vida a ser copiado como forma de ser aceito pela sociedade. O estilo de Luís XIV apresenta reflexos na contemporaneidade, sendo que o mercado de luxo apresenta lucros ascendentes e um consumo que busca distinção, através da aquisição de produtos caros, raros e diferenciados. O mercado de luxo é dominado por marcas que carregam em sua constituição o apogeu do reinado de Luís XIV, sendo que a procedência francesa, *made in france*, constitui o principal atributo de qualidade, sofisticação, caracterizando a essência do luxo.

Na contemporaneidade, o mercado de luxo cresce e movimenta altas cifras monetárias, contudo, o grande entrave ao desenvolvimento de tal setor refere-se às práticas de falsificação. A legislação mundial, bem como a nacional, coíbem tais atos criminosos, porém, o desejo de exibir um produto com logotipo de marcas reconhecidas e pertencentes ao mercado de luxo, na maior parte das vezes, com a etiqueta *made in france*, impulsiona a aquisição de artigos piratas e ilegais.

Referências

ALLÉRÈS, Danielle. *Luxo: estratégias/marketing*. Tradução de Mauro Gama. Rio de Janeiro: Editora FGV, 2006.

AUGOARD, Jean Watin. *Marques de luxe françaises*. Paris: Groupe Eyrolles, 2009.

BURKE, Peter. *A Fabricação do rei. A construção da imagem pública de Luís XIV*. Tradução de Maria Luiza X. de A. Borges. Rio de Janeiro: Jorge Zahar Editor, 1994.

CASTARÈDE, Jean. *O luxo. Os segredos dos produtos mais desejados no mundo*. Trad. Mário Vilela. São Paulo: Barcarolla, 2005.

COMMELIN, P. *Mitologia grega e romana*. Tradução de Eduardo Brandão. São Paulo: Editora WMF Martins Fontes, 2011.

COSTA, Dhora. *A história das bolsas*. São Paulo: Matrix, 2010.

DEJEAN, Joan. *A essência do estilo: como os franceses inventaram a alta-costura, a gastronomia, os cafés chiques, o estilo, a sofisticação e o glamour*. Tradução de Mônica Reis. Rio de Janeiro: Civilização Brasileira, 2010.

FOGG, Marnie. *Tudo sobre moda*. Tradução de Débora Chaves, Fernanda Abreu, Ivo Korytowski. Rio de Janeiro: Sextante, 2013.

LEBÉDEL, Claude. *Chronologie de l'histoire de France*. Rennes: Éditions Ouest-France, 2011.

LIPOVETSKY, Gilles; ROUX, Elyette. *O Luxo eterno. Da idade do sagrado ao tempo das marcas*. Tradução de Maria Lúcia Machado. São Paulo: Companhia das Letras, 2005.

PASSARELLI, Silvio. *O universo do luxo – marketing e estratégia para o mercado de bens e serviços de luxo*. Barueri: Manole, 2010.

PEREZ, Clotilde; TRINDADE, Eneus; BATISTA, Leandro Leonardo; FOGAÇA, Jôse (Orgs.). *Universo sígnico da pirataria: Falso? Verdadeiro!* São Paulo: Imod, 2013.

ROSA, Cristina de Azevedo. *Império do luxo. A construção do sucesso*. Porto: Lidel – Edições Técnicas, 2010.

SAULE, Béatrix; VINHA, Mathieu da. *Visitar Versalhes*. Paris: Éditions Artlys, 2012.

SHENNAN, J.H. *Luís XIV*. São Paulo, Editora Ática S.A., 1994.

SOMBART, Werner. *Luyo y capitalismo*. Versión de Javier Eraso Ceballos. Madrid: Ediciones Sequitur, 2009.

Parte II - Direito Contratual

4. A Indústria da Moda e os Novos Paradigmas Contratuais: Princípios, Espécies e Características

Renata Domingues Balbino Munhoz Soares

Introdução

No âmbito teórico ou prático, pensar em contrato e na indústria da moda envolve, necessariamente, buscar uma inter-relação entre direito e moda com respeito às suas peculiaridades e novas tendências. Com base nisso, nesse estudo fazemos uma relação entre as diversas espécies de contratos e seus princípios reguladores e casos práticos.

1. Os Princípios Contratuais Aplicáveis ao *Fashion Law* e sua Repercussão Prática

O direito contratual brasileiro sofreu grande mudança de paradigma a partir da década de 1990, com o Código de Defesa do Consumidor. Nessa linha, inspirado por novos princípios e nova ideologia, o diploma civil brasileiro, em 2002, unificou as obrigações civis e empresariais (como fez a Itália), e trouxe em seu bojo conceitos e ideias relacionadas às novas tendências, como os valores éticos, os valores sociais e o equilíbrio das relações. Essas novas tendências vêm ao encontro dos anseios do mercado da moda, especialmente na linha da sustentabilidade ambiental e de tecnologias inovadoras. Vê-se, por exemplo, a função social do contrato, bem como os contratos intelectuais, que tratam da transferência de tecnologia, dentre outros.

Independentemente de uma relação contratual envolver sujeitos particulares em ambos os polos (ativo e passivo), empresários (de grande ou pequeno porte) ou fornecedor e consumidor (relação de consumo), todos os contratos terão em sua base a liberdade de contratar e a liberdade contratual (escolha do conteúdo do contrato), em maior ou menor grau (ex.: nos contratos de adesão a liberdade contratual é mitigada), serão considerados obrigatórios em atenção à segurança jurídica, e surtirão efeitos, num primeiro momento, apenas entre as partes. Então, podemos estabelecer basicamente sete princípios contratuais que devem ser respeitados em todos os contratos, ainda que alguns deles tenham a função de limitar ou relativizar outros. Sendo assim, são quatro os princípios contratuais clássicos, a saber: princípio da autonomia da vontade (liberdade de contratar e liberdade contratual), princípio da obrigatoriedade dos contratos (ou *pacta sunt servanda*), princípio do consensualismo e princípio da relatividade dos efeitos do contrato.

No entanto, com a mudança de ideologia, já propugnada pela Constituição Federal de 1988, esses princípios clássicos passaram necessariamente a conviver com os princípios modernos, basicamente três, ou seja, função social do contrato[1], boa-fé objetiva e equilíbrio econômico ou justiça contratual. Nesse contexto é que podemos observar a introdução no ambiente jurídico do respeito aos valores éticos, a preocupação com os valores coletivos e a necessidade de se respeitar o equilíbrio econômico nas avenças. Tudo isso reflete uma mudança na forma de se contratar e na forma que o Poder Judiciário tem solucionado litígios contratuais.

Em se tratando de contratos na indústria da moda, mais uma questão surge – a necessidade de se atentar às peculiaridades do mercado, a fim de se pensar em combater as cópias, o aliciamento, o prejuízo ao meio ambiente e o dinamismo das criações. Se o princípio da boa-fé objetiva determina que as partes devam agir com lealdade, honestidade, cuidado, proteção, colaboração e informação clara, completa e de credibilidade (art. 6º, do CDC e art. 422, do CC), em todo o *iter* contratual (das negociações preliminares à fase pós-contratual), o descumprimento desses deveres (chamados de deveres laterais ou anexos) vai gerar também inadimplemento do contrato (denominado de violação positiva do contrato), com o surgimento da obrigação de indenizar[2].

[1] Mesmo com a nova redação dada pela Medida Provisória nº 881/2019.

[2] SOARES, Renata Domingues Balbino Munhoz. *A boa-fé objetiva e o inadimplemento do contrato. Doutrina e jurisprudência*. São Paulo: LTr, 2008.

Se a função social do contrato, que possui duas vertentes de atuação – *inter partes* e *ultra partes*, preocupa-se com o respeito aos valores coletivos além dos individuais, como o respeito ao meio ambiente, à saúde pública, à dignidade humana, o desrespeito a esses valores determina a necessidade de adequação do contrato, sob pena de invalidade. Hodiernamente, a preocupação exclusiva com o lucro da empresa (valor individual) em detrimento da degradação do meio ambiente (poluição da água, descarte irregular de materiais ou produtos, contaminação, etc.), por exemplo, é coibida pelo direito[3]. Assim, vejamos como esses princípios podem ser aplicados diretamente aos contratos no *fashion law*.

O C. Superior Tribunal de Justiça julgou, em sede de Recurso Especial, inadimplemento de contrato de prestação de serviços de uma modelo, que, por intermédio de uma agência, assumiu as obrigações (personalíssimas) "de realizar ensaio fotográfico para campanha publicitária, de participar de coquetel de lançamento e de realizar os desfiles de abertura e encerramento como 'noiva símbolo' da 14ª edição do Fest Noivas de 2007" [4]. No entanto, a modelo não compareceu aos eventos conforme combinado. Em seu voto, ressalta a Min. Nancy Andrighi:

> De fato, é inquestionável que a relação obrigacional não se exaure na vontade expressamente manifestada pelas partes, porque, implicitamente, estão elas sujeitas ao cumprimento de outros deveres de conduta, que independem de suas vontades e que decorrem da função integrativa da boa-fé objetiva. Nas precisas palavras de Antunes Varela, a boa-fé objetiva "exige um comportamento de colaboração mútua" (Das obrigações em geral. Vol. I. 10ª ed. Coimbra: Almedina, 2003. p. 123) entre os contratantes. Há, pois, um dever tácito de cooperação e proteção dos interesses recíprocos, consoante prevê o art. 422 do CC/02. Nessa toada, a propósito, leciona Judith Martins-Costa sobre o papel auxiliar e limitador da boa-fé *in executivis* em relação à vontade contratual: (...) a boa-fé *in executivis* auxilia a indicar o modo correto de executar a prestação (o seu 'como') e de exigir o seu cumprimento; a preencher, integrativamente, lacunas que

[3] A tutela externa de crédito e o papel do terceiro no contrato: uma reflexão comparativa dos modelos creditício e proprietário. In: O Direito na atualidade. São Paulo: Rideel, 2011.

[4] REsp nº 1.655.139 - DF (2015/0093630-4), Relatora MINISTRA NANCY ANDRIGHI, j. 05/12/2017.

só se farão sentir no momento executivo; e a estabelecer a fronteira entre o que é exercício lícito ou ilícito dos poderes, direitos e faculdades exsurgentes do vínculo contratual. (A boa-fé no direito privado: critérios para a sua aplicação. São Paulo: Marcial Pons, 2015. p. 431). Então, se à liberdade contratual, integrada pela boa-fé objetiva, acrescentam-se ao contrato deveres anexos, que condicionam a atuação dos contratantes, a inobservância desses deveres pode implicar o inadimplemento contratual. Sob tal perspectiva, verifica-se que, na espécie, as recorridas chegaram atrasadas para o coquetel de lançamento, por sua culpa, e dele saíram, inesperadamente, antes do combinado; deixaram o hotel na madrugada seguinte, sem comunicar previamente os recorrentes; ausentaram-se do desfile de abertura, comprovando apenas minutos antes a impossibilidade de fazê-lo; e deixaram de comparecer ao desfile de encerramento sem qualquer motivação razoável. E, conquanto tenham justificado a ausência da modelo no desfile de abertura, por motivo de saúde, certo é que as recorridas o fizeram tardiamente, quando lhes era exigível – e possível – comunicar tal fato prontamente, de modo a permitir que os recorrentes tomassem as providências que entendessem necessárias. Desse cenário extrai-se que o comportamento das recorridas revela absoluta inobservância dos deveres de informação e lealdade na execução do contrato, deveres esses aos quais, por força do art. 422 do CC/02, estavam vinculadas enquanto contratantes, mesmo que não escritos. Pelo dever de informação, estavam as recorridas obrigadas a alertar os recorrentes, de imediato, sobre o fato superveniente – doença – que impossibilitou o devido cumprimento da prestação, assim evitando ou minorando os danos causados à parte contrária. Pelo dever de lealdade, cabia às recorridas não defraudar a confiança dos recorrentes no fiel cumprimento da palavra dada, especialmente com relação ao comparecimento da modelo no desfile de encerramento, já que o atestado médico apresentado vigia apenas até a véspera desse evento. Basta dizer que, segundo o TJ/DFT, a resposta dada pelas recorridas para justificar essa ausência, foi a de que "a profissional já estava envolvida com outros compromissos" (fl. 831, e-STJ), quando havia assumido com os recorrentes a obrigação de desfilar como "noiva símbolo" da 14ª edição do Fest

Noivas de 2007 no dia 03/06/2007. Assim, tem-se como caracterizado o inadimplemento das recorridas.

Como consequência, a Turma, em decisão unânime, concluiu que apenas uma pequena parte da obrigação foi cumprida no tempo e modo acertados, sendo, ademais, significativo o seu grau de culpa[5], impondo, assim, a majoração da multa contratual para 70% do valor fixado em contrato.

2. Os Contratos em Espécie e o Mercado da Moda

A moda é um processo que passa por inúmeras fases até chegar ao mercado de consumo (ou mesmo até o pós-consumo), e não se resume só à proteção ao estilista ou ao desenho, mas também à fabricação, distribuição, importação e, especialmente, aos mecanismos contratuais que garantem essas relações. Como o contrato é um instrumento necessário e imprescindível para se colocar em prática os negócios da indústria da moda, muitas são as espécies contratuais relevantes nessa cadeia de produção e consumo. Os contratos tipicamente empresariais importantes nesse segmento são a franquia, a distribuição, o fornecimento, a representação comercial autônoma, a transferência de tecnologia (contratos intelectuais), dentre outros. Martín Caselli ressalta que:

> Especial atención merece la etapa fundacional de la red toda vez que es aquella em que la pericia del abogado de empresas resulta distintiva a la hora de elegir adecuadamente la figura contractual que se utilizará, puesto que cualquiera de las cuatro figuras habituales (agencia, distribución, concesión y franquicia) son más o menos aptas para llegar al resultado de que el producto llegue del centro de producción al consumidor final[6].

A Lei nº 8.955/94, em seu art. 2º, conceitua a franquia como:

[5] REsp nº 1.655.139 - DF (2015/0093630-4), Relatora MINISTRA NANCY ANDRIGHI, j. 05/12/2017.

[6] CASELLI, Martín. Cuestiones legales de la distribución comercial. In: KNOLL, Susy Inés Bello; ECHEVERRÍA, Pamela (coords.). *Derecho y moda*. Buenos Aires: Marcial Pons, 2015, p. 110.

> o sistema pelo qual um franqueador cede ao franqueado o direito de uso de marca ou patente, associado ao direito de distribuição exclusiva ou semi-exclusiva de produtos ou serviços e, eventualmente, também o direito de uso de tecnologia de implantação e administração de negócio ou sistema operacional, desenvolvidos ou detidos pelo franqueador, mediante remuneração direta ou indireta, sem que, no entanto, fique caracterizado vínculo empregatício.

A doutrina majoritária o considera como um contrato de colaboração, e que tem como ponto favorável todo um sistema já testado e desenvolvido pelo franqueador. No entanto, na fase pós-contratual, o franqueado é normalmente detentor de enorme gama de informações e conhecimentos técnicos que lhe são transferidos em caráter sigiloso pelo franqueador, o que resulta na necessidade de proteção do negócio nessa fase, conforme se depreende do inciso XIV, do art. 3º, da referida lei. Trata-se de uma forma de se inibir a concorrência desleal[7].

No contrato de distribuição, também chamado de concessão, o distribuidor ou concessionário exerce a atividade de revenda dos produtos disponibilizados pelo concedente, com supervisão e assistência deste último e seu lucro se dá em razão da diferença de preço de compra e de revenda. Já na representação comercial autônoma, o representante comercial presta um serviço de intermediação de negócios e age em nome do mandante, recebendo em troca uma remuneração ou comissão.

No entanto, como bem ressalta Lorenzetti, são excepcionais os casos em que um contrato da realidade econômica segue os passos indicados pela legislação civil ou especial ou pela definição acadêmica[8]. Nesse sentido, o Poder Judiciário tem reconhecido na prática espécie contratual muitas vezes não definida tecnicamente pelas partes contratuais no caso concreto. No caso "Wrangler", o E. Tribunal de Justiça de São Paulo julgou, no mérito, pela inexistência de relação de franquia entre as partes, afirmando haver apenas contrato de distribuição, conforme é possível conferir na ementa abaixo transcrita:[9]

[7] Vide Apelação nº 0218460-67.2008.8.26.0100, TJSP, Rel. Fernandes Lobo, j. 29.05.2014.

[8] CASELLI, Martín. Cuestiones legales de la distribución comercial. In: KNOLL, Susy Inés Bello; ECHEVERRÍA, Pamela (coords.). *Derecho y moda*. Buenos Aires: Marcial Pons, 2015, p. 114.

[9] Apelação nº 9062392-47.2005.8.26.0000, Rel. Des. Eduardo Gouvêa, j. 13.09.2011.

Ação de Rescisão Contratual c. c. indenização por danos morais e materiais e Reconvenção com pedido de rescisão contratual e que se abstivesse o apelante de utilizar a marca "Wrangler" - Sentença que julgou parcialmente procedente a ação do apelante somente quanto a rescisão contratual e improcedente quanto aos demais pedidos e procedente a reconvenção também para a rescisão contratual e proibição de uso da marca "Wrangler". Preliminar de nulidade da sentença por falta de fundamentação - Inocorrência - Fundamentação sucinta não é falta de fundamentação. No mérito, requer a apelante seja considerada relação de franquia entre as partes e as consequências da rescisão do contrato com e a procedência dos danos morais e materiais - Prova dos autos que não configura a relação de franquia, apenas contrato de distribuição daí improcedentes os danos morais e materiais - Sentença de primeiro grau mantida.

Como espécie de contratos intelectuais, o contrato de transferência de tecnologia é importante para o segmento da moda na medida em que garante a transferência de *know how*, na maioria das vezes com cláusula de confidencialidade da tecnologia empregada e dever de sigilo. Como contratos civis e/ou de consumo, podemos mencionar como principais a compra e venda, a prestação de serviços, a cessão de imagem, seja como contratos principais ou na forma coligada, ou seja, contratos unidos por uma finalidade econômica.[10]

O contrato de compra e venda, contrato típico, definido em sua base pela legislação civil pátria, tem algumas peculiaridades aplicáveis ao *fashion law*. Nota-se, hoje, a importância dos pactos adjetos à compra e venda, especialmente a venda a contento do comprador (art. 509, do Código Civil Brasileiro) e a venda sujeita à prova (art. 510, do Código Civil Brasileiro). "Na indústria têxtil, há um profissional que se dedica a aferir previamente a qualidade das peças vendidas a grosso para os ateliês e fabricantes de roupas de alta costura. As compras só se aperfeiçoam quando esse espe-

[10] Vide SOARES, Renata Domingues Balbino Munhoz Soares. Contratos coligados. In: SOARES, Renata Domingues Balbino Munhoz (Coord.). *Novos Rumos do Direito Contratual. Estudos sobre Princípios de Direito Contratual e suas Repercussões Práticas.* São Paulo: LTr, 2009, p. 11-21, com prefácio da Ministra FÁTIMA NANCY ANDRIGHI.

cialista faz o exame conhecido por *touch and feel* (tocar e sentir), um leve transpassar de dedos por cada lote de peça, para saber se a coisa o satisfaz."[11]

O contrato de prestação de serviços, previsto no art. 608, do Código Civil, determina que: "Aquele que aliciar pessoas obrigadas em contrato escrito a prestar serviço a outrem pagará a este a importância que ao prestador de serviço, pelo ajuste desfeito, houvesse de caber durante dois anos". Quando um terceiro, que embora não tenha participado do contrato, mas que tem conhecimento dele, instiga o devedor a não cumprir a obrigação a seu cargo, celebrando com esse sujeito um contrato de prestação de serviço incompatível com o adimplemento da obrigação assumida com o credor, há violação da função social do contrato[12] e consequentemente, pagamento de indenização.

O contrato de cessão de imagem envolve questão relevante na esfera dos direitos da personalidade. Nessa seara, tem-se que tais direitos são, em regra, invioláveis, intransmissíveis, indisponíveis (art. 11 do Código Civil), salvo exceções previstas em lei.

Nossa legislação civil autoriza a cessão de uso da imagem, inclusive para fins comerciais, desde que haja autorização do sujeito para a finalidade descrita nesse ato. Nas lições de Arturo Alessandri R. e Manuel Somarriva o direito à própria imagem se traduz num direito da personalidade e *"en la potestade de impedir a cualquiera retratar sin permiso nuestra imagen y reproducirla o hacer de ella cualquier uso, aun cuando sea inócuo"* [13].

Imaginemos a contratação de uma modelo para desfile e fotografia, atividades consideradas diversas, mas conexas, e, portanto, sujeita a contratos coligados de prestação de serviços. Sendo assim, reconhece-se o fenômeno da coligação contratual – fruto dos tempos modernos, isto é, resultado de maior complexidade das relações sociais e das operações econômicas. No

[11] SOARES, Renata Domingues Balbino Munhoz. *O contrato e a ética na moda*. Disponível em: <http:www.morebrandsandfashion.com.br>. Último acesso em: 18.12.2017.

[12] SOARES, Renata Domingues Balbino Munhoz. A tutela externa de crédito e o papel do terceiro no contrato: uma reflexão comparativa dos modelos creditício e proprietário. In: PEREIRA, Ademar; THEOPHILO NETO, Nuncio; DAMIÃO, Regina Toledo (coords.). *O Direito na Atualidade*. São Paulo: Rideel, 2011, p. 42-58.

[13] RODRÍGUEZ, A. Alessandri e UNDURRAGA, M. Somarriva. Derecho Civil, parte preliminar y parte general, ampliado y actualizado por Antonio Vodanovic, Santiago, Conosur, 1990, p. 320, apud BEROS, Christian Alejandro Vidal. Derecho e Imagen en la indústria de la moda. In: KNOLL, Susy Inés Bello; ECHEVERRÍA, Pamela (coords.). *Derecho y moda*. Buenos Aires: Marcial Pons, 2015, p. 92.

tocante ao caso concreto acima mencionado e julgado pelo E. Tribunal de Justiça de São Paulo, relata-se que:

> Temos por evidente que a contratação de modelo para desfile e fotografia encerram atividades diversas, daí que a cessão de imagem pela apelante somente o foi para o desfile e atos dele decorrentes, jamais lhe foi esclarecido que se utilizariam das fotos para a finalidade que foram. Frise-se ser vago o depoimento de Paulo Fernandes (a fls. 321), funcionário da requerida à época, a respeito, pois, não menciona a autorização expressa da autora, mas sim um juízo de valor de que ela sabia do uso para catálogo comercial. (...) O fato de a autora haver posado para as fotografias não encerra autorização tácita para a publicação do catálogo, mas apenas o registro do desfile.[14]

Quanto às consequências, verifica-se do julgado:

> O ato da apelada ao fazer publicar o catálogo com as fotos da apelante obtidas no desfile foi desconforme ao direito por força da ausência de autorização a tanto.
>
> Desse modo, presente a violação de obrigação contratual e o nexo causal com o dano material havido, cabe a análise dos danos sustentados. (...) De outra banda, dano material houve e é representado pelo pagamento relativo a cessão da imagem da autora para fins de impressão na publicação efetivada pela recorrida.[15]

O descumprimento de uma das obrigações contratuais – uso de imagem sem autorização, implica na violação do contrato como um todo, já que existe coligação contratual, resultando em indenização pelos danos sofridos.

[14] APELAÇÃO CÍVEL nº 228.279-4/0-00, 6ª Câmara de Direito Privado do TJSP, Rel. Marcelo Benacchio, j. 20.09.2005.

[15] APELAÇÃO CÍVEL nº 228.279-4/0-00, 6ª Câmara de Direito Privado do TJSP, Rel. Marcelo Benacchio, j. 20.09.2005.

3. Características Peculiares

Muito embora exista uma teoria geral dos contratos comum a embasar qualquer relação contratual (definida no Código Civil Brasileiro), seja ela civil, empresarial ou de consumo, existem algumas peculiaridades próprias de cada relação que devem ser observadas. Essas peculiaridades devem ser levadas em conta no momento da conclusão e execução das avenças, evitando-se o inadimplemento dos contratos, já que segundo o conceito de obrigação como processo, ou como relação dinâmica, os contratos nascem para serem cumpridos e atingirem seus objetivos a partir da colaboração de seus parceiros.

Nos contratos empresariais, por exemplo, há maior informalidade, uniformização dos procedimentos, relevância à teoria da aparência e risco do negócio, além de maior incidência dos usos e costumes como fonte de direito. Lembra a doutrina de Pamela Echeverría, ao falar dos contratos e do mercado da moda, que: *"Los contratos em general y em particular las licencias, franquicias y distribución resultan de suma importância en uma indústria donde la 'informalidad' em las contrataciones parece ser la regla"*[16]. Já os Enunciados do Conselho de Justiça Federal das Jornadas de Direito Comercial, que também servem como parâmetros interpretativos aos contratos empresariais e o respeito às suas características peculiares, consagram que:

Enunciado nº 26: "O contrato empresarial cumpre sua função social quando não acarreta prejuízo a direitos ou interesses, difusos ou coletivos, de titularidade de sujeitos não participantes da relação negocial".

Enunciado nº 29: "Aplicam-se aos negócios jurídicos entre empresários a função social do contrato e a boa-fé objetiva (arts. 421 e 422 do Código Civil), em conformidade com as especificidades dos contratos empresariais"; e,

Enunciado nº 21: "Nos contratos empresariais, o dirigismo contratual deve ser mitigado, tendo em vista a simetria natural das relações interempresariais."[17]

Em relação às informações confidenciais, ficou assente no Enunciado nº 27 que:

[16] ECHEVERRÍA, Pamela. Qué es el derecho de la moda? In: KNOLL, Susy Inés Bello; ECHEVERRÍA, Pamela (coords.). *Derecho y moda*. Buenos Aires: Marcial Pons, 2015, p. 35.
[17] Disponível em: <http://www.cjf.jus.br>, item "CEJ - Centro de Estudos Judiciários". Último acesso em: 17.12.2017.

Não se presume violação à boa-fé objetiva se o empresário, durante as negociações do contrato empresarial, preservar segredo de empresa ou administrar a prestação de informações reservadas, confidenciais ou estratégicas, com o objetivo de não colocar em risco a competitividade de sua atividade.[18]

Os contratos de consumo, por sua vez, são caracterizados pela vulnerabilidade do consumidor (art. 1º, do CDC) seja ela jurídica, econômica, técnica ou informacional.

Assim sendo, as relações contratuais presentes na cadeia de produção e consumo (e hoje já se fala no pós-consumo) da indústria da moda, ainda que se valham de contratos tipicamente empresariais ou de consumo, exigem a observância concomitante de características peculiares da moda, como a ideia de tendência, os limites dos produtos *inspired* e as cópias[19],

[18] Disponível em: <http://www.cjf.jus.br>, item "CEJ - Centro de Estudos Judiciários". Último acesso em: 17.12.2017.

[19] Ensina Ligia Carvalho Abreu, professora da Faculdade de Direito da Universidade Lusófona do Porto: "No que diz respeito à indústria da moda, a cópia, também conhecida pelo nome de 'Knockoff', de uma obra de design original de uma marca por parte de outra marca que não a autora do produto original e sem o consentimento desta, é um problema potenciado pelo desenvolvimento da sociedade de informação, e por isso em expansão. Embora existam casos em que, por exemplo, padrões e desenhos de uma peça de roupa de uma marca de luxo são uma cópia de padrões e desenhos de produtos de uma marca de baixo custo, em regra geral a cópia ou knockoff é um produto de inferior qualidade e de menor custo para o consumidor do que o original. A cópia do produto original não contém logos e nomes contrafeitos, ou seja, não contém logos e nomes da marca autora desse produto original. A cópia ostenta o nome da marca e logo que a produziu. Sendo assim, os consumidores sabem que estão a comprar um produto da marca que produz a cópia e podem mesmo pensar que esta versão mais barata é um produto original da marca criadora da cópia. Desta forma, a cópia cria confusão nos consumidores, afeta a credibilidade e reputação da marca autora do produto original e infringe os seus direitos autorais. Se para alguns designers famosos a cópia de um seu produto não é um problema, outros há que, por serem financiados por poderosos grupos económicos, facilmente descobrem e accionam em todo o mundo os meios legais para impedir a comercialização de cópias dos seus produtos. Todavia, os jovens designers que dependem apenas de si próprios para manter o seu negócio não têm o mesmo poder." (ABREU, Lígia Carvalho. Reconhecimento e lei aplicável às criações de moda pelo Direito de Autor. *Revista da Faculdade de Direito e Ciência Política da Universidade Lusófona do Porto,* [S.l.], v. 8, n. 8, p. 159, dec. 2016. ISSN 2184-1020. Disponível em: <http://revistas.ulusofona.pt/index.php/rfdulp/article/view/5723>. Último acesso em: 15.12.2017, p. 167.

o dinamismo das criações, a sazonalidade das coleções, etc., e isso deve resultar numa previsão transparente e completa das cláusulas contratuais.

Muitas cláusulas contratuais hoje são importantes instrumentos de prevenção de litígios, como ocorre com as cláusulas de raios em contratos de shopping centers, as cláusulas de não aliciamento, de não concorrência, de exclusividade, de anticorrupção (no âmbito do direito privado), dentre outras.

Todas essas cláusulas acima citadas têm por base um contrato baseado na confiança, em valores éticos e nas necessidades do mercado. A cláusula de raio ou de exclusividade territorial foi criada para impedir que eventual concorrência desleal interferisse nos negócios de shoppings centers; as cláusulas de não aliciamento de empregados, de confidencialidade e de não concorrência incidem para evitar a inobservância da boa-fé e dos deveres de lealdade, fidelidade e sigilo. É o que podemos notar dos casos abaixo colacionados. No primeiro caso, entre Shopping Center Iguatemi x Siberian Husky, discutiu-se a validade da cláusula de raio; no segundo caso, que aborda cessão de quotas sociais, alega-se o descumprimento das demais cláusulas.

Assim, o Shopping Center Iguatemi constatou a prática, pela locatária ré, de infração contratual consistente na instalação de loja da grife "Siberian" no "Shopping Center Eldorado", distante a apenas 1.000 metros do centro do terreno do "Shopping Center Iguatemi", o que caracterizaria violação das cláusulas 7ª, letra "A", e 8ª do contrato de locação. A r. sentença recorrida julgou a ação improcedente, por entender abusiva a imposição de cláusula de raio no caso concreto, sob o fundamento de que afrontaria os princípios da livre iniciativa e da livre concorrência. No entanto, o Tribunal de Justiça de São Paulo, por sua vez, julgou pelo provimento do recurso e pela validade da cláusula de raio.[20]

Quanto às demais cláusulas discutidas em contrato de cessão de quotas sociais, verifica-se que:

> Corréus que cederam às coautoras as quotas sociais que tinham da empresa Tyrolit do Brasil Ltda. - Preço do contrato estipulado em

[20] SOARES, Renata Domingues Balbino Munhoz. Cláusulas de raio. In: SOARES, Renata Domingues Balbino Munhoz (coord.). *Direito e Casos reais, Cinema, Literatura e Música. Uma nova forma de ver o direito civil.* São Paulo: LTr, 2014, p. 33.

R$ 4.300.000,00, dos quais R$ 1.000.000,00 seriam pagos posteriormente em conta caução, para garantir que os vendedores cumprissem o negócio jurídico - Descumprimento pelos corréus da cláusula de não concorrência e não aliciamento de funcionários - Ocorrência - Filhos e irmãos dos corréus Eduardo Dec e Rinaldo Dec que, um mês após o contrato, constituíram a empresa Dec Superabrasivos Ind. E Com. Ltda., atuante no mesmo ramo mercadológico - Prova testemunhal que demonstrou que os réus estão por trás dessa empresa, pois foram vistos em feiras de negócios da área, além do fato de Rinaldo Dec deter o know how específico exigido nessa área - Empresa Dec que, ademais, contratou dois ex-funcionários importantes para a Tyrolit, responsáveis pela área de informática e de vendas - Prova pericial produzida na cautelar de antecipação de provas que comprovou a semelhança dos produtos de ambas as empresas - Contrato que autorizou a compensação do saldo remanescente do preço com a multa por descumprimento - Procedência – Adequação - Recurso improvido, prejudicado o agravo retido da autora. (grifo nosso)[21].

Conclusões

As considerações feitas nesse trabalho resultam da importância em se pensar o contrato hoje de acordo com sua nova ideologia, mas também de inseri-lo num contexto próprio e adequado à indústria e mercado da moda, com respeito às suas peculiaridades e características.

Tal perspectiva de atuação das relações contratuais envolve principalmente o respeito à ética e à confiança, e o cumprimento do que foi pactuado (cláusulas expressas ou implícitas), mas também não gerar prejuízo àqueles que não participaram da relação, tendência essa concretizada na observância de interesses coletivos ou difusos, como a sustentabilidade ambiental, o respeito ao meio ambiente, a maior consciência da quantidade de água que se utiliza na fabricação de tecidos, o descarte de resíduos gerados pela fabricação da embalagem de um produto, etc.

É nesse sentido que o Fashion Law propugna, no âmbito contratual, pela proteção jurídica de sua cadeia de atuação: da criação e produção ao pós-consumo.

[21] Apelação nº 9215459-61.2007.8.26.0000, TJSP, Rel. Des. Jesus Lofrano, j. 13.05.2012.

Referências

ABREU, Lígia Carvalho. *Reconhecimento e lei aplicável às criações de moda pelo Direito de Autor.* Revista da Faculdade de Direito e Ciência Política da Universidade Lusófona do Porto, [S.l.], v. 8, n. 8, p. 159, dec. 2016. ISSN 2184-1020. Disponível em: <http://revistas.ulusofona.pt/index.php/rfdulp/article/view/5723>. Último acesso em: 15.12.2017, p. 159-168.

BEROS, Christian Alejandro Vidal. Derecho e Imagen en la indústria de la moda. In: KNOLL, Susy Inés Bello; ECHEVERRÍA, Pamela (coords.). *Derecho y moda.* Buenos Aires: Marcial Pons, 2015, p. 89-106.

CARDON, Jessica Elliott. *Industry Perspectives. Fashion law.* Brands and Fashion Conference 2017.

CASELLI, Martín. Cuestiones legales de la distribuición comercial. In: KNOLL, Susy Inés Bello; ECHEVERRÍA, Pamela (coords.). *Derecho y moda.* Buenos Aires: Marcial Pons, 2015, p. 109-123.

ECHEVERRÍA, Pamela. Qué es el derecho de la moda? In: KNOLL, Susy Inés Bello; ECHEVERRÍA, Pamela (coords.). *Derecho y moda.* Buenos Aires: Marcial Pons, 2015, p. 27-39.

GAMA, Guilherme Calmon Nogueira da. Direito pós-moderno e contratos de shopping center. In: ALVES, Alexandre Ferreira de Assumpção; GAMA, Guilherme Calmon Nogueira da (coords.). *Temas de Direito Civil-Empresarial.* Rio de Janeiro: Renovar, 2008.

GELATO, Paola. *Unregistered Designs: Working your way out of the shadows and into the light. The European and Italian Perspective.* Brands and Fashion Conference 2017.

KNOLL, Susy Inés Bello; ECHEVERRÍA, Pamela; SANTO, André Mendes Espírito. (coords.). *Moda, Luxo e Direito.* Buenos Aires: Albremática, 2016.

KNOLL, Susy Inés Bello. Introducción a la moda y el derecho. In: KNOLL, Susy Inés Bello; ECHEVERRÍA, Pamela (coords.). *Derecho y moda.* Buenos Aires: Marcial Pons, 2015, p. 9-15.

MARIOT, Gilberto. Fashion Law. *A moda nos tribunais.* São Paulo: Estação das Letras e Cores, 2016.

MCCARTHY, Kathleen E. *Unregistered Designs: Working your way out of the shadows and into the light. The U.S. Perspective.* Brands and Fashion Conference 2017.

SCAFIDI, Susan. Fiat Fashion Law! The Launch of a Label – and a New Branch of Law. In: *Navigating Fashion Law: Leading Lawyers on Exploring the Trends, Cases, and Strategies of Fashion Law (Inside the Minds)*. Aspatore, 2012.

_____________. Fashion Law: Diseñando una nueva disciplina. In: KNOLL, Susy Inés Bello; ECHEVERRÍA, Pamela (coords.). *Derecho y moda*. Buenos Aires: Marcial Pons, 2015, p. 17-26.

SCAFIDI, Susan; TREXLER, Jeff. O aspecto ético da Moda. In: KNOLL, Susy Inés Bello; ECHEVERRÍA, Pamela; SANTO, André Mendes Espírito. (coords.). *Moda, Luxo e Direito*. 1ª ed. Buenos Aires: Albremática, 2016, p. 69-83.

SOARES, Renata Domingues Balbino Munhoz. *Fashion law. Posição a favor*. Carta Forense, abril de 2017.

____________. Cláusulas de raio. In: SOARES, Renata Domingues Balbino Munhoz (coord.). *Direito e Casos reais, Cinema, Literatura e Música. Uma nova forma de ver o direito civil*. São Paulo: LTr, 2014, p. 21-43.

____________. *A boa-fé objetiva e o inadimplemento do contrato. Doutrina e jurisprudência*. São Paulo: LTr, 2008.

____________. *Novos rumos do direito contratual. Princípios de direito contratual e suas repercussões práticas*. São Paulo: LTr, 2009, p. 11-21.

____________. A tutela externa de crédito e o papel do terceiro no contrato: uma reflexão comparativa dos modelos creditício e proprietário. In: *O Direito na atualidade*. São Paulo: Rideel, 2011.

___________. *O contrato e a ética na moda*. Disponível em: www.morebrandsandfashion.com.br.

5. Direito Imobiliário: Contratos de *Shopping Center* e suas Peculiaridades

Rubens Carmo Elias Filho
Ana Carolina Paes de Carvalho

Introdução

Os *Shoppings Centers*, definidos pela ABRASCE (Associação Brasileira de *Shoppings Centers*) como "Centro comercial formado por um grupo de estabelecimentos de comércio essencialmente varejistas, planejado e desenvolvido como uma única propriedade e gerido de forma centralizada. Possui área bruta locável (ABL) superior a 5.000 metros quadrados, pratica aluguel fixo e/ou percentual e dispõe de vagas de estacionamento compatível com sua área de vendas. (...)"[1] têm atraído grande número de investidores para este mercado, inclusive internacionais, mediante a aquisição de participações societárias, de frações ideais de terreno e benfeitorias, quando o empreendimento se desenvolve sob a forma de condomínio voluntário ou aquisição de cotas de fundos de investimentos imobiliários dedicados à esta fatia de mercado.

[1] Glossário Definições e Convenções do Setor de *Shopping Centers* – extraído do site http://www.abrasce.com.br/monitoramento/definicoes-e-convencoes
http://www.portaldoshopping.com.br/uploads/files/file_ad93814755b7f5b7a-cb5554f83c65d31.pdf

O *Shopping Center* é fonte de recursos, de empregos, recolhimento de impostos, local de lazer visto, até, como espaço público, sendo um empreendimento relevantíssimo para o mercado varejista, cumprindo, por vezes, importante papel social e de desenvolvimento e promoção de marcas e produtos. E, os estabelecimentos que o compõem têm lojas mais compactas, um maior fluxo de clientes e um faturamento maior, se comparado às lojas de rua, mas por outro lado, demandam uma equipe de trabalho maior e um custo mais elevado em razão dos contratos celebrados.

Os estabelecimentos que compõem o centro comercial firmam com estes contratos de locação regidos pela Lei 8.245/91 (lei do inquilinato), "ficando sujeitos a normas contratuais padronizadas que visam à conservação do equilíbrio da oferta e da funcionalidade, para assegurar, como objetivo básico, a convivência integrada e que varie o preço de locação, ao menos em parte, de acordo com o faturamento dos locatários – centro que ofereça aos usuários estacionamento permanente e tecnicamente bastante". Para que a relação seja duradoura, os lojistas devem estar muito bem cientes das responsabilidades e exigências a eles impostas, do impacto financeiro do custo de locação sobre suas receitas, incluindo o 13º aluguel e o pagamento de CRD das áreas do *Shopping*, além do custo de manutenção da Associação de Lojistas e da promoção.

Apesar de ser conduzida pela Lei de Locações, mais especificamente pelo artigo 54, a relação tem condições complexas e deveres impostos às partes de forma peculiar, tornando-se uma relação atípica que enseja a interpretação do contrato à luz da boa-fé das relações, autonomia da vontade e de sua finalidade empresarial, aplicando-se também os artigos 421, 422 e 425 do Código Civil. Neste sentido:

> "O contrato havido entre as partes é definido doutrinariamente como sendo atípico ou misto, posto que possui características próprias e finalidade a que se destina com diversas peculiaridades, prevalecendo as condições livremente pactuadas, uma vez que o contrato foi aceito e assinado pela apelante" [2].

[2] Apelação n. 1021057-66.2014.8.26.0002. 31ª Câmara de Direito Privado do TJ/SP. Rel. Des. José Augusto Genofre Martins. Julgamento em 14/11/2017.

A falta de positivação específica sobre o tema acarreta, sem dúvida, uma insegurança jurídica para as partes contratantes, o que exige a atuação judicial nas relações, para balanceá-las. Está em trâmite desde 08/2002 um Projeto de Lei (PL 7137/2002) que visa estabelecer normas para a locação em *Shoppings Centers*, mas apesar de pretender melhorar as relações entre lojistas e empreendedores, há quem entenda que o projeto acaba por dispor de forma equivocada acerca de algumas questões, pois pretende proibir práticas que, na realidade, tornaram-se comuns no mercado por uma questão de conveniência das partes.

Neste sentido, em que pese a existência de cláusulas específicas nos contratos de *Shoppings Centers*, não há hipossuficiência ou vulnerabilidade de uma das partes (e sempre da mesma parte), como se verifica na relação de consumo, a justificar a mitigação da liberdade de contratar, que poderia resultar, inclusive, numa redução da atividade econômica. Ora, os inúmeros centros comerciais existentes no país comprovam tal fato. É pacífico, portanto, mas não unânime, o entendimento de que os contratos celebrados em *Shoppings Centers* são contratos de locação com peculiaridades, aos quais não se aplica o Código de Defesa do Consumidor. Neste sentido:

> "AGRAVO REGIMENTAL EM AGRAVO DE INSTRUMENTO. LOCAÇÃO. SHOPPING CENTER. CÓDIGO DE DEFESA DO CONSUMIDOR. LEI Nº 8.078/90. INAPLICABILIDADE. INCIDÊNCIA DA LEI DO INQUILINATO. LEI Nº 8.245/91. 1. Esta Corte firmou compreensão de que o Código de Defesa do Consumidor não é aplicável aos contratos locativos. 2. Aos contratos de shopping center aplica-se a Lei do Inquilinato (art. 54 da Lei nº 8.245/91). 3. Agravo regimental a que se nega provimento" [3].

Nas palavras do Ministro aposentado do STJ, Claudio Santos[4]:

> "Em sendo o contrato de locação de espaço em shopping center uma locação comercial, inclusive com a proteção do fundo de comér-

[3] AgRg no Ag 706211/RS. Sexta Turma STJ. Rel. Min. PAULO GALLOTTI. Julgamento em 21/09/2006.

[4] SANTOS, Claudio. Doutrinas Essenciais – Obrigações e Contratos – Revista dos Tribunais. Volume V: A Locação de Espaço em *Shopping Centers* (RT 680/9). p.648

> cio, seguindo o raciocínio exposto, não está o contrato em evidencia subjugado àquela lei [Código de Defesa do Consumidor]. Contudo, não se afaste de todo a possibilidade da aplicação de alguns de seus princípios, seja quanto a cláusulas abusivas, ou tocando aos denominados 'contratos de adesão'".

No âmbito das relações locatícias de *Shopping Center*, os conceitos de marca, propriedade industrial, concorrência comercial, padrões de conduta, publicidade, *marketing*, entre outros, se entrelaçam, de modo a assegurar um determinado conceito e perfil do empreendimento, conjugando os interesses dos empreendedores e lojistas, para atingir um determinado público-alvo consumidor que se identifica com o centro comercial. Este artigo pretende abordar, sem exaurir, o auxílio dos centros comerciais para promoção e desenvolvimento de marcas e produtos, bem como algumas das peculiaridades dos contratos de locação celebrados no âmbito dos *Shoppings Centers.*

1. *Shopping Centers*: Tenant Mix - Auxílio no Desenvolvimento e Promoção de Marcas e Produtos

Antes de adentrar às características especificas dos contratos em *Shopping Centers*, necessário pontuar a extrema relevância do centro comercial para desenvolvimento e promoção de marcas e produtos. O Shopping *Centers* ou Centros Comerciais são conjuntos de estabelecimentos de varejo de diferentes bens de consumo, prestação de serviços e lazer (lanchonetes, restaurantes, salas de cinema, teatro, parques infantis), constituindo-se em uma grande área comercial fechada, independente e isolada do seu entorno imediato, dotada de climatização, escadas rolantes, estacionamento e, eventualmente, atrações musicais e outras[5].

No Brasil, segundo informações extraídas da BRMalls[6], o primeiro estabelecimento com essas características foi instalado em São Paulo, em 1966, tendo o setor grande crescimento nos anos 80, mas estagnando nos anos

[5] Wikipedia. https://pt.wikipedia.org/wiki/Centro_comercial

[6] BRMalls é a maior empresa de shopping da América Latina e tem participação em 39 centros comerciais. Além disso, é empresa especializada na administração e comercialização de espaços nos Shoppings Centers. http://ri.brmalls.com.br/conteudo_pt.asp?idioma=0&conta=28&tipo=50852

90 em razão da instabilidade econômica do país. Com o retorno do equilíbrio econômico, o setor voltou a se desenvolver, aumentando exponencialmente o número de estabelecimentos e seu faturamento. Pela última pesquisa realizada pela citada companhia, o crescimento em número de estabelecimentos nos últimos 9 anos foi de 30% (trinta por cento) e, em relação ao faturamento, o crescimento foi de mais de 65% (sessenta e cinco por cento):

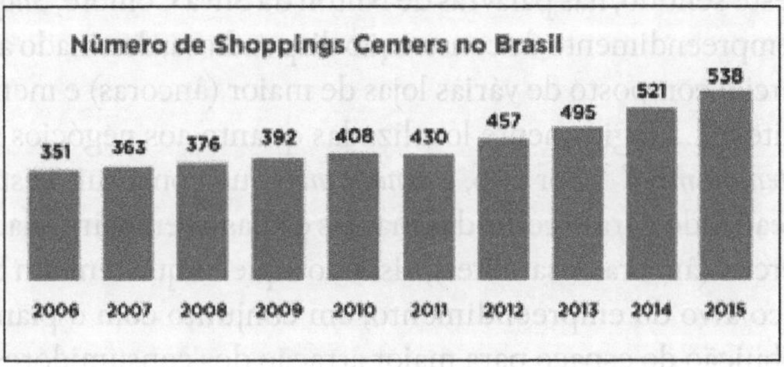

Estes centros são planejados para atrair a população, estimulando e facilitando o consumo e, para que tenha resultado positivo é necessária uma análise do mercado consumidor em que se instalará, delimitando suas características e necessidades. Ora, mais uma vez pelo estudo realizado pela BRMalls, é possível verificar que a maior motivação dos consumidores para se dirigirem ao *Shopping Center* são as compras, seguida de alimentação e passeio, ou seja, o grande atrativo do empreendimento é o *mix* formado pelo diversos estabelecimentos e setores que o compõe:

Neste sentido, nas palavras de Nilton da Silva Combre, *Shopping Center* é "um empreendimento de construção dispendiosa, destinado a um conjunto comercial composto de várias lojas de maior (âncoras) e menor dimensão (satélites) (...) logicamente localizadas quanto aos negócios nela explorados (*tenant mix*)" [7]. Por isso, o *tenant mix,* que constitui o estudo preliminar, realizado para escolha das marcas e lojas a serem instaladas no centro comercial (âncoras e satélites), visando aquelas que tenham bom apelo no público alvo do empreendimento, em conjunto com o planejamento da distribuição do espaço para maior atração dos consumidores, é essencial, visto que formará o público que passará a frequentar o estabelecimento.

Assim, após definido o *tenant mix,* ele passa a ser um limitador de atividades a serem desenvolvidas, oponível a TODOS os lojistas, obrigando-os a cessar eventuais atividades em desconformidade com o contratualmente estabelecido, bem como um limitador aos administradores do empreendimento, permitindo a alteração das características iniciais do empreendimento mediante necessidade de adequação para melhoria do consumo, inclusão/exclusão de tendências, desde que o lojista não seja surpreendido e severamente prejudicado. E essa limitação se faz necessária porque, nas palavras de Rubens Requião[8]:

> "Se, porventura, houvesse a possibilidade de determinação autônoma de cada um dos locatários lojistas no destino da loja locada, haveria logo *o desfalque da atividade integrativa,* quebrando a unidade

[7] Nilton da Silva Combre. Teoria e Prática da Locação de Imóveis. 4ª ed. São Paulo. Saraiva. 1997. p. 44 *apud* NEGRÃO, Ricardo e QUARTUCCI, Daniela Grassi. *Cláusulas específicas e polêmicas dos contratos de locação em shopping center na doutrina Direito Imobiliário.* Questões Contemporâneas. Elsevier, 2008. p12.

[8] RT 571/33

desejada pelo centro de representar, em leque, vários ramos de atividade comercial varejista e de serviços". (grifo nosso)

Ou seja, o *tenant mix* é a característica inicial do centro comercial a ser instalado e deve ser observado na contratação com as marcas e lojas que o comporão, cuja alteração, de competência exclusiva do empreendedor, depende de relevantes estudos de mercado, voltados às tendências de consumo e perfil do próprio empreendimento, sob pena de descolamento das necessidades locais e desvirtuamento do objeto do contrato. A sua inobservância no exercício das atividades (seja como lojista, seja como empreendedor) enseja a aplicação das multas e penalidades contratualmente previstas, podendo levar à rescisão do contrato e/ou despejo do estabelecimento. Neste sentido:

> COMERCIAL. SHOPPING CENTER. CLÁUSULA DE EXCLUSIVIDADE NA COMERCIALIZAÇÃO DE PRODUTO PELO LOJISTA (MIX). DESRESPEITO PELO INCORPORADOR-ADMINISTRADOR. DESVIRTUAMENTO DO OBJETO DO CONTRATO (RES SPERATA). PAGAMENTO PARCIAL DO PREÇO DE COMPRA DA LOJA. EXCEÇÃO DE CONTRATO NÃO CUMPRIDO ALEGADA PELO LOJISTA. POSSIBILIDADE. ART. 1.092 DO CÓDIGO CIVIL/1916 E ART. 476, DO CÓDIGO CIVIL/2002. O lojista pode deixar de efetuar o pagamento total do preço do contrato de promessa de compra e venda de loja situada em shopping center, se o incorporador-administrador descumpre sua obrigação de respeitar a cláusula de exclusividade na comercialização de determinado produto pelo lojista (mix), permitindo que loja âncora venda o mesmo produto vendido pelo lojista. Trata-se de aplicação do art. 1.092 do Código Civil/1916 (art. 476, do Código Civil atual). Tratando-se de shopping center, o incorporador-administrador, além de ter a obrigação de entregar a loja num ambiente com características comerciais pré-determinadas no contrato assinado com o lojista (tenant mix), não pode alterar tais características depois de instalado o shopping, isto é, durante todo o período de vigência do contrato entre lojista e empreendedor, sob pena de

> desvirtuamento do objeto do contrato (*res sperata*). Recurso especial conhecido e negado provimento[9].

Cabe inclusive destacar os riscos de responsabilidade pré-contratual, por exemplo, no caso do empreendedor instituir atividades absolutamente excludentes e não cooperativas como duas farmácias em pequenas distâncias. A competição se dará pelo preço e não pela qualidade do produto, gerando uma situação predatória prejudicial, criada pelo próprio empreendedor, em detrimento do negócio e dos lojistas. Não se pode olvidar ainda dos centros comerciais de segmentos específicos do mercado, por exemplo, os *Shopping Centers* de móveis, de decoração, de roupas e de altas grifes, como o Shoppings Iguatemi e Cidade Jardim, em São Paulo, os quais tem uma tendência de maior rigor no *tenant mix*, com critérios objetivos bem delimitados, restringindo a atividade do lojista, para assegurar o perfil do empreendimento. Pois bem. Definido o *tenant mix* e, por conseguinte, as lojas que comporão o centro comercial, passa esse a ser um fator de promoção e desenvolvimento de marcas e produtos, lembrando que um dos pontos que levaram ao maior desenvolvimento dos *Shopping Centers* foi a conveniência de se poder comprar ou adquirir todos ou a maior parte dos artigos necessários em um único local, facilitando a vida dos cidadãos.

A globalização implementou uma sociedade de consumo para a qual os *Shopping Centers* são locais de relevância urbana que atraem pessoas de características e vontades semelhantes (público alvo), onde se padroniza nos indivíduos o que aquele espaço sugere. E, considerando que os *Shopping Centers* são criados para atrair e sugerir o consumo, nele se encontra uma série de lojas aptas a dirigir o consumo programado e por impulso. Sabe-se que, para desenvolvimento e promoção de marcas e produtos é imprescindível que se adotem estratégias de *marketing* para alcance do público alvo, definindo-se *marketing* como o conjunto de variáveis controláveis que influenciam a forma como os consumidores respondem ao mercado e consiste naquilo que a empresa pode fazer no sentido de influenciar a procura pelo seu produto. O *marketing mix* foi formulado primeiramente por Jerome McCarthy em seu livro *Basic Marketing*[10] e hoje é conhecido

[9] Recurso Especial REsp 764901/RJ. Terceira Turma do STJ. Rel. Min. Nancy Andrighi. Julgamento em 10/10/2006.

[10] MCCARTHY, E. Jerome; PERREAULT,William D. e CANNON, Joseph P. Basic Marketing. A Marketing Strategy Planning Approach. 19ª ed.

como os 4Ps do Marketing: Produto, Preço, Praça (ponto de venda/distribuição) e Promoção que, quando em equilíbrio, tendem a influenciar e conquistar o público alvo.

Percebe-se, portanto, que a localização das lojas é elemento fundamental na estratégia de *marketing* da empresa, já que é necessário que o ambiente em que se instalou seja coerente com o perfil do consumidor que frequenta a região e o empreendimento, assim como é imprescindível ter um bom *trade dress* (conjunto de elementos distintivos de produtos, serviços ou estabelecimentos comerciais, que fazem com que o público os identifique no mercado consumidor) para refletir os valores da empresa. Desta forma, considerando que na instalação do centro comercial foi feita uma análise do mercado de consumo que circunda a região, bem como um estudo das lojas que devem ser incorporadas ao empreendimento, visando um maior atrativo e circulação de pessoas, para aumento do consumo, as lojas que compõe o *Shopping Center* foram beneficiadas, eis que instaladas em local de alcance certo do seu público alvo (P = Praça). Mas não é só. Como se verá a seguir, um dos gastos peculiares dos lojistas que se instalam em *Shopping Center* é o fundo de promoção, uma contribuição mensal feita ao empreendedor para promoção coletiva do empreendimento. Outro P da estratégia de *marketing* que é beneficiado pelo Centro Comercial (P = Promoção).

Por este motivo, além da publicidade e propaganda feita individualmente pela marca, o empreendimento, com o intuito de se promover como um polo de atração e desenvolvimento comercial, divulga e promove as marcas que o compõe e ainda proporcionam eventos e estratégias de *marketing* para atrair maior número de consumidores, beneficiando todos os envolvidos. Sendo certo, também, que o empreendedor tem total interesse no desenvolvimento do *Shopping Center* que instalou, mesmo porque recebe, além do aluguel mínimo, percentual do faturamento de cada uma das lojas instaladas, não medirá esforços para promover a continuidade do empreendimento, melhorias, manutenção do prédio, atração de lojas âncoras[11] que se adequem ao público alvo do local entre outras providências para sua promoção.

[11] "1 - Grandes lojas conhecidas pelo público, com características estruturais e mercadológicas especiais, que funcionam como força de atração de consumidores, assegurando permanente afluência e trânsito uniforme destes em todas as áreas do shopping center. 2 - Plano de Mix Abrasce: O enquadramento de uma operação nessa categoria se deve à área locada (normal-

Vale mencionar, por fim, que novas marcas instaladas em centros comerciais tem maior chance de desenvolvimento e alcance/formação de público alvo do que aquelas instaladas em ruas, ainda que ruas de comércio, considerando todas as características e facilidades decorrentes do empreendimento.

2. Cláusulas Específicas dos Contratos de *Shopping Centers*

Destaque-se, primeiramente, que essas cláusulas específicas não são obrigatórias, mas geralmente são direcionadas aos lojistas que pretendam se instalar nos *Shopping Centers*. Os centros comerciais não costumam ter grande flexibilidade em relação aos termos contratuais, especialmente porque na relação prevalece a autonomia privada e não se trata de serviço essencial, mas se costuma ser menor rigoroso com as lojas âncoras. Isso porque, conhecendo a capacidade da loja âncora de atrair seu público alvo e proporcionar um maior fluxo de pessoas e, consequentemente, maior atração de capital ao empreendimento, flexibiliza seus termos contratuais, o que dificilmente se verifica com as lojas satélites.

Vale dizer que, como definido pela ABRASCE, lojas âncoras são grandes lojas conhecidas pelo público, com características estruturais e mercadológicas especiais, que funcionam como força de atração de consumidores, como lojas de departamentos, supermercados, construção e decoração, enquanto lojas satélites são as pequenas lojas, destinadas ao comércio em geral.[12] Hoje ainda se utiliza mais uma nomenclatura, as megalojas, que são aquelas focadas em determinada linha de mercadorias, com grande escala, variedade de produtos (vestuário – C&A/Zara; mesa e banho – Zelo; artigos esportivos – Decathlon).

Em recente decisão do Tribunal de Justiça de São Paulo que, por analogia, aplicou as características dos contratos de locação em *Shopping Centers* à locação nas dependências de Supermercado, se reconheceu a validade das cobranças realizadas e a não aplicação do Código de Defesa do Con-

mente mais de 1.000 m²) e ao fluxo de pessoas que ela atrai para o Shopping Center. Podem ser operações varejistas dos seguintes segmentos: loja de departamentos, hipermercado, supermercado, construção e decoração, eletrodomésticos e eletroeletrônicos." - Lojas âncoras segundo Glossário – Definições e Convenções do Setor de Shopping Centers da ABRASCE.

12 http://www.portaldoshopping.com.br/uploads/files/file_ad93814755b7f5b7a-cb5554f83c65d31.pdf

sumidor. Veja-se de recente acórdão do E. Tribunal de Justiça Paulista, da lavra do eminente Des. Marcelo Fortes Barbosa Filho, que se extrai a elucidativa lição abaixo transcrita:

> A jurisprudência do E. Superior Tribunal de Justiça já decidiu que o CDC não se aplica a contratos de locação de lojas em shopping center, por não estar caracterizada relação de consumo entre as partes, não podendo o locatário ser qualificado como destinatário final de serviços (...) descaracterizada a relação de consumo, *não se pode considerar haver um desequilíbrio contratual entre as partes, inexistindo indícios de que, na espécie, houve vício de vontade ou situação que justifique a intervenção do Poder Judiciário, quanto à anunciada abusividade na cobrança de percentual do faturamento, de taxa de administração e de aluguel em dobro em dezembro.* (...) os empreendedores, numa mesma estrutura, que une interesses diversos, aproveitam-se dos benefícios comuns a fim de atrair clientes que já são naturalmente atraídos por atividades-âncora, no caso, a do hipermercado. (...) Diante dessa liberdade de contratação, *não está caracterizada a proposta abusividade na cobrança de percentual do faturamento da autora a título de taxa de administração e de aluguel em dobro em dezembro de cada ano.* O Egrégio Superior Tribunal de Justiça, a propósito, já considerou válida cláusula que prevê o pagamento de aluguel em dobro (...) [13]. (grifo nosso)

a) Res Sperata

A *res sperata* é muitas vezes confundida com as 'luvas' cobradas nos contratos de locação comercial simples, entretanto, dela se difere especialmente em um aspecto: As luvas eram usufruídas exclusivamente pelo locador e a *res sperata* é usufruída por locador e locatária já que destinada ao fundo de comércio do empreendimento, por isso é uma cláusula considerada válida. Efetivamente a *res sperata* é:

[13] Apelação n. 1011440-80.2016.8.26.0562. 29ª Câmara de Direito Privado do TJ/SP. Rel. Fortes Barbosa. Julgamento em 19/12/2017.

> "Uma retribuição ao empreendedor ou administrador pela cessão do fundo de comércio, com toda a estrutura que o acompanha. É o que se chama de 'sobrefundo de comércio', representado pelos bens imateriais de que o empreendimento é detentor permanentemente. Tem em mira o lucro futuro, cuidando-se de modalidade de venda de coisa futura. Daí por que se considera existir um fundo de comércio no próprio centro comercial, cuja parcela é cedida ao lojista" [14].

A cobrança da *res sperata* ocorre no lançamento do empreendimento, como o pagamento de uma taxa de reserva pelo espaço a ser construído, compensando parte dos investimentos a serem realizados pelos empreendedores ou após a edificação do empreendimento, passando a ser um pagamento para que o lojista participe de toda a estrutura já existente, beneficiando-se da clientela, dos atrativos, da praça de alimentação, do estacionamento, da segurança e dos estudos mercadológicos realizados, que garantem um entrosamento comercial adequado. Ainda, o pagamento da referida taxa proporciona a vinculação do nome do lojista ao centro comercial, valorizando sua marca. O cálculo da *res sperata*, segundo Fernando Albino A. de Oliveira, é feito de acordo com a valorização da unidade a que se refere, já que está diretamente ligada às vantagens do lojista ao ser incluído no rol do empreendimento.[15]

Já foi debatida a questão da legalidade do pagamento da *res sperata*, mas não há elementos para se indicar que seja ilegal, considerando ser perfeitamente possível e legítima a cobrança do direito de participar da estrutura do *Shopping* nos termos do contrato de locação, ou seja, é válida a cobrança de uma remuneração pela cessão ao lojista da parcela do Fundo de Comércio pertencente ao empreendedor.

> E, dada a grandiosidade e o elevadíssimo custo do empreendimento, nada há de anormal no contrato de reserva de área para futura locação, denominado de res sperata, pois tal instituto visa

[14] VENOSA, Silvio de Salvo. *Alguns aspectos da locação nos shoppings centers.* Revista do Advogado AASP, junho/2001, p.24-26.

[15] Fernando Albino A. de Oliveira. Shoppings Centers – Questões Jurídicas, Doutrina e Jurisprudência. São Paulo. Saraiva. 1991. p.61 *apud* NEGRÃO, Ricardo e QUARTUCCI, Daniela Grassi. *Cláusulas específicas e polêmicas dos contratos de locação em shopping center na doutrina Direito Imobiliário.* Questões Contemporâneas. Elsevier, 2008. p12.

> captar suporte econômico-financeiro necessário para o sucesso do empreendimento do qual vai usufruir o futuro lojista. (...) Bem se vê, pelos julgados acima colacionados, que *não é abusiva a cláusula "res sperata" nas locações de espaços em shopping center*, por configurar prestação retributiva das vantagens de se estabelecer num complexo comercial que possui já uma clientela constituída, sendo lícita sua cobrança em face do artigo 54 da Lei 8.245/91, sendo indevida a sua restituição[16]. (grifo nosso)

A contrário senso da *res esperata*, em razão da crise que acometeu o Brasil nos últimos anos, os empreendedores de *Shopping Centers* passaram a oferecer um valor aos lojistas para que realizassem obras no imóvel, adequando-o à sua utilidade. À essa parcela deu-se o nome de *allowance*, em português, subsídio, que tinha como escopo atrair novos lojistas ao empreendimento e evitar a vacância[17] dos espaços, que é negativa à imagem do centro comercial. Esse benefício foi utilizado não apenas em *Shopping Centers*, mas também no mercado imobiliário em geral, entretanto, segundo o diretor de Representações de Inquilinos, Daniel Batistela, da Cushman & Wakefield, a prática não é recomendada, especialmente pela falta de proteção legal aos proprietários, existindo outras maneiras de se ofertar incentivos aos inquilinos.[18]

O termo *allowance*, literalmente traduzido como "subsídio", "ajuda de custo" [19], no mercado Norte Americano é utilizado para isenções, descontos, franquias de bagagem e benefícios governamentais e não no mesmo sentido empregado no mercado imobiliário brasileiro, de pagar para que o imóvel seja alugado[20].

[16] Apelação n. 1013249-70.2015.8.26.0100. 25ª Câmara Extraordinária de Direito Privado do TJ/SP. Rel. Felipe Ferreira. Julgamento em 25/07/2017.

[17] Percentual não locado em relação à área total disponível para locação.

[18] http://www.cushwakebrasil.com/cash-allowance-nao-e-tendencia-no-mercado-imobiliario-brasileiro/

[19] https://www.linguee.com.br/ingles-portugues/traducao/allowance.html

[20] https://www.state.gov/m/fsi/tc/31361.htm ; https://www.qantas.com/us/en/travel-info/baggage/allowance-and-fees.html

b) Formação do aluguel

A locação em *Shoppings Centers* apresenta uma outra peculiaridade que merece destaque e está relacionada ao valor a ser pago pelo lojista. O locativo desta relação é formado de duas parcelas: (i) fixa, com valor mínimo, corrigido nos termos do contrato de locação e (ii) variável, calculado sobre as vendas brutas mensais dos lojistas, em contrapartida à infraestrutura que se coloca à disposição dele. Como nas demais estipulações contratuais de *Shoppings Centers*, aceita a condição por ambas as partes, não há impeditivo legal para sua aplicação, de forma que a cobrança de duas parcelas de aluguel é legítima, lembrando apenas que deve ser determinável, nos termos do artigo 17 da Lei 8.245/91. Isso porque, as partes firmaram o ajuste, cientes de suas responsabilidades, observada a boa-fé objetiva e a função social, na medida em que, firmado contrato oneroso, perfeitamente compreensíveis ao homem médio, nenhuma outra intenção existia que não fosse a locação do espaço dentro da estrutura física do *Shopping Center*, mediante o pagamento do locativo, ainda que composto de duas parcelas.

Esse montante variável, primeiramente, nas palavras de Mario Cerveira Filho[21], "Será devido quando o valor do resultado do percentual (estipulado em contrato) sobre o faturamento bruto for superior ao aluguel mínimo." e tem inúmeras implicações práticas, por exemplo, o fato de impor obrigatoriedade ao lojista de apresentar recibos, notas fiscais, livros de registro e qualquer documento referente à sua movimentação financeira mensal e conferir autonomia ao empreendedor para exigir tal documentação, sempre de forma comedida e discreta, acontecendo, em regra, diretamente no caixa da loja.

> "O contrato celebrado entre as partes é *expresso ao prever o direito de a locadora fiscalizar o faturamento da empresa-locatária*, para efeito de controle da parcela do aluguel calculada com base em percentual desse faturamento - o que não se discute. Trata-se, aliás, de *disposição comum em negócios da espécie em exame. (...) A alegação no sentido de que a fiscalização está sendo realizada de maneira abusiva*, a título de retaliação, *não vem demonstrada* por nenhum dos documentos apresen-

[21] CERVEIRA FILHO, Mario. Shopping Centers. Direito dos Lojistas. 5ª Ed. Editora Saraiva, p. 91. 2009

> tados pela autora/agravante. *(...) não se justificava mesmo a concessão de antecipação de tutela, para alterar a maneira como vem sendo feita a fiscalização*, nem muito menos para ordenar a abstenção de aplicação das multas previstas no aludido contrato"[22]. (grifo nosso)

Vale mencionar que a lei do inquilinato garante ao locador a possibilidade de vistoriar o imóvel locado a qualquer tempo, mediante prévia combinação de dia e hora, em seu artigo 23, IX, bem como da verificação do adimplemento contratual, não havendo impeditivo para que se assegure ao empreendedor fiscalizar o faturamento mensal para estipular a parcela variável do locativo. A recusa para fiscalização ou impedimentos infundados por parte do locatário caracteriza infração contratual e pode ensejar, inclusive, o despejo e encerramento da relação contratual.

c) Performance

Além das parcelas de locativo acima mencionadas (fixa e variável – de acordo com faturamento), os contratos de locação em Shoppings Centers podem prever a 'cláusula de performance' segundo a qual o lojista que não atingir o faturamento mínimo estabelecido no contrato estará cometendo infração contratual que, consequentemente, pode acarretar na rescisão de seu contrato de locação. Esta cláusula é uma garantia ao empreendimento de que o lojista trará valor agregado ao conjunto e permitirá identificar aqueles que não estão contribuindo de forma satisfatória com a coletividade.

d) Aluguel em dobro

Novamente com base na autonomia da vontade das partes para contratação, prevalecendo as disposições livremente pactuadas, é cláusula usual do contrato de locação de Shoppings Centers o pagamento dobrado de aluguel no mês de dezembro, o que é apoiado pacificamente pela jurisprudência, que entende pela sua legalidade. O pagamento dobrado se justifica, nas palavras de Ricardo Negrão e Daniela Grassi Quartucci, porque "os

[22] Agravo de Instrumento n. 9004051-28.2005.8.26.0000. 29ª Câmara de Direito Privado do TJ/SP – Quinto Grupo (Ext. 2º TAC). Rel. Silvia Rocha. Julgamento em 27/07/2005.

empreendedores não alugam simplesmente espaços, mas, sim, conferem ao locatário toda uma gama de outros serviços complementares às lojas, tendentes a atrair o maior público possível ao local (...)" [23].

Neste sentido, o comércio varejista tem um movimento maior no mês de dezembro e os empreendedores investem mais em campanhas e propagandas para promover o empreendimento e atrair consumidores a gastar nas lojas ali situadas, não havendo qualquer abusividade na cobrança ou nulidade na cláusula. O STJ, em julgamento de recurso especial e considerando que "Efetivamente, no Direito Empresarial, regido por princípios peculiares, como a livre iniciativa, a liberdade de concorrência e a função social da empresa, a presença do princípio da autonomia privada é mais saliente do que em outros setores do Direito Privado." entendeu que:

> "No mês de dezembro, é previsto o pagamento em dobro do aluguel para que o empreendedor ou o administrador indicado faça também frente ao aumento de suas despesas nessa época do ano, sendo também chamado de aluguel dúplice ou 13º aluguel. A cobrança do décimo terceiro aluguel é prevista em cláusula contratual própria desse tipo peculiar de contrato de locação, incluindo-se entra as chamadas cláusulas excêntricas. (...) não poderia o Tribunal de origem, sem contrariar o disposto no art. 421 do Código Civil, combinado com o art. 54 da Lei 8.245/91, ter afastado a cláusula que previa o pagamento do aluguel, em dobro, no mês de dezembro, que é tradicional nesse tipo de contrato, tendo sido livremente pactuada entre as partes" [24].

e) Fundo de promoção

Como rapidamente mencionado, em relação aos estabelecimentos de rua, as lojas nos *Shoppings Centers* são mais compactas, têm maior fluxo de clientes e um faturamento maior, mas, por outro lado, demandam uma equipe

[23] Ricardo Negrão e Daniela Grassi Quartucci em Cláusulas específicas e polêmicas dos contratos de locação em shopping center na doutrina Direito Imobiliário. Questões Contemporâneas. Elsevier. 2008. p.17

[24] Recurso Especial n. 1.409.849. Terceira Turma do STJ. Rel. Min. Paulo de Tarso Sanseverino. Julgamento em 26/04/2016.

de trabalho maior e um custo mais elevado. Parte deste custo mais elevado está ligado ao Fundo de Promoção.

Esse fundo de promoção é uma contribuição mensal feita pelo lojista, ao empreendedor, para promoção coletiva do empreendimento, auxiliando no planejamento e execução da publicidade e a promoção do *Shopping Center* como um polo de atração e desenvolvimento comercial. Com os valores arrecadados sob essa bandeira, o empreendimento pode proporcionar eventos e promover estratégias de *marketing* que tragam um maior número de consumidores, beneficiando todos os envolvidos. A jurisprudência reconhece a validade desta cobrança e autoriza o despejo no caso de inadimplemento.

> "Por outro lado, *não subsiste o inconformismo quanto ao encargo comum e fundo de promoção*, valendo consignar ser legítima sua cobrança, ante expressa previsão contratual (...) tendo havido expressa declaração da locatária quanto a ter 'pleno conhecimento do critério exposto na escritura declaratória para cálculo do rateio das despesas comuns do condomínio, bem como do fundo de promoção, manifestando em relação ao mesmo a sua absoluta e integral concordância, declaração que obriga não só a si como a seus bens e eventuais sucessores' (...) Nesse contexto, *como não restou demonstrada qualquer cobrança indevida ou mesmo o descumprimento do contrato pelo autor* ou, ainda, um fato que afastasse a responsabilidade quanto ao pagamento dos aluguéis e encargos, agiu corretamente o Magistrado ao julgar procedente a cobrança, estando prejudicado o despejo ante a entrega das chaves formalizada no curso da demanda"[25]. (grifo nosso)

[25] Apelação n. 0008482-51.2002.8.26.0006. 32ª Câmara de Direito Privado do TJ/SP. Rel. Kioitsi Chicuta. Julgamento em 25/09/2014.

f) Cláusula de raio e cláusula de exclusividade

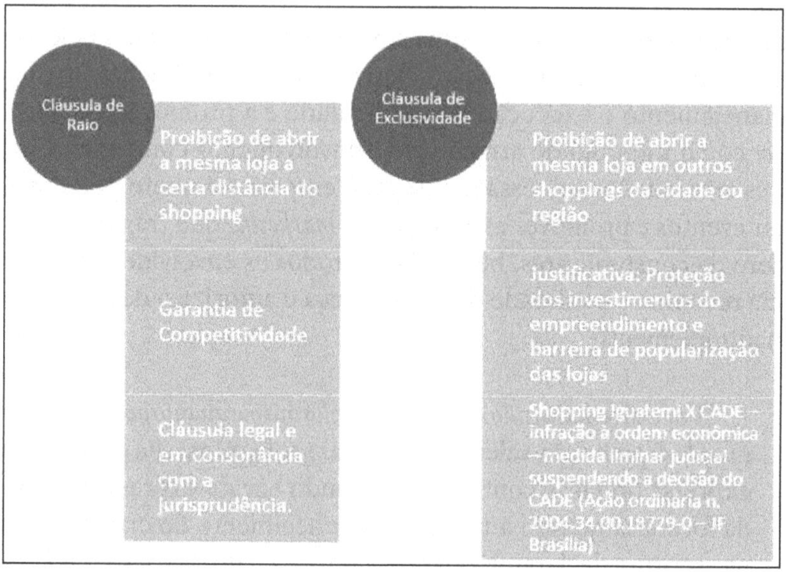

Os contratos de locação em *Shopping Centers* geralmente têm em seu conteúdo a denominada 'cláusula de raio', que consiste em proibição imposta ao locatário, para que não estabeleça loja com mesma finalidade a certa distância do centro comercial, visando garantir a competividade do estabelecimento e das próprias lojas que integram o *Shopping*, bem como a existência de uma clientela cativa para aquele centro comercial. Não existe qualquer proibição para inclusão e aplicação de tal cláusula no contrato, uma vez que ela está de acordo com o ordenamento jurídico e com o entendimento dos Tribunais Superiores. Ora, como já abordado, nos contratos de *Shopping Center*, prevalece a autonomia da vontade e liberdade na contratação. Além disso, a inexistência da mesma loja em local próximo garante um maior afluxo de pessoas no empreendimento e, consequentemente, uma maior rentabilidade a todos os envolvidos, tanto lojistas quanto empreendedor, de forma que a cláusula é favorável a ambas as partes.

> "Certamente, as cláusulas de raio não podem ser reputadas abusivas sem uma análise, caso a caso, da racionalidade subjacente à imposição da restrição e dos limites precisos que deveriam ser observados, tendo em vista a observância dos princípios da liberdade de contra-

tação e da livre concorrência, ambos necessários à própria viabilização do empreendimento. (...) *nas relações locatícias não se verificam meros contratos de adesão, mas sim de livre estipulação/comutativo entre os contratantes*, ou seja, de forma bilateral, sem a preponderância absoluta de um sobre outro, onde tanto locador como locatário estão livres para pactuarem as cláusulas contratuais que melhor assistam às suas necessidades. (...) Desta forma, por todos os ângulos em que analisada a questão, não se pode considerar o referido normativo contratual abstratamente ilícito/abusivo, como pretende o sindicato lojista autor com a presente contenda, porquanto, *inegavelmente o Judiciário pauta a análise das controvérsias que lhe são submetidas com amparo nos elementos constantes dos autos*, e aqui, nessa demanda, não há lastro para a manutenção da alegada abusividade da cláusula 7.26 constante das normas gerais complementares (estatuto) do Shopping Center Iguatemi Porto Alegre" [26]. (grifo nosso)

Há parecer, inclusive da Procuradoria Federal, em procedimentos administrativos junto ao CADE que comprovam a validade da cláusula de raio, desde que não seja abusiva ou prejudicial aos lojistas, consumidores e ordem econômica em si[27]:

"A cláusula de raio não é considerado um ilícito per se, mas sim um prática que deve ser analisada pela regra da razão, a fim de investigar se os motivos determinantes visam tão somente assegurar resultados econômicos justificáveis e que não restrinjam de modo inaceitável a concorrência. A avaliação dos aspectos tempo, espaço e objeto permite verificar *a legalidade da cláusula, que, no caso sub exame, aponta para a inexistência de limitação temporal, para a imposição da abrangente exclusividade no ramo de atividade, e não somente de marca específica, alcançando, além do locatário, sócios que venham a participar como quotistas, acionistas de forma direta ou indireta, ou que tenham vínculo comercial de qualquer*

[26] Recurso Especial 1.535.727 – RS. Quarta Turma STJ. Rel. Min. Marco Buzzi. Julgamento em 10/05/2016.

[27] Procedimento administrativo 08700.004938/2014-27 – CADE - https://sei.cade.gov.br/sei/modulos/pesquisa/md_pesq_documento_consulta_externa.php?DZ2uWeaYicbuRZEFhBt-n3BfPLlu9u7akQAh8mpB9yNSB02xFxKUlnokExp9QaKr24XPxfEubhwv1PQPoi3mJnJR-Tcw-uhusDI01POEiwR5u7Anej7Cv8ZMVOInvreu5

> *natureza com o locatário, não tendo as razões apresentadas pela representada conseguido demonstrar a racionalidade da conduta e afastar a abusividade da limitação imposta pela cláusula.* (grifo nosso)

Neste caso, não se chegou a uma decisão final do Conselho, tendo em vista que foi celebrado um Termo de Compromisso de Cessação (TCC), no qual o empreendimento se comprometeu a retirar de seus contratos a cláusula de raio considerada abusiva pela Procuradoria e a pagar uma alta quantia ao Fundo de Defesa dos Direitos Difusos (FDD).

Diversamente da cláusula de raio, que se preocupa com o movimento do centro comercial e a garantia de competitividade da loja nele instalada, alguns *Shopping Centers* impõem ao locatário lojista, também, a cláusula de exclusividade. Esta cláusula é uma proibição à marca de abrir a mesma loja em outros *Shoppings* da cidade ou região. A justificativa para imposição desta cláusula é a proteção dos investimentos realizados no empreendimento e uma barreira de popularização das lojas ali instaladas, garantindo que não se perca o *tenant mix* proposto pelo empreendedor nem que se atraia público de classe diversa daquela que se pretende.

Há corrente discussão sobre a validade dessa cláusula, considerando que é um empecilho ao desenvolvimento de outros empreendimentos, impedindo o preenchimento dos requisitos mínimos para desenvolvimento de novo centro comercial, a formação de um *mix* de lojas do mesmo nível da que já está instalada e, consequentemente, retira do mercado a concorrência direta e necessária para que se assegure ao consumidor a prática de atos conformes e não a concorrência predatória, por exemplo. Em São Paulo, os principais casos se referem aos *Shopping* Iguatemi e Cidade Jardim que, utilizando as justificativas acima, impõem a cláusula de exclusividade aos seus lojistas.

O CADE, ao analisar um processo administrativo movido pelo Ministério Público Federal, contra diversos centros comerciais e respectivas administradoras, dentre eles, *Shopping Center* Iguatemi de Porto Alegre e Companhia Zaffari Comércio e Indústria[28], entendeu que as cláusulas de exclusividade (embora chamadas de cláusula de raio, analisando seu con-

[28] Processo Administrativo 08012.012740/2007-46 no CADE - https://sei.cade.gov.br/sei/modulos/pesquisa/md_pesq_documento_consulta_externa.php?DZ2uWeaYicbuRZEFhBt-n3BfPLlu9u7akQAh8mpB9yOiHzJxO0Xfj5-quUKy1cMAoF-v_NwAaWrl4mBb7AgzxCXIkrlPm1eVtEOUZvW3UsESYynhcPHIQDsDlxP8xGJY

ceito, percebe-se que se tratam de cláusulas de exclusividade), são abusivas e ilícitas, configurando infração à ordem econômica e determinou "que os Representados excluam as cláusulas de raio de quaisquer instrumentos contratuais que regulem a relação entre lojista e shopping.", sob pena de multa diária de R$ 50.000,00 (cinquenta mil reais), porque:

> "Com o impedimento de acesso permanente de lojistas a outras propostas de *tenant mix*, os lojistas não conseguiam buscar melhores oportunidades de entrega de seus bens ao consumidor. Isso porque o acesso a outros mixes – de outros *shoppings* – poderia advir de uma melhor oferta global de serviços prestados pelo *shopping* e/ou de cláusulas que propiciassem mais eficiência ao negócio dos lojistas. Essa *falta de melhor opção ou de melhor qualidade das lojas é repassada ao consumidor, que acaba arcando com os custos do congelamento dos tenant mixes de Porto Alegre e com a falta de pressão competitiva de novos shoppings* que quisessem adentrar a cidade de modo competitivo e com boas oportunidades de negócios a lojistas sediados na zona de influência do município. Apesar das genéricas alegações dos Representados sobre a necessidade de proteção do negócio e/ou do investimento, essa proteção não pode ser realizada a partir de danos à concorrência, já que o princípio da prevalência do interesse público sobre o interesse privado vigora no direito brasileiro. Logo, *o consumidor final não pode pagar pela suposta proteção de investimento exigida pelo shopping center*, proteção essa que nunca foi comprovada ao longo dos oito anos de tramitação desse processo". (grifo nosso)

Essa decisão colegiada não foi reformada, mas também não se comprovou a supressão das cláusulas dos contratos de locação, de forma que o processo continua em andamento, para execução dos valores devidos a título de multa.

3. Responsabilidade do Empreendedor e Administrador do *Shopping Center*

> "O empreendedor é quem administra o shopping center, sem qualquer interferência ou ingerência de ninguém, destinando as

> verbas de promoção, contratando as agências de publicidade, adquirindo impressos e demais, atinentes à sua direção" [29].

O administrador do *Shopping Center*, portanto empreendedor, analisa a região a ser instalada o *Shopping Center* e determina suas necessidades, com base nisso, escolhe as lojas que deverão integrá-lo, para garantir sua prosperidade, além disso, o empreendedor cede o espaço ao lojista, mediante remuneração; toma conta das propagandas e promoções do empreendimento como um todo, para proporcionar movimento constante e captação de clientela; garante a continuidade do empreendimento e se relaciona diretamente com os lojistas, que àquele pagarão os valores inseridos no contrato, tanto locação mínima, percentual e 13ª locação como o fundo de promoção.

Em razão disso, o empreendedor tem responsabilidades perante os lojistas e pode responder por perdas e danos, danos materiais e morais, especialmente nos casos de entrega de empreendimento diverso daquele apresentado, atraso de obras (impacto em coleções), não instalação das lojas âncoras previstas, podendo ensejar a rescisão motivada do contrato, com pagamento de multa.

Há entre empreendedor e lojista uma parceria, com nítida convergência de interesses, na qual o lojista confere sua *expertise* e renome ao empreendimento e o empreendedor se compromete com a concepção, implantação e administração do *Shopping*. Nesta sociedade, é dever do empreendedor, ainda, arcar com as despesas para reforma ou acréscimos que interessem à estrutura integral do imóvel, pintura das fachadas, iluminação, etc., ou seja, tudo aquilo que for aproveitável coletivamente e ensejar diretamente a melhoria do empreendimento é responsabilidade do empreendedor.

Conclusões

No campo das relações estabelecidas no centro comercial, há uma gama de interlocuções entre as atividades e padrões de consumo, integrando o centro com a moda, com a marca, com o desenvolvimento e promoção de produtos, considerando especialmente que o perfil do empreendimento

[29] CERVEIRA FILHO, Mario. Shopping Centers. Direito dos Lojistas. 5ª Ed. Editora Saraiva, p. 90. 2009

e dos lojistas deve estar alinhado ao local onde se encontram, para atingir o público-alvo consumidor que com ele se identifica.

Por este motivo o papel do empreendedor é imprescindível para garantir o sucesso do centro comercial, tanto no início de seu desenvolvimento, em que levará em conta todos esses elementos para formação de seu *tenant mix* e aceitação e convite de lojistas e marcas de acordo com o público-alvo, quanto no decorrer da atividade, oportunidade em que adotará estratégias de *marketing* para alcance do público alvo escolhido, influenciando a forma como os consumidores respondem ao mercado e a procura pelo seu produto.

As peculiaridades dos contratos celebrados entre lojistas e empreendedores direcionam exatamente no sentido de estimular a parceria lojista-empreendedor e garantir com que todas as partes tenham interesse no progresso do centro comercial, trazendo melhores resultados financeiros e de reconhecimento, sendo essencial preservar suas características. Assim, com base nas considerações acima, é possível concluir que os denominados Contratos de *Shopping Center* possuem uma série de características que o diferenciam das relações locatícias comuns e, por isso, deve-se prestigiar a autonomia privada, tal como previsto no artigo 54, da Lei 8.245/91, posto que essenciais ao bom desenvolvimento das atividades empresariais.

Referências

ALMEIDA, Amador Paes. *Locação Comercial.* São Paulo. Saraiva, 1997.

AMORIM, José Roberto Neves e ELIAS FILHO, Rubens Carmo. *Direito Imobiliário. Questões Contemporâneas.* São Paulo. Elsevier, 2008.

CERVEIRA FILHO, Mario. *Shopping Centers. Direito dos Lojistas.* 5. ed. São Paulo. Saraiva, 2009.

MCCARTHY, E. Jerome; PERREAULT, William D. e CANNON, Joseph P. Basic Marketing. 19. ed. *A Marketing Strategy Planning Approach.*

NEGRÃO, Ricardo e QUARTUCCI, Daniela Grassi. *Cláusulas específicas e polêmicas dos contratos de locação em shopping center na doutrina Direito Imobiliário.* Questões Contemporâneas. Elsevier, 2008.

SANTOS, Claudio. *Doutrinas Essenciais – Obrigações e Contratos – Revista dos Tribunais.* Volume V: A Locação de Espaço em Shopping Centers (RT 680/9).

VENOSA, Silvio de Salvo. *Alguns aspectos da locação nos shoppings centers.* Revista do Advogado AASP, junho/2001.

6. Different Legal Issues in the Fashion Industry

Olivier Lassoie

Introduction

The fashion industry, like all human activities of creation, production, commercialization and distribution, is imbedded in a legal framework that is always changing according to the countries it is interacting with. We will review briefly, following the chronological steps of the specific activities of the fashion industry, some of the main legal issues the fashion business is confronted with. The different agreements that will be reviewed will be described from a general, almost abstract point of view, trying to capture their essence while their respective national discipline can differ.

1. The brand and its registration

Intellectual Property ("IP") is the first issue that has to be addressed since, especially in an industry based on the image, the choice of the "recognizable exclusive identification" under which the products will be known when publicized and commercialized, and its registration, are essential. Therefore, the first step will be, for the new actor, to look for that "recognizable exclusive identification" called "trademark".

The origin of trademark protection is different in Common and Civil Law systems. In Common Law the trademark protection derived from the tort of "passing off", which means that these rights stem from the use in commerce of a symbol to distinguish goods or services from one undertaking from those of a competitor, and that the Common Law would then (and that means "after") prevent, under tort doctrines, the use of a confusing mark by a competitor.

While this Common Law approach implies the previous use of the trademark, the Civil Law system, by contrast, allows anyone to apply and obtain registration of a trademark that is not (yet) in use. It could therefore be said that the Civil Law approach "won" in the international system of trademark protection, being highly advisable to register the trademark before its use in order to prevent conflicting registrations [1]. A trademark is typically a name, word, phrase, logo, symbol, design, image, or any combination of it. Good example is "LV" trademark which is associated with different graphic expressions of the letter "L" and "V" but also to the very famous graphic pattern that covers different items of the brand, or Burberry trademark which also includes its famous tartan pattern.

The core function of a trademark is to exclusively identify the commercial source or origin of products or services. From its origin, "Trademark" took a more and more extended definition, including now any device, brand, label, name, signature, word, letter, numerical, shape of goods, packaging, colour or combination of colours, smell, sound, movement or any combination thereof which is capable of distinguishing goods and services of one business from those of others [2].

It must be capable of graphical representation and must be applied to goods or services for which it is registered. Finding an "eligible candidate" for a trademark is not easy considering the huge number of registered trademarks around the world, and the lack of a unified system of reference. It is therefore highly recommended to check if the trademark has already been registered. The global rand database of the World Intellectual Property Organization ("WIPO" or "OMPI" in French) is probably the best start.

Finding a trademark is not sufficient, since one has to choose which products (or more exactly "class of products") will be covered by the tra-

[1] Irene Calboli, Jacques de Werra. *The Law and Practice of Trademark Transactions: A Global and Local Outlook.* Edward Elgar Publishing, 2016, from page 9.

[2] For the evolution of the notion in Common Law, read Jan M. Broekman, Francis J. Mootz III. The Semiotics of Law in Legal Education. Springer Science & Business Media, 6 juil. 2011, from page 230.

demark. It is thus necessary, already from the registration stage, to anticipate the possible future developments of the business. Trademark is indeed registered for certain classes of products under "Nice Classification" (The Nice Classification "NCL", established by the Nice Agreement in 1957, is an international classification of goods and services applied for the registration of marks. The 2019 version of the eleventh edition of the NCL came into force on January 1, 2019).

So after having checked the availability of the chosen trademark, one will have to apply for its registration under certain classes of products, which means, ideally, for all the classes that the business could cover in the future. That issue is closely linked with the possibility of developing the brand through Franchise and Licence Agreements. Trademark registration procedure can be different from a country to another: although there are systems which facilitate the filing, registration or enforcement of trademark rights in more than one jurisdiction on a regional or global basis (and OMPI is one of the best organization to deal with the issue), it is currently not possible to file and obtain a single trademark registration which will automatically apply around the world.

Like any national law, trademark laws apply only in their applicable country or jurisdiction, a quality which is sometimes known as "territoriality". One has therefore to consider carefully how to proceed with the registration, adopting a case-by-case strategy based on efficiency, costs saving and rapidity.

The "Madrid system" is the major international system for facilitating the registration of trademarks in multiple jurisdictions. The Madrid system is administered by the International Bureau of the WIPO. There are 90 countries part of the Madrid System. "Madrid" provides a centrally administered system for securing trademark registrations in member jurisdictions by extending the protection of an "international registration" obtained through the WIPO. This international registration is in turn based upon an application or registration obtained by a trade mark applicant in its home jurisdiction, since it interacts with the national level. That is surely one of the issues to take into consideration when choosing the country where the company will be incorporated. The primary advantage of the Madrid system is that it allows a trademark owner to obtain trademark protection in many jurisdictions by filing just one application in one jurisdiction with one set of fees and make any changes (e.g. changes of name or address) and renew registration across all applicable jurisdictions through a single administrative process. Furthermore, the "coverage" of the international registration may be extended to additional member jurisdictions at any time.

Obviously, the protection of the brand does not stop with the trademark registration. The Fashion Industry is heavily exposed to forgery which requires specialized teams exerting a constant control of the market, and enforcement of one's rights in courts around the world.

2. The incorporation of the company

The incorporation of the company is another phase to be handled with carefully. Obviously, one has not always the possibility to elaborate different solutions (essentially different "Tax Planning") and that is surely the case for national small companies. But if the project is sufficiently financed (it is the case when a famous or emergent designer has an agreement with an investment fund to finance the project of a new product or a new brand), the corporate structure of the project has to be handled with from the beginning, taking into consideration its possible future extension worldwide, even before starting the business.

International Tax Planning is heavily used when the project is sufficiently financed, and its complexity is greatly compensated by the net profits it will generate (by saving taxes) from the first years of activity of the new group[3]. The GAFA, also due to the difficulty to materially locate their operations) illustrates perfectly the possibilities of almost total tax avoidance using the legal instruments of Tax Planning. The legal structure of the company is very important since the national State of incorporation will bind the company to a certain legal framework, relevant essentially for: a) corporate regulation; b) labour regulation; c) environmental regulation; d) tax regulation; e) customs regulation and; f) all other regulations that can impact the activities of the company.

[3] The Tax Planning of a group is basically a complex mathematical operation, as you can see in Ulrich Schreiber, *International Company Taxation: An Introduction to the Legal and Economic Principles*, Springer Science & Business Media, 30 janv. 2013, from page 51.

In the Fashion industry the structure of the company is very often complex and depends on the market of the products. In many cases it takes the form of a group of companies, in which:

a) One company will act as the HQ of the group and usually takes the form of an S.A. or *Société anonyme* (and their national variants, like "*Sociedade Anônima*" in Brazil) in countries that mostly refer to Civil Law, because that legal structure is more fitted for a company acting in an international context with international shareholders.
b) One company will have the management of the IP, which means that anything that regards the use of the brand by any other company of the group, or by external licensees. The IP owner company will generally be based in a country with low taxation on IP revenues and which legal system allows the company to retain a strict and efficient control on all agreements regarding the use of its IP.
c) The companies linked to the production whose localization depends essentially of the particularities of the product (the localization of highly skilled handicraftsmen) or of the necessity to avoid high customs duties (like in Brazil), and mostly to reduce the costs of the production. The intra-group sale of the products and the fixing of the "transfer price" that will be applied between the companies of the same group can artificially transfer the profits of the group from one company to the other, and therefore from one country to another[4].
d) The companies linked to each single country ("territory") where the goods are sold are the companies which will have to deal with anything regarding their national market of reference, from importation formalities to logistic, supervision of direct and indirect distribution, compliance with employment laws and local taxation, liability issues, etc.

This kind of structure can be even more sophisticated, for example by adding companies for the intra-financing of the group or other purpose vehicle companies, like joint ventures in order to sell the product in some

[4] Many different methods can be applied in fixing the Transfer Price, see OECD, *Principes de l'OCDE applicables en matière de prix de transfert à l'intention des entreprises multinationales et des administrations fiscales 2017*, OECD Publishing, 10 juil. 2017, page 105.

highly protected national markets. This kind of structure implies that each single company of the group will have to comply with the laws applying where they operate, but also that the relationships between the different companies of the group will have to be regulated by agreements.

3. The products commercialization and its agreements

The commercialization of the product, nationally and internationally, through intra-group or third parties' channels, implies a massive use of agency, distribution, licensing and franchising agreements. These agreements have very different scopes and respond to different needs.

3.1. Agency Agreement

While any national law can have a distinct definition of the Agency Agreement, it can be said, generally, that an Agency Agreement is a contract whereby the Agent ("sales representatives" can be individuals or legal entities), without the existence of an employment relationship, is responsible for promoting products and commercial transactions and soliciting purchase orders on behalf of one or more "Principals" and performing (or not) other actions connected with the implementation of such business transactions.

If the Principal concludes the transaction with the third party, the Agent will be entitled to receive a commission related to the amount and the transaction, which calculation and entitlement are defined by the Agreement. Under most national laws, the Agent has not necessarily the "authority" to act on the principal's behalf: the authority to represent the principal is generally an option. An Agent should be distinguished from a Distributor: a Distributor will buy stock from the Supplier or Principal and then sell it on to his own customers at a mark-up, whereas an Agent will find third party customers for the Principal who then sells directly to the customers and pays a commission to the Agent.

Within the European Union, there is a legislation designed to give some protection to Agents, in particular the right to compensation in certain circumstances when an Agency Agreement is terminated. [5]The same applies

[5] The legal status of commercial agents in the European Union is regulated in the Council Directive 86/653/EEC of December 18th 1986 on the coordination of the laws of the Member

in other parts of the world and, in some countries, it is necessary for a foreign manufacturer to appoint as Agent an individual or company that is a national of the country where the Agency will operate.

Through an Agency Agreement the Principal keeps a total control on the terms of the agreement with its clients. He is indeed party to that agreement and therefore can dictate the content of the agreement: the price, the guarantee, the general conditions, etc. On the other hand, the Principal has to handle directly the risks of the market: he is indeed directly exposed, for example, to the risk of non-payment for the goods he sold to its client, he has to promote its products directly on the market, etc.

3.2. Distribution Agreement

Fully owned subsidiaries are not the most common system of distribution for luxury goods. They allow a direct control on the marketing and they have the advantage that their sales are consolidated at full value (wholesale price), rather than at export price, but they are not always a possible or a good solution to distribute the product.

Indeed, in many countries in the Middle East and Latin America, not to mention Indonesia, foreign companies cannot hold 100 percent of the shares of a subsidiary dealing solely with the distribution of products manufactured and imported from abroad. On the other hand, fully owned subsidiaries are extremely expensive solutions.

Distribution Agreement allows a low-investment solution[6]. In many national jurisdictions, the Distribution Agreement is not directly defined by the law. It is mostly an unnamed ("atypical") contract which content will be determined freely by the parties and that is qualified as a Distribution Agreement on the basis of some of its characteristics and scopes.

A Distribution Agreement is an agreement between a Supplier who produces certain goods and a Distributor, through which the distributor will buy, in its own name and for its own account, stock from the Supplier and then sell it on to his customers, in a certain territory, at a markup. The Distributor earns its revenues from the difference between the price

States relating to self-employed commercial agents. It is a minimum directive, which sets the lower limits for protecting commercial agents in the EU.

6 Read Michel Chevalier, Gerald Mazzalovo, *Luxury Brand Management: A World of Privilege*, John Wiley & Sons, 18 mai 2012.

of purchase and the price of resale of these goods. Therefore, there is (usually) no direct relationship between the Supplier and the final customers of the goods.

The content of the Distribution Agreement can be various and more or less sophisticate. The unnamed nature of the contract, and the absence of an obligation of a written form for its validity in most jurisdictions make it possible, if the evidence is reunited, for a sole factual relationship to be qualified afterwards as *de facto* Distribution Agreement. This is the reason why the Supplier has to be extremely careful, from the very beginning, in fixing certain terms of the informal relationship, such as the exclusive nature, the sales targets, and the duration of the agreement.

The Agreement, after having set the "Territory" for which distribution rights are granted to the Distributor, can include an exclusivity clause by which the Supplier, or the Distributor (or both of them) agree to have a unique supplier for the defined category of good for the market ("Territory") considered by the agreement, or to have a unique Supplier for the defined category of good for the market considered by the agreement ("non-competition clause"). Every of those variants will have consequences on the right to, and amount of, indemnities by the Supplier in case of an abrupt termination.

Usually – and especially for the Distribution Agreement by which a Distributor is exclusive distributor for part or all of the Supplier's products – the agreement provides for sales target per year (or any other fraction of time) to be fulfilled by the Distributor. Some of this kind of contractual clauses can contain an effective "purchase obligation" for the Distributor. The non-fulfilment of these targets or purchase obligations can be linked to the termination of the agreement.

Other clauses can contain specific obligations for the parties to promote the product on the market, that can reach up to the concession of the use of some of the IP rights of the Supplier, generally under the supervision of the Supplier himself. The duration of the agreement is usually addressed by some of its articles. The contract can be for a certain duration, renewable or not, or for undetermined duration. The determination (or lack) of the duration of the contract can have important practical consequences because in some jurisdictions, such as Belgium, the law fixes the indemnities to be paid by the Supplier to the Distributor in case of termination of the Agreement.

With the development of e-commerce, the Suppliers are more and more interested in keeping the control of the e-commerce sale channel. Therefore, the possibility (and the conditions) for the Distributor to use its own internet site to distribute the products is more and more regulated by the Distribution Agreement. A complete prohibition might be impossible under some national jurisdictions.

Finally, the Distribution Agreement uses to indicate the applicable law and the jurisdiction (or arbitration). Some limitation to these choices can be brought by the national jurisdictions under which the contract has to be performed. One also has to take into consideration the mandatory laws of any jurisdiction where the contract is performed, mostly the antitrust, competition and consumer's protection regulations.

3.3. Franchise Agreement

The franchise Agreement (with the similar, but different, Licence Agreement) is one of the most adopted tools that a producer may use to enter a new area or market. The word is used to define a specific contract typology. Franchise is a form of collaboration between two parties, both juridically and economically independent to each other, in which the Franchisor gives to the Franchisee the grant to become part of its franchising chain. The Franchisor also gives to the franchisee the grant to take advantage of its patents, trademark, name and know-how, along with the right to distribute products on an exclusive or semi-exclusive basis, under the direct or indirect payment of a certain amount of money. However, the Franchise is not an employment relationship.

a) There are three basic points in each franchise operation, closely related to the IP of the Franchisor: the Brand Name, the Operating System and the Ongoing Support.

Brand Name is the core element of the Franchise Agreement. The Franchise has a brand name value that enables the Franchisee to charge higher prices and attract more customers than an otherwise similar business. This brand name value is augmented by the fact that the Franchisor often provides for the advertising for the product. The concept is linked to the Brand recognition, itself based on all the elements forming the core function of the IP, and particularly of the trademark: to exclusively identify the commercial source or origin of products or services, which includes any device, brand, label, name, signature, word, letter, numerical, shape of goods, packaging, colour or combination of colours, smell, sound, movement or any combination thereof which is capable of distinguishing goods and services of one business from those of others.

b) Operating System is a notion that goes beyond the sole IP and that refers to the transfer by the Franchisor to the Franchisee of its knowledge and competences – the "know- how". "Know-how" indicates a package of non-patented practical information, resulting from long experience and testing activities made by the Franchisor. In other words, the Know-how is that complex of operational methods, knowledge, procedures that enable an individual to become an active member of a franchise system. The know-how that the Franchisor transfers to the franchisee is the result of a long, precise, verified and formalized work, made in order to allow the technical and commercial viability.

c) Ongoing Support relates to the creation of a technical and commercial support from the Franchisor in favour of its Franchise network through technological tools, computer or human resources. The most important part of the support is the training, being the initial one or the ongoing formation.

As for its distinction with the Licence agreement:

a) The Franchise Agreement is usually linked with a territorial exclusivity while the Licence, because it is related to different products and/or market segment is not;
b) Ongoing support is not part of a Licence Agreement;
c) Logos and trademarks are retained by the Franchisor, and the Franchisee gets only its use (since the product is basically the sae), while the licence of the IP is the core of the Licence Agreement;
d) Usually the Franchisor exercises a continuous control on the activities of the Franchisee, which is not the case between the Licensor and the Licensee.

3.4. Licence Agreement

Licensing in the fashion industry is the Agreement through which a Licensor, who is the party owning the brand (ex. Dior) gives permission to the

Licensee (ex. Luxottica – who makes eyewear) to use their name on merchandise.

The Licensor frequently licence out their name to a licensee who can produce goods that require specialized manufacturing and/or distribution channels. Those goods will therefore be produced and distributed differently to a fashion brand's core products (clothing, shoes, and bags.) So the Licensee will create the product (under the guidance of the licensor, for the "style" of it) and distribute it.

In Fashion Industry, Licence Agreements regards almost all eyewear, cosmetics, beauty products, perfumes, and timepieces, for those are products that require specialist manufacturing and are sold in a wide range of places (like airports, drug stores, etc.) which often differ from the main distribution channel, and which represents a different distribution network than typical high-end clothing and accessories channels. Other products that are sometimes licensed are lingerie, hosiery, umbrellas, jewellery, homewear, and technology-related items, and even cigarettes (for example Cartier, manufactured by the Rothmans Group).

Some companies also license out their brand for specialist clothing collections in particular markets, for example, many famous fashion brands have a few licences in Japan that produce sleepers, handkerchiefs and washcloths under their label, and are only distributed in that market [7].

The Licensor benefits from the royalties that the Licensee will pay to them. They also benefit from wider brand awareness that is normally associated with a larger product range. For example, one can easily grow its customer base by offering lower-priced products like sunglasses and perfumes as they are more affordable to a larger group of people, compared to high-end clothing. The Licensee makes money by selling the licensed products, and when they have a strong portfolio of brands, they can easily attract more Licensors and more customers.

Some brands were able to develop exclusively through Licence Agreements, that was the case for Calvin Klein and Hugo Boss where licensing has been the source of a fast and harmonious development, without any startup investment money. The most important issue to be addressed in a Licence Agreement are the articles regarding the level of control of the

[7] Read Michel Chevalier, Gerald Mazzalovo, *Luxury Brand Management: A World of Privilege*, John Wiley & Sons, 18 mai 2012, Chapter 11.

Licensor on its image and the royalties[8]. That control implies a particular care for the following points of the Licence Agreement:

a) A careful definition of what Intellectual Property is licensed (that regards the "Grant Section") of the contract. That section will have to specifically describe the rights that are retained by the Licensor and are not granted to the Licensee.
b) A careful definition of what type of products the licensed IP rights may be used and the conditions of such use, which means, for example, the obligation for the Licensee's "noses" to work with the Licensor for the development of a perfume, or for the Licensee technical team to work with the Licensor's design team for the production of eyewear, jewellery, homewear, timepieces, etc. A major risk for the Licensor's brand is the range of products under licence. Pierre Cardin and Burberry had this problem with hundreds of licences, from chocolates to teddy bears, and even toilet paper's rolls which were damaging the brand.
c) The clear indication of the exclusive or non-exclusive nature of the Licence.
d) The determination of duration of the Licence.
e) The clauses regarding the royalties paid to the Licensor ("Royalty Terms"), which must include the possible minimum amount to be paid, the terms of payment, the calculation of the royalties, etc.
f) The possibility for the Licensor to audit the licensee's accounting books and records, in order for him to check that the royalties have been correctly calculated.
g) The Quality Control, Advertising and Promotion Clauses, which allows the Licensor to have a close control on the product's quality, packaging and marketing, and the setting on of the collaboration with the Licensor's team for the design and its advertising.
h) The Product Liability Issues, that must be addressed, especially in countries where class actions can allow huge compensations, in order to separate clearly the liabilities of the Licensor and the Licensee.

[8] Read Guillermo C. Jimenez, Barbara Kolsun, *Fashion Law: A Guide for Designers, Fashion Executives, and Attorneys*, A&C Black, 13 mars 2014, Chapter 7.

Conclusions

As we have briefly reviewed, Fashion Industry does not differ from other industries in its need to produce and sell its products but differs greatly in its needs to protect its "image". That central concern of protecting its image and the value attached to it makes it necessary to adapt all of the agreements and other legal structures in order to guarantee that protection at all the stages of the activities.

That begins long before the commercialization, with the registration of the trademark, during the activities, with the different contractual clauses protecting the brand, and even long after the termination of certain agreements, with the non-competition clauses that can be part of production, employment, distribution, and many other agreements. As always in legal business, the scope dictates the content.

References

Irene Calboli, Jacques de Werra. *The Law and Practice of Trademark Transactions: A Global and Local Outlook.* Edward Elgar Publishing, 26 févr. 2016

Jan M. Broekman, Francis J. Mootz III. *The Semiotics of Law in Legal Education.* Springer Science & Business Media, 6 juil. 2011

Ulrich Schreiber, *International Company Taxation: An Introduction to the Legal and Economic Principles,* Springer Science & Business Media, 30 janv. 2013,

OECD, *Principes de l'OCDE applicables en matière de prix de transfert à l'intention des entreprises multinationales et des administrations fiscales 2017,* OECD Publishing, 10 juil. 2017,

Michel Chevalier, Gerald Mazzalovo, *Luxury Brand Management: A World of Privilege,* John Wiley & Sons, 18 mai 2012

Guillermo C. Jimenez, Barbara Kolsun, *Fashion Law: A Guide for Designers, Fashion Executives, and Attorneys,* A&C Black, 13 mars 2014

Parte III - Propriedade Intelectual

7. Fashion Industry between Design Protection and Copyright Law: an Italian Perspective

Leonardo Maria Seri
Cristiano Bacchini

Introduction

In consideration of the evolution of our economies as well as of the awareness of consumers in every field of the market, together with the generalised access to fashion products as a need related to lifestyle of people, the protection of creativity and innovation in the field of fashion faces increasingly difficult challenges. On the one hand, it is increasingly difficult to protect creations against imitations; on the other hand, even in the fashion field, market is becoming faster and faster and this poses new complexities and needs of creators and enterprises in order to protect their creations and safeguard their competitiveness on the market. Fashion law involves various fields of law, including intellectual property rights, from design and trademark rights to copyright and unfair competition, from civil law and contract law to labour law up to criminal law and customs protection.

The aim of this paper is to assess design rights and copyright applicability for the protection of the aesthetics of products and their overall appearance in the fashion industries with regards to the Italian territory. Indeed, according to Italian laws and applicable European regulations, the aforementioned products can benefit from the protection of Italian (and

Community) designs and also from national copyright law that provides special rules for industrial design creations.

However, it has not always been the same in the past. Indeed, prior to the implementation of Directive 97/71/EC, Italian legal system in the matter at issue was based on the so-called "patent approach"[1]. In such a system the protectability of a design is subject to the presence of requirements construed by reference to those of inventions[2] and such a frame was reflected in elements such as the attraction of ornamental models and utility models under a sole law[3] and the applicability, in principle, of the discipline of patents for invention also to ornamental models. Furthermore, the latter system was coherent with the idea according to which the difference between models and works of the mind should have been reconstructed on the basis of a qualitative criterion, which in the Italian system used to consist in the principle of the separability[4] of the artistic value from the industrial value (and not of the quantitative criterion of the degree of creativity)[5].

The cited Directive and its implementation in Italy are based on the so-called market approach[6] and this have been a fundamental change that is useful to understand the reform of national design law and the scope of the applicable rules. This change of perspective has found a further confirmation in the Legislative Decree no. 30/2005 (Italian Code of Industrial Property) and in the Legislative Decree no. 131/2010, that amended the former[7].

[1] SARTI D., *Il sistema di protezione comunitario dei disegni e modelli industriali*, in *Contratto e impresa. Europa*, ed. CEDAM, 1999, II, pages 751-764.

[2] Therefore, reference was made essentially to the requirements of novelty and originality.

[3] The reference is to previous Italian Model Law (r.d. no. 1411/1940 and subsequent amendments), entitled "Text of the legislative provisions on patents for industrial models", even if in the Italian legal system there was no autonomous legal instrument falling within the notion of "industrial model". Actually, two different IP rights were regulated under Italian laws: the utility models and the ornamental designs.

[4] Principle of separability was set forth by Art. 2, no. 4 of previous Copyright Law.

[5] SARTI D., *Il sistema di protezione comunitario dei disegni e modelli industriali*, in *Contratto e impresa. Europa*, ed. CEDAM, 1999, II, pages 751-752.

[6] Also indicated as "marketing value", see SCORDAMAGLIA V., *La nozione di "disegno e modello" ed i requisiti per la sua tutela nelle proposte di regolamentazione comunitaria*, in *Rivista di diritto industriale*, ed. Giuffrè, 1995, I, p. 123 ss..

[7] Actually, it has been argued during the 90's that it had emerged in the Italian legal system the tendency to construe the system of protection of designs and (ornamental) models as in

In summary, according to the market approach, what is safeguarded is the interest of undertakings in the exclusive use of aesthetic elements that are relevant to the appreciation of the public of consumers, and therefore capable of influencing the selling power of the product[8]. In other words, the rationale of said design protection consists in protecting the investments required by aesthetic innovation, recognizing the importance that the aspect of products has as an instrument of marketing and competition[9].

On the other hand, with the implementation of Directive 97/71/EC it has been overcome the Italian law's systematic approach under which copyright protection of art applied to industry was granted only at the presence of the requirement of separability of the artistic value of a work from the industrial character of the product to which the work was associated (previous Art. 2, no. 4 of Italian Copyright Law).

Hence, now art. 2, no. 10 of Italian Copyright Law specifically provides the protection of "*industrial design works which in themselves have creative character and artistic value*". In fact, under previous Italian law system it was possible to choose among two alternative instruments of protection of the aesthetics of industrial products: patent protection or copyright protection, since cumulation of protections was expressly excluded by art. 5, paragraph 2 of Models Law.

The requisite of separability was the key element to benefit from copyright protection for the aesthetics of a product as a work of the mind under previous Art. 2, no. 4 of Italian Copyright Law, being provided that "works of art applied to industry" were protected at the condition that their "artistic value" be "separable from the product to which they are associated". This was interpreted by national case law as "*the object's suitability to give rise to an autonomous artistic evaluation regardless of its material support*". That

the spirit of market approach. See, among others, D. SARTI, *Il sistema di protezione comunitario dei disegni e modelli industriali*, cit., 751 ss., and in the case law Court of Cassation no. 484/1995, in *Diritto Industriale*, 1995, 907, commented by Di Cataldo; and Court of Cassation no. 8400/1997, in *Giurisprudenza annotata di diritto industriale*, 1997, 69, making reference to the market value as being the object of the protection of shape of products provided by Model Law.

[8] SARTI D., *Il sistema di protezione comunitario dei disegni e modelli industriali*, in *Contratto e impresa. Europa*, ed. CEDAM, 1999, II, p. 751 ss.

[9] P. AUTERI, *La futura disciplina europea del design fra tutela del diritto di autore e repressione della concorrenza sleale*, in *Contratto e impresa. Europa*, ed. CEDAM, 1998, p. 230.

led, in practical terms, to the exclusion of three-dimensional designs from the abovementioned copyright protection[10].

With the implementation of cited EC Directive, the above-mentioned principle has been overcome through the introduction of copyright protection on industrial design in the Italian legal system, that however, grants protection only to more valuable designs, being applicable only in case the products have a particular artistic degree, so-called artistic value. Even if this latter instrument is not aimed to give general protection to fashion products, it is likely however that particularly historic products or iconic ones of fashion industries may access copyright protection.

1. Design rights

The first available protection for creations in the field of fashion is the registered design protection provided by Italian Code of Industrial Property and specularly also by European regulation (EC) No 6/2002 (Community Design Regulation, or also CDR) – which may be granted to: "The appearance of the whole or a part of a product resulting from the features of, in particular, the lines, contours, colours, shape, texture and/or materials of the product itself and/or its ornamentation"[11], where "product" means: "Any industrial or handicraft item, including inter alia parts intended to be assembled into a complex product, packaging, get-up, graphic symbols and typographic typefaces, but excluding computer programs"[12].

In other words, this is what can be registered as a national design in Italy as well as Community design in relation to the whole European Union territory. The definition of design clearly refers to the aesthetics of products that may result from elements such as the ones included in the list recal-

[10] See Court of Cassation no. 6644/1996, in *GADI*, ed. Giuffrè, 1996, 71. See also NITTI D., *Modelli industriali e diritto d'autore alla luce della Direttiva 98/71/CE*, in *Contratto e impresa. Europa*, ed. CEDAM, 2003, p. 1125, who holds that it is not possible to separate artistic value from industrial character in three-dimensional creations, which thus were exluded from the protection under discussion; see also MONDINI G., *La direttiva comunitaria sulla protezione giuridica di disegni e modelli*, in *Le Nuove leggi civili commentate*, ed. CEDAM, 1999, II, p. 951.

[11] See Art. 3 of CDR and Art. 31 of Italian Code of Industrial Property, that implements Articles 1 and 3 of Directive 98/71/EC.

[12] See Art. 3 of CDR and Art. 31 of Italian Code of Industrial Property, where it is also specified that "complex product" means a product which is composed of multiple components which can be replaced permitting disassembly and re-assembly of the product.

led above, to be considered purely illustrative[13]. With the implementation of Directive 98/71/EC, the former criterion of special ornament provided by Italian laws, that required a certain aesthetic degree to access the protection, has been abandoned in favour of a protection that may be granted on the basis of the sole impact of the design on the appearance of the product, whether or not that aspect has a particular aesthetic appeal, and that covers both bi-dimensional and three-dimensional appearance that is applied to a product and has an impact on its aesthetics.

However, the aesthetic innovation may be protected as a design only if it is incorporated into or applied to a product (so-called "principle of materiality" or "sufficient concretisation")[14] and provided that they are not dictated exclusively by the function of the product, that may frequently happen for example in the footwear sector. Also, the protection under discussion is limited to product's characteristics that are visible[15] and covers also components that are visible during normal use of a product (including, for example, the interior of a suitcase), while interior not visible parts are excluded (e.g. gears and other mechanisms) as well as, in general, any innovation which does not influence the aesthetics of a product.

Design protection seems to constitute the most appropriate instrument to be generally used to safeguard investments on aesthetic in order to be competitive on the market with reference to products of the fashion industries and allows designers and undertakings to choose among different possible strategies of protection, also in view of the success of products among consumers or in general the needs concretely met on the market even after the launch of a new product.

Requirements set forth by applicable law to be granted design protection are novelty, individual character and lawfulness. As far as novelty is concerned, a design is to be considered new if any identical design has been made available to the public before the date of filing of the application for

[13] See FABBIO P., *Disegni e modelli*, ed. CEDAM, 2012, p. 13; see also SANNA F., *Commento* sub *artt.* 31-44 c.p.i., in L. C. Ubertazzi, *Commentario breve alle leggi su proprietà intellettuale e concorrenza*, ed. CEDAM, 2012, p. 224.

[14] See FABBIO P., *Disegni e modelli*, ed. CEDAM, 2012, p. 5 ss.

[15] According to MONDINI G., *La direttiva comunitaria sulla protezione giuridica di disegni e modelli*, in *Le Nuove leggi civili commentate*, ed. CEDAM, 1999, II, p. 959, this assumption is also upheld by Whereas no. 11 of Directive 98/71/EC, which expressly states that protection is limited to those design features of a products which are "shown visibly" in an application for registration. However, opinions and interpretations on this point are not univocal.

registration of the design for which protection is claimed (or, if priority is claimed, the date of priority). According to this provision, designs shall be deemed to be identical whenever their features differ only in immaterial details[16]. Consequently, it is sufficient that a design differs from what is already known[17] and even slight differences with respect to the previous ones are sufficient for the requirement of novelty to be respected[18].

As far as disclosure is concerned in view of the assessment of novelty, Art. 34 of Italian Code of Industrial Property and Art. 7 of CDR further clarify that a design shall be deemed to have been made available to the public if it has been published following registration or otherwise, or exhibited, used in trade or otherwise disclosed (except for disclosure under confidentiality) before the relevant date. This includes, for example, the presentation of a design at a fair, its publication in a catalogue, its public offer to potential producers, the offering for sale on the market of the product to which the design is applied, but also the teaching of that design in a professional school, or its presentation in a television show[19] or also on the web.

However, it is further clarified that, whenever these events could not reasonably have become known in the normal course of business to the circles specialised in the sector concerned[20], operating within the Community, they are not detrimental to the novelty of a design.

In other words, this limitation relativizes the protection requirements in time and from a territorial point of view as well as it is relativized also from a product-related point of view, therefore the requirement shall be

[16] See Art. 32 of Italian Code of Industrial Property and Art 5 of CDR.

[17] It is the traditional concept of extrinsic novelty, see CARTELLA M., *I disegni e modelli*, in *AIDA*, ed. Giuffrè, 2007, 257. See also MANGINI V., *Manuale breve di diritto industriale*, ed. CEDAM, 2009, 108.

[18] SANNA F., *Commento* sub *artt.* 32 c.p.i., in L. C. Ubertazzi, *Commentario breve alle leggi su proprietà intellettuale e concorrenza*, ed. CEDAM, 2012, p. 225.

[19] So writes BRAMBILLA D., *La forma del prodotto e la sua tutela*, Ph.D. thesys in Diritto Commerciale: proprietà intellettuale e concorrenza, Università degli Studi di Parma, 2011, p. 86.

[20] See SANNA F., *Commento* sub *artt.* 34 c.p.i., in L. C. Ubertazzi, *Commentario breve alle leggi su proprietà intellettuale e concorrenza*, ed. CEDAM, 2012, p. 230, according to whom all the circles involved in the product chain (from designers to sellers) are to be considered as "specialised in the sector concerned".

intended as relative novelty[21]. If novelty is fulfilled, the requirement of individual character[22] shall be assessed. The latter relates to the different overall impression produced by a product on the informed user in respect of the overall impression produced on the same subject by any other design already disclosed. In other words, the assessment of this requisite shall be made from the viewpoint of the informed user, not comparing the individual elements of identity or dissimilarity but comparing the designs based on their overall appearance, therefore it is the overall impression created by the latter that has to be taken into account when comparing a design with the relevant priorities[23].

However, in order to better clarify the scope of this requirement, it is important to note that the informed user[24] is not simply the average consumer, being instead a subject with a deeper knowledge of the product than the latter but lower than that of an industry expert. According to part of the case law, the concept of informed user shall be referred to an informed consumer, or more precisely, to the user of that typology of product having a certain degree of knowledge and awareness and a relatively high degree of attention in view of its particular interest in those products[25],

[21] However, part of the national literature holds that the degree of integration of the markets and the exchange of global information make the search for relevant precedents, pursuant to art. 34 of the Italian Code of Industrial Property, very close to an absolute novelty; in this regard see SANNA F., *Commento* sub *artt.* 32 c.p.i., in L. C. Ubertazzi, *Commentario breve alle leggi su proprietà intellettuale e concorrenza*, ed. CEDAM, 2012, p. 225.

[22] This has replaced the requirement of special ornament, which was laid down in the rules prior to the implementation of Directive 98/71/EC. In essence, while in the old framework access to design protection was subject to the existence of a certain aesthetic gradient, the current framework subordinates access to protection to a requirement linked to the ability of the shape to attract the attention of the consumer.

[23] SANNA F., *Commento* sub *artt.* 33 c.p.i., in L. C. Ubertazzi, *Commentario breve alle leggi su proprietà intellettuale e concorrenza*, ed. CEDAM, 2012, p. 227. See also MONDINI G., *La direttiva comunitaria sulla protezione giuridica di disegni e modelli*, in *Le Nuove leggi civili commentate*, ed. CEDAM, 1999, II, p.974, and FABBIO P., *Disegni e modelli*, ed. CEDAM, 2012, p. 35.

[24] On the concept of "informed user" see also SANDRI S., *L'utilizzatore informato nel design*, in *Diritto industriale*, 2006, p. 411.

[25] See General Court, case T-153/08, *Shenzen Taiden Industrial Co. Ltd/OHIM*, EU:T:2010:248. See also Trib. UE, case T-9/07, par. 62 - *Grupo Promer Mon Graphic, SA/UAMI e PepsiCo Inc.*, where it has been argued that the informed user of "pog" board game shall be at the same time both a child between 5 and 10 years of age as well as the marketing director of a company using the product for promotional purposes. However, according to a different opinion, instead, the informed user would be a professional operator (a designer or a design scholar), that is, a

thus capable of capturing differences such as details, colours, shapes, etc. that may be missed by the inexperienced eye of the average consumer. As a consequence, informed user may vary in light of the different product sectors and the different characteristics of products and markets involved.

That being said, in view of the application of registered design protection to fashion product that fulfil the requirements above, it shall be recalled the rule set forth by Art. 33, par. 2, of Italian Industrial Property Code and Art. 6, par. 2, of CDR, which upholds the so-called crowded art theory, according to which in the market sectors in which many products with similar shapes coexist (so-called crowded sectors) or in which the shape is significantly influenced by functional requirements, even minor differences with respect to pre-existing shapes can give rise to a valid design[26]. Indeed, it is provided that: "In assessing individual character, the degree of freedom of the designer in developing the design shall be taken into consideration".

The rationale behind this provision is related to the fact that there could be market sectors in which the designer could be limited for various reasons such as standards prescribed by law or functional characteristics to be fulfilled as well as a high presence of similar products and competitors in crowded sectors, as it may happen in the fast-fashion field.

In view of the above, it is the case to recall the principle of evaluative symmetry, applied to conduct in parallel the validity and infringement test concerning designs. In particular, the same test used for evaluating a design's validity vis-à-vis the prior art is also used for determining whether the design is infringed. Indeed, this is related to the possibility provided by Art. 36 of the Italian Code of Civil Procedure[27] to file a counterclaim concerning nullity of the plaintiff's design within the lawsuit concerning the claimed infringement of the latter design[28].

subject interested in the distribution cycle of the product and who knows the main technical problems and the panorama of the forms of the sector. For a recap of the various opinions upheld in the Italian and the European Union literature and case law see CARTELLA M., *I disegni e modelli*, in *AIDA*, ed. Giuffrè, 2007, 265-270.

[26] GALLI C. - BOGNI M., *I "nuovi" livelli di tutela della forma dei prodotti, tra comunicazione ed innovazione*, in *Notiziario dell'Ordine dei Consulenti di Proprietà Industriale*, 2008, 2, p. 7, in footnote.

[27] Similarly, see Art. 81 of Community Design Regulation.

[28] See AA.VV. *Design Rights. Functionality and Scope of protection*, edited by Christopher V. Carani, ed. Wolters Kluwer, 2017, p. 370-371.

Finally, one of the most interesting aspects of the discipline of registered design in view of its possible application to fashion products relates to the temporal scope of protection and the structure of the related choices. Indeed, in case of registration, the right's owner is granted a protection of five years starting from the date of filing of the application, that can be extended for one or more further periods of five years up to a maximum of twenty-five years protection from the date of filing of the design application[29], instead of fifteen years protection set forth by previous national rules.

It is also peculiar of the legal system under discussion the provision of a grace period set forth by Art. 34 of Italian Code of Industrial Property and the parallel Art. 7 of European regulation (EC) No 6/2002 (Community Design Regulation, or also CDR), consisting in the possibility to obtain the protection even in case of disclosure of the design made within the twelve months preceding the date of filing of the application (or, if a priority is claimed, the date of priority).

This allows the designer or his successor in title to test the products embodying the design in the market place, before deciding whether the protection resulting from a registered design is desirable[30] and it seems to meet the needs of fashion industry, together with the possibility to file one multiple application for several designs. Also, this solution achieves a reasonable balance with the interest to make available to the public that aesthetics in which the holder is no longer interested[31].

In other words, the aforementioned mechanism allows interested parties to evaluate the success of products on the market and chose the most proper and effective protection allowed by the law in light of various factual elements that may be taken into consideration for the choice. Furthermore, this is to be integrated with the further possibility to benefit from the unregistered design protection, that is not provided by Italian laws themselves but that is set forth by European regulation (EC) No 6/2002.

[29] See Art. 37 of Italian Industrial Property Law and parallel Art. 12 of European regulation (EC) No 6/2002.

[30] See Whereas no. 20 of CDR.

[31] FABBIO P., *Disegni e modelli*, ed. CEDAM, 2012, p. 116.

1.1 Unregistered design

European legislation system is based on a double protection of design, which safeguards both registered and unregistered design, with some differences. In particular, it is to be noted that unregistered design is protected for a shorter period of three years as from the date on which the design was first made available to the public within the European Union[32]. This means also that the latter instrument may be used to benefit from unregistered design protection during the grace period granted by law to registered design.

However, the scope of unregistered design protection is not as wide as registered one's, being independent creations excluded from the unregistered design protection. As set forth by Art. 19, par. 2 of CDR, the latter safeguards the rights owner's only against uses resulting from copying the protected design while: "The contested use shall not be deemed to result from copying the protected design if it results from an independent work of creation by a designer who may be reasonably thought not to be familiar with the design made available to the public by the holder."[33] With the possibility that the third party may be granted the right of prior use (Art. 22 CDR)[34]. Even if this is not provided under Italian laws themselves, European regulation produces its effects within the whole European Union territory, including Italy, therefore Italian designers may benefit from this instruments as well.

[32] While registered design protection is granted from the date of filing of the application for registration of the design for which the protection is claimed, or the date of priority if claimed.
[33] Art. 19, par. 2 of CDR
[34] Anyone who, before the registration of a design by a third party, begins to use a design that falls within the scope of the design right but does not constitute a copy of that design pursuant to Article 19(2) of Regulation (EC) No 6/2002, because it is the result of the author's own creation, continues to enjoy a right of pre-use even after registration. However, the right is limited to the purposes for which the design was first used or for which serious and effective preparations had been made (Article 22 CDR). See SANNA F., *Commento* sub *artt.* 34 c.p.i., in L. C. Ubertazzi, *Commentario breve alle leggi su proprietà intellettuale e concorrenza*, ed. CEDAM, 2012, p.232.

2. Copyright: industrial design

Dating back to implementation of the Directive 97/71/EC[35], it has been allowed by Italian laws for products, among which also fashion creations, to benefit from the cumulative protection under design law and copyright law, on the basis of the (new) principle of cumulation of protections:

"The possibility of combining the two IPRs is provided in the first place by the abovementioned Directive 98/71/EC on Community designs. Its Art. 17 states in fact that a design registered in or in respect of a EU Member State <<shall also be eligible for protection under the law of copyright of that State>>, leaving the determination of the extent and the conditions under which the protection is conferred to national law"[36].

As far as Italy is concerned, according to Law no. 633 of April 22, 1941 (Italian Copyright Law), the so-called "industrial design" may now benefit from copyright protection under Art. 2, no. 10 of Italian Copyright Law[37]

[35] Art. 2, no. 10 of Italian Copyright Law implements Art. 17 of the Directive 97/71/EC. More precisely, the cited Directive has been implemented through Legislative Decree no. 91/2001.

[36] See DANIELI D., *Searching for the appropriate IP regime for fashion designs: the EU vis-à-vis the US*, in *Papers di diritto europeo - The Fashion Industry in the European Union. Part I: Articles*, ed. Centro di documentazione europea – Università degli Studi di Verona, 2017. See also FABBIO P, *La tutela autoriale e le opere del disegno industriale*, in Scuffi M. – Franzosi M., *Diritto Industriale Italiano*, ed. CEDAM, 2014, Tomo Primo.

[37] Art. 2 of Italian Copyright Law provides: "*In particular, protection shall extend to:*
1) literary, dramatic, scientific, didactic and religious works, whether in written or oral form;
2) musical works and compositions, with or without words, dramatico-musical works, and musical variations that themselves constitute original works;
3) choreographic works and works of dumb show, the form of which is fixed in writing or otherwise;
4) works of sculpture, painting, drawing, engraving and similar figurative arts, including scenic art;
5) architectural plans and works;
6) works of cinematographic art, whether silent or with sound form, provided they are not mere documentaries protected in accordance with the provisions of Chapter V of Part II.
7) works of photographic art and works expressed with processes analogous to photograph, provided they are not simple photographs, protected according to the provisions of Chapter V of Part II.
8) computer programs, in whatever form they are expressed, provided that they are original and result from the author's own intellectual creation. Ideas and principles which underlie any element of a computer program, including those which underlie its interfaces, shall be excluded from the protection afforded by this Law. The term "computer program" shall include their preparatory design materials.
9) databases under point II of art. 1, meant as collections of works, data or other independent materials which are systematically or methodically arranged and can be individually accessed by electronic or other means. The copyright protection for databases shall not extend to their contents and shall be without prejudice to any rights subsisting in said contents.

whenever the requirements of creative character and artistic value are met, being no more subject to the previous requirement of separability. Practically, this instrument is now suitable also for three-dimensional designs.

Preliminarily, it shall be pointed out that intellectual property rights provided by Italian Copyright Law for industrial design are not subject to any registration or other title to be granted in order to benefit from the protection. Indeed, according to Berne Convention for the Protection of Literary and Artistic Works, copyright protection must not be conditional upon compliance with any formality[38]. As a consequence, fashion products that fulfil the requirements of industrial design set forth by Art. 2, no. 10 of Italian Copyright Law may benefit from said protection on the sole basis of their creation for a duration that covers the entire life of the author and extends up to the seventieth calendar year after his death.

A first requirement to this aim is the presence of creative character, that is required for any of the works of the mind falling under Italian Copyright Law[39] and that is related to a personal representation of the author. National case law tends to recognize creative character even in case of low creative contribution of the author, in case the work is not a copy of a third party's work[40]. As far as artistic value is concerned, the latter is a special requirement of copyright protection for industrial design that limits the access to that protection only to a few products that meet this higher aesthetic degree, which relates to art intended as creative and innovatory interpretation of the world[41], being able to influence the fashion industry and its trends also from a cultural and artistic perspective.

10) Works of industrial designs which themselves have a creative and artistic value" (translation from AA.VV., *Italian Code of Industrial Property*, published by LES Italy with the assistance of the Chamber of Commerce of Milan and Turin, 2013).

[38] Principle of "automatic" protection set forth under Art. 5 of Berne Convention.

[39] Art. 1, par. 1 of Italian Copyright Law on the "works protected" states: "*Works of the mind having a creative character and belonging to literature, music, figurative arts, architecture, theatre or cinematography, whatever their mode or form of expression, shall be protected in accordance with this Law*".

[40] See FABBIO P, *La tutela autoriale e le opere del disegno industriale*, in Scuffi M. – Franzosi M., *Diritto Industriale Italiano*, ed. CEDAM, 2014, Tomo Primo, p. 524; see also GUTIERREZ B.M., *Le creazioni della moda – La protezione del diritto d'autore e dei diritti di proprietà industriale (modelli e disegni - marchi) – la tutela contro gli atti di concorrenza sleale*, in A. Lichieri e C. Massaro, *Il codice moda*, ed. AMON, 2015, p. 4.

[41] See Tribunal of Milan, Specialized Section in Business Matters, no. 8628/2016, in *Rivista di Diritto Industriale*, ed. Giuffrè, 2017, II, with comment of Sara Caselli.

The abovementioned requirement of artistic value has been thoroughly assessed and clarified by the Court of Milan in the Moon Boot case[42], concerning the design of Moon Boot après ski, created in the '70s on the inspiration of the moon landing of 1969 and that have been recognized as iconic of XX century design.

In particular, after an historical reconstruction of the applicable laws, principles and instruments, the Court clarifies that industrial design works shall "*be able to convey artistic conceptions of the changing reality and to anticipate expressive modalities, being influenced (and contributing to) trends and influences of artistic movements belonging to the period to which they belong and in which they have been realized*". In accordance with majority opinion, endorsed by the Court, this shall be assessed as objectively as possible, from the perspective of the general public, in particular from the viewpoint of cultural circles in the broad sense of the term, rather than subjects directly involved in in the manufacture and distribution of the industrial design work as well as in the purchase of said products.

To this aim, indexes to be taken in particular considerations are "*the widespread recognition that cultural institutions have expressed in favour of the belonging of the industrial design work to trends and influences of the artistic world, irrespective to the intentions and awareness of the author*", the fact that it has obtained national and/or international awards, that the work has been the subject of specialized publications of artistic nature and/or that it has received favourable reviews by experts and designers, the wide appreciation of the public constantly over time, or also the fact that that the product is placed in museums or exhibitions. This was also recognized by the Court in respect to the Moon Boot, which moreover have been chosen by Louvre Museum as one of the 100 most significant symbols of 20th century design on an international basis[43].

[42] Judgement no. 8628/2016 of Court of Milan, Specialized Section in Business Matters having in subject an action based on plagiarism and counterfeiting of the Moon Boot product for copyright infringement on industrial design and infringement of registered models owned by the same plaintiff, on unfair competition and on nullity counterclaim of the defendant against the plaintiff's designs. See also case law recalled therein.

[43] In light of the above, the Court has held that Moon Boot have had a particular aesthetic impact and, after its launch on the market, it has reshaped the aesthetic concept of après-ski and it has become an icon of Italian design, significantly influencing the trend of an entire historical era in relation to objects of daily use. See also THUN case, Court of Cassation, no. 7477/2017 in *Foro italiano*, ed. Il Foro Italiano, 2017, 5, I, 1589, stating that industrial design

The Court has also clarified that this assessment, being not a question of determining the acquisition of artistic value *ex post*, shall be conducted in order to contextualize the work in the cultural and historical moment in which it was created.

In conclusion, where requirements above are met, industrial design works are protected under Copyright Law for the entire life of the author and until the end of the seventieth calendar year after his death (or the death of the last of the co-authors)[44], even if it seems that it may be not so easy even for products in the field of fashion to fulfil the requirements and benefit of this further special protection.

Conclusions

Irrespective of other remedies provided by the law (such as unfair competition and criminal law provisions), Italian protection of creations in the fashion industries in coordination with applicable European laws and regulations seem to be effective and quite wide.

The abovementioned rules for protection of industrial design creations on the basis of both Italian and Community design rights as well as of national copyright law seem to be in line with the needs dictated by the market to safeguard competitivity and innovation of enterprises as well as competition among economic players, giving the possibility to choose the proper protection in view of the possible short life of products as well as in case of successful products, both in case of success among consumers but also in case of creation that have an artistic value from the perspective of cultural and artistic audience, realizing a good balance of interests, including public interests involved.

works, intended for mass production already in the project phase, can benefit from copyright protection, if they have a creative character and artistic value, inferable from objective indicators including, further to the ones listed above, the acquisition of a market value so high as to transcend that linked only to its functionality and the creation by a well-known artist.

[44] Art. 44 of Italian Code of Industrial Property states: "*The rights to exploitation of the industrial designs and models protected under Article 2, paragraph 1, number 10 of Law No. 633 of 22 April 1941, last for the entire life of the author and until the end of the seventieth calendar year after his death or the death of the last of the co-authors*" (translation from AA.VV., *Italian Code of Industrial Property*, published by LES Italy with the assistance of the Chamber of Commerce of Milan and Turin, 2013).

However, if on the one hand design protection has been harmonized throughout European Union, on the other hand, especially inside the EU the market and trades are increasingly transnational as the spread of products is as well and there is still the need to find a common and harmonized regulation as far as copyright law is concerned, in order to avoid possible different protections and rules among national systems, which may have an impact on trade and competition within the Community.

In the absence of the complete harmonisation of copyright law, the above-mentioned principle of cumulation of protection in some way goes in that direction, providing instruments for a common general protection of aesthetics of products.

References

AUTERI P., *La futura disciplina europea del design fra tutela del diritto di autore e repressione della concorrenza sleale*, in *Contratto e impresa. Europa*, ed. CEDAM, 1998.

AA.VV., *Italian Code of Industrial Property*, published by LES Italy with the assistance of the Chamber of Commerce of Milan and Turin, ed. 2013.

AA.VV. *Design Rights. Functionality and Scope of protection*, edited by Christopher V. Carani, ed. Wolters Kluwer, 2017.

BRAMBILLA D., *La forma del prodotto e la sua tutela*, Ph.D. thesys in Diritto Commerciale: proprietà intellettuale e concorrenza, Università degli Studi di Parma, 2011.

CARTELLA M., *I disegni e modelli*, in *AIDA*, ed. Giuffrè, 2007.

DANIELI D., *Searching for the appropriate IP regime for fashion designs: the EU vis-à-vis the US*, in *Papers di diritto europeo - The Fashion Industry in the European Union. Part I: Articles*, ed. Centro di documentazione europea – Università degli Studi di Verona, 2017.

FABBIO P, *La tutela autoriale e le opere del disegno industriale*, in Scuffi M. – Franzosi M., *Diritto Industriale Italiano*, ed. CEDAM, 2014, Tomo Primo.

FABBIO P., *Disegni e modelli*, ed. CEDAM, 2012.

GALLI C. - BOGNI M., *I "nuovi" livelli di tutela della forma dei prodotti, tra comunicazione ed innovazione*, in *Notiziario dell'Ordine dei Consulenti di Proprietà Industriale*, 2008, 2.

GUTIERREZ B.M., *Le creazioni della moda – La protezione del diritto d'autore e dei diritti di proprietà industriale (modelli e disegni - marchi) – la tutela contro gli atti di concorrenza sleale*, in A. Lichieri e C. Massaro, *Il codice moda*, ed. AMON, 2015.

MANGINI V., *Manuale breve di diritto industriale*, ed. CEDAM, 2009.

MONDINI G., *La direttiva comunitaria sulla protezione giuridica di disegni e modelli*, in *Le Nuove leggi civili commentate*, ed. CEDAM, 1999, II.

NITTI D., *Modelli industriali e diritto d'autore alla luce della Direttiva 98/71/CE*, in *Contratto e impresa. Europa*, ed. CEDAM, 2003.

SANDRI S., *L'utilizzatore informato nel design*, in *Diritto industriale*, 2006.

SANNA F., *Commento* sub *artt.* 31-44 c.p.i., in L. C. Ubertazzi, *Commentario breve alle leggi*

su proprietà intellettuale e concorrenza, ed. CEDAM, 2012.
SARTI D., *Il sistema di protezione comunitario dei disegni e modelli industriali*, in *Contratto e impresa. Europa*, ed. CEDAM, 1999, II.
SCORDAMAGLIA V., *La nozione di "disegno e modello" ed i requisiti per la sua tutela nelle proposte di regolamentazione comunitaria*, in *Rivista di diritto industriale*, ed. Giuffrè, 1995, I.
Court of Milan, Specialized Section in Business Matters, no. 8628/2016, in *Rivista di Diritto Industriale*, ed. Giuffrè, 2017, II, with comment of Sara Caselli.
Court of Cassation, no. 7477/2017 in *Foro italiano*, ed. Il Foro Italiano, 2017, 5, I.
Court of Cassation no. 484/1995, in *Diritto Industriale*, 1995, 907, commented by Di Cataldo.
Court of Cassation no. 8400/1997, in *Giurisprudenza annotata di diritto industriale*, ed. Giuffrè, 1997.
Court of Cassation no. 6644/1996, in *GADI*, ed. Giuffrè, 1996, 71.
General Court, case T-153/08, Shenzen Taiden Industrial Co. Ltd/OHIM, EU:T:2010:248.
Trib. UE, case T-9/07, Grupo Promer Mon Graphic, SA/UAMI e PepsiCo Inc.

8. Pills about Trademark Protection under Reg. EU 2017/1001

Aurelio Assenza

Introduction

Trademarks are fundamental for any fashion designer and for any company involved in fashion industry, more than any other industry sector. Clothes, footwear, shoes, glasses are recognizable and distinguishable one from the other thanks to the brand that they bear. Thanks to the brand the products provide messages to the relevant public (haute couture, finest class and materials, convenience etc.). The importance of trademarks is, on one hand, in the consumer's perspective, due to the fact that the trademarks are source of trust and quality of a specific product. On the other hand, trademarks ensure to their owner a wide spread fame and good reputation as a result of the existing link, in the consumer minds, between the goods and products of this producer and his trademark.

Europe, more than any other territory in the world, is the cradle of fashion. Icons of style, sources of inspirations for any fashion designer, inventors of cloths and accessories who have changed the course of history and of the society: Madame Chanel, Mr. Saint Laurent, Mr. Armani, Mr. Versace and much more. Such genius talents based their success not only on their creativity and on their own names, but their names and "creations" have become strong and immediately recognizable logos, shapes and combinations of colors: their fashion successes are based on signs, which, often, are protected as trademarks.

In other words, the protection of the trademarks in the fashion sector allows the designer to create and sustain and spread the success of their own creations, by providing extraordinary tools for the development and exploitation of their works. Thus, the aim of this paper is to provide a general overview on EU legal framework applicable to TMs and more in details to provide some "practical" pills about the European Regulation on the European trade mark, i.e. the EU Reg. EU 2017/1001 on the European Union trade mark (the "*Regulation*"), which provides for rules applicable to the European Union Trade Mark which is valid in the entire territory of the EU. Namely, I will provide a brief overview - by often mentioning decisions of the European Courts – about: *i)* what can be registered as a trademark (with some specific comments about non-traditional TMs and patronymics); ii) the relevant requirements for a valid trademarks; iii) the effects of the registration and the "life" of a TM; iv) the rights conferred by a TM to the owner.

1. What can be Registered as a Trademark

A trademark is a property right upon a mark (that is to say, a sign) that is gained via either registration (in civil law countries and in common law countries) or use (only in common law countries), and that is traditionally employed in order to identify and distinguish the goods of one manufacturer, or seller, from the goods manufactured, or sold, by other producers; and that, more recently, is also employed because of its selling power.

In other words, TMs are signs used in trade to identify products. A trade mark is the symbol the customers use to pick products out. The TM distinguishes a fashion designer and his/her products from his/her competitors. Namely, a trademark can amount to any word, name, logo, symbol, tagline, design, letter, sound, movement, smell, color and shape or any combination thereof that: a) can be separated from the product (or the service) upon which it has been placed; b) can be capable of being represented graphically; and c) meet three requirements: distinctiveness, novelty, lawfulness.

According to article 4 Regulation a trademark "may consist of any signs, in particular words, including personal names, or designs, letters, numerals, colours, the shape of goods or of the packaging of goods, or sounds, provided that such signs are capable of: a) distinguishing the goods or services of one undertaking from those of other undertakings; b) being represented on the Register of European Union trade marks ('the Register'), in a manner which enables the competent authorities and the public to determine the clear and precise subject matter of the protection afforded to its proprietor".

Below I will provide a more detailed overview about specific kind of TMs very relevant in fashion sector: the so-called "non-traditional TMs" (i.e. marks, other than word, figurative or complex marks, that are used to identify products or services) and the patronymics.

1.1. Shape

With respect to shape of goods, which is expressly mentioned under art. 4 of the Regulation among the sings that can be registered as a TM, it should be noted that trademark protection is not admitted for source-identifying product features that contribute to the functional performance of a product.

Two purposes of functionality: the separation of the subject matter for patent and trademark protection (i.e. prevent trademark law from undermining utility patent law by providing trademark protection for something that falls within patentable subject matter), and the protection of competition (trademark law should not be used to inhibit legitimate competition by giving monopoly control to a producer over a useful product; it is a fundamental principle of trademark law that a trademark does not grant a monopoly of production). Namely, according to article 7 (1) (e) of the Regulation, under absolute grounds of refusal of the registration shall fall signs which consist exclusively of:

> a) the shape, or another characteristic, which results from the nature of the goods themselves; b) the shape, or another characteristic, of goods which is necessary to obtain a technical result[1]; c)

[1] "Utilitarian functionality": a product feature is functional in a utilitarian sense if it is essential to the use or purpose of the product or if it affects the cost or quality of the product.

> the shape, or another characteristic, which gives substantial value to the goods[2].

1.2. Position TMs

According to Gregor Schneider,

> The location of a sign in relation to a product may constitute a trade mark [....] the protection shall not include the shape of the object on which the sign is positioned [...] Even if the figurative element is in itself not distinctive, it may gain distinctiveness when attached to a product in a particular position[3].

In this respect the European General Court in case[4] Deichmann SE v EUIPO and Munich, SL, clearly stated that:

> Concerning the classification of a mark as a 'position' mark, it should be noted that neither Regulation No 207/2009 nor Regulation No 2868/95 refer to such marks as a specific category of marks. However, in so far as Article 4 of Regulation No 207/2009 (now Article 4 of Regulation No 2017/1001) does not contain an exhaustive list of signs capable of being EU trade marks, that circumstance is irrelevant to the registrability of "position marks". "Position marks" are similar to the categories of figurative and three-dimensional marks as they relate to the application of figurative or three-dimensional elements to the surface of a product. It is apparent from the Court's case-law that, when assessing the distinctiveness of a mark, the classification of a "position mark" as a figurative or three-dimensional mark, or as a specific category of marks, is irrelevant.

[2] "Aesthetic functionality": if giving the mark holder the right to use it exclusively would put competitors at a significant non-reputation-related disadvantage; a mark is aesthetically functional where its protection significantly undermines competitors' ability to compete in the relevant market.

[3] In "*European Union Trade Mark Regulation*", Hasselblatt. Second Edition. Verlag. 2018.

[4] Case T-68/16 of 17 January 2018.

It cannot be inferred from the mere fact that the 'figurative mark' box was ticked when the mark at issue was registered that it may not be regarded, at the same time, as a 'position' mark. In that last regard, it should be taken into account, that the graphic representation of the mark clearly identifies, in solid lines, the element in respect of which protection is applied for and, in dotted lines, the outline of the goods at issue, on which that element is placed. It must, however, be recalled that the mark at issue, whilst being regarded as a position mark, also remains a figurative mark.

1.3. Colors

A color trademark can be defined as a sign with the aim (as the other trademarks) to distinguish products and services and indicate their origin through the use of the shade of color that characterize the product. The color trademark may be composed of a simple single color or of a composition of different colors. Thus also a single color, considered in abstract, is capable of becoming a trademark but, by definition, a trademark needs to be distinctive and capable of serving as an indication of origin, while normally the color lacks the capacity to distinguish because consumers are not accustomed to making an assumption about the origin of goods on the basis of their color or the color of their packaging, in the absence of a graphic or text element. In *Libertel* case[5], ECJ ruled that "*Graphic representation of a color mark must be "clear, precise, self-contained, easily accessible, intelligible, durable and objective*" (these are known as the Sieckmann criteria).

Such conditions may be satisfied by designating that colour using an internationally recognized identification code. While in *Heidelberger Bauchemie* case[6], ECJ specified that applications for color combination marks must include "*a systematic arrangement associating the colours concerned in a predetermined and uniform way*" and that its exam "*must also take account of the public interest in not unduly restricting the availability of colours for other traders who market goods or services of the same type as those in respect of which registration is sought.*"

[5] Case C-104/01 (ECJ May 6, 2003).

[6] Case C-49/02 (ECJ June 24, 2004).

1.4. Patronymics

Any name of any individual is protected by the general rules applicable to the naming right. A name of a person can be also protected as a trademark for specific services and products. Often, in the fashion industry, the name and/or surname of the fashion designers amount to the brands applied to products, allowing to those products to be recognized in the relevant territory (Roberto Cavalli, Valentino, Ferrè, Ferragamo, Chanel, Gucci etc.). However, since a TM grant an exclusive right over that name for the specific products/services it has been registered, a balance must be found between the rights of the trademark owner and the naming rights of those individuals with identical/similar name/surname of the trademark owner. To this end, on the one hand, article 60 (2) (3) of the Regulation provides that:

> An EU trade mark shall also be declared invalid on application to the Office or on the basis of a counterclaim in infringement proceedings where the use of such trade mark may be prohibited pursuant to another earlier right under the Union legislation or national law governing its protection, and in particular: a) a right to a name; [...] (3) An EU trade mark may not be declared invalid where the proprietor of a right referred to in paragraph 1 or 2 consents expressly to the registration of the EU trade mark before submission of the application for a declaration of invalidity or the counterclaim.

And, on the other hand, article 14 (1) of the Regulation provides that "An EU trade mark shall not entitle the proprietor to prohibit a third party from using, in the course of trade: (a) the name or address of the third party, where that third party is a natural person".

2. Requirements for a valid registration of a sign as a trademark

As said above, in order to be validly registered as a TM, a sing must meet three requirements: novelty, distinctiveness, lawfulness.

2.1. Novelty and likelihood of confusion

A sign can become a trademark if it is new and thus only when: a) It is not identical to an earlier sign, used/registered for identical products; b) It is not identical or similar to an earlier common sign, used/registered for identical/similar products, if the claimed registration of that sign would cause confusion among customers, suppliers and consumers; c) It is not identical or similar to an earlier famous sign, if the claimed registration would allow the would-be trademark owner to take a free ride on the fame of the earlier sign, or to tarnish its reputation, and/or to blur away its uniqueness.

With respect to the assessment of the likelihood of confusion between signs, the similarities between the signs from an aural, visual and conceptual standpoint must be taken into account from the perspective of the average consumers of the relevant services/products. At the same time, a comparison between the relevant products/services must be performed on the basis of demand-supply analysis.

As repeatedly stated by the European Courts

> A likelihood of confusion exists if there is a risk that the public might believe that the goods or services in question, under the assumption that they bear the marks in question, come from the same undertaking or, as the case may be, from economically linked undertakings. Whether a likelihood of confusion exists depends on the appreciation in a global assessment of several factors, which are interdependent. These factors include the similarity of the signs, the similarity of the goods and services, the distinctiveness of the earlier mark, the distinctive and dominant elements of the conflicting signs, and the relevant public"[7]. With respect to the comparison between products, it has been settled that "The relevant factors relating to the comparison of the goods or services include, inter alia, the nature and purpose of the goods or services, the distribution channels, the sales outlets, the producers, the method of use and whether they are in competition with each other or complementary to each other[8].

[7] See EUIPO Opposition Division, decision of 24 January 2019, in Opposition No B 3 047 844.

[8] See EU General Court, decision of 4 October 2018, Case T-150/17.

As regards the "average consumer" and the relevant public in fashion industry

> The average consumer of the category of products is deemed to be reasonably well informed and reasonably observant and circumspect. It should also be borne in mind that the average consumer's degree of attention is likely to vary according to the category of goods or services in question. The degree of attention will be between average and high in relation to these goods, depending on their price (high in the case of expensive leather or jewellery goods) [...] Account is taken of the fact that average consumers rarely have the chance to make a direct comparison between different marks, but must trust in their imperfect recollection of them [...] Even consumers who pay a high degree of attention need to rely on their imperfect recollection of trade marks[9].

In other words:

> Likelihood of confusion covers situations where the consumer directly confuses the trademarks themselves, or where the consumer makes a connection between the conflicting signs and assumes that the goods/services covered are from the same or economically linked undertakings[10].

2.2. Distinctiveness

Art. 7 (1) (b) of the Regulation expressly provides that cannot be registered as trademarks, those signs which "*devoid of any distinctive character*". It is clear that if a sign is not able to allow the users to distinguish a product from another, it cannot have the fundamental function of a trademark, "*namely that of identifying the commercial origin of the goods or services, thus enabling the*

[9] Euipo Opposition Division, case no. B 2 628 587 of 30 January 2017.

[10] Euipo Opposition Division, case no. B 3 013 037 of 24 January 2019.

consumer who acquired them to repeat the experience if it proves to be positive, or to avoid it if it proves to be negative, on the occasion of a subsequent acquisition"[11].

The distinctive character of a sign must be assessed on a case by case basis, taking into account the specific goods and service for which the registration of the trademark has been applied for and the perception of the sign of the relevant public. To this end, it must be noted that even a low level of distinctiveness allows to the sign to overcome the absolute ground for refusal provided for by art. 7 (1) (b). Thus, the more the sign appears as descriptive of the products/service for which it has been requested the more it will be considered a "weak trademark" with a low level of distinctiveness, while the more the sign has no relation to the good that it distinguishes the more it will be considered a "strong trademark", i.e. with a high level of distinctiveness.

Such distinction between "weak" and "strong" trademarks reflects on the assessment of the likelihood of confusion. To this end, ECJ issued a general principle, the so-called *"SABEL"* principle, according to which the more distinctive is the earlier mark, the greater will be a likelihood of confusion[12].

2.3 Lawfulness

Trademarks cannot be contrary to public order and/or decency. Hence, offensive signs, such as swear words or racially derogatory images, or blasphemous logos cannot become trademarks. Such a ban is provided for by art. 7 (1) (f) of the Regulation and it is *"necessary to push brands out of the market that offend the most basic values of our society and the rights of vulnerable groups"*[13].

At the same time, a trademark cannot be deceptive, i.e. it cannot mislead consumers as to the nature, the features, and the origin of the goods and services that it addresses. In other words, such an absolute ground of refusal – provided for by art. 7 (1) (g) of the Regulation – applies to signs, which appear be distinctive, but that nonetheless contain suggestions or allusions that are inaccurate or false, and thus deceptive for the consu-

[11] Euipo Cancellation Division, case no. 16 161 C of 24 January 2019.

[12] Case C-251/95 (ECJ November 11, 1997).

[13] Bonadio, Enrico. *Brands, Morality and Public Policy: Some Reflections on the Ban on Registration of Controversial Trademarks.* Available at www.ssrn.com.

mers (e.g., a sign which suggests that pants are made of silk while they are made of cotton or a sign which suggests that pants are made of Indian silk while the silk comes from USA).

3. Registration of a TM at EU level

The registration of a sign as a trade mark must always be applied for in relation to certain goods or services: the goods and services for which the protection of the trade mark is sought to be identified by the applicant with sufficient clarity and precision to enable the competent authorities and economic operators, on that basis alone, to determine the extent of the protection conferred by the trade mark. Goods and services in respect of which trade mark registration is applied for shall be classified in conformity with the system of classification established by the Nice Agreement.

The use of general terms shall be interpreted as including all the goods or services clearly covered by the literal meaning of the indication or term. If the application concerns only some of those goods or services, the applicant is required to specify which of the goods or services in that class are intended to be covered. In order to obtain the registration of a TM as valid European Trademark, the applicant must file an application with the European Union Intellectual Property Office.

Once registered the TM is valid for the entire territory of EU for 10 years from the date of the application. The EU trademark system is based on the principle of the unitary character of an EU trademark. If an absolute ground for refusal exists in a part of the EU will result in a refusal or invalidation. Upon expiration, renewal is possible, from time to time, for periods of 10 additional years.

4. Rights conferred by a TM - infringement

The trademark holder is the only one entitled to decide who will use the trademark, how it will be used, how much the third party will pay for using it (by means of brand licensing)[14], and, on the other hand, the trademark owner is entitled to bring a legal action against who uses its exclusive sign without consent and, thus, to get remedies against who infringes his/her

[14] Positive meaning and inclusive function of the TM.

trademark right[15]. According to article 9 of the Regulation: "the proprietor of that EU trade mark shall be entitled to prevent all third parties not aving his consent from using in the course of trade, in relation to goods or services, any sign where: a) the sign is identical with the EU trade mark and is used in relation to goods or services which are identical with those for which the EU trade mark is registered; b) the sign is identical with, or similar to, the EU trade mark and is used in relation to goods or services which are identical with, or similar to, the goods or services for which the EU trade mark is registered, if there exists a likelihood of confusion on the part of the public; the likelihood of confusion includes the likelihood of association between the sign and the trade mark; c) the sign is identical with, or similar to, the EU trade mark irrespective of whether it is used in relation to goods or services which are identical with, similar to or not similar to those for which the EU trade mark is registered, where the latter has a reputation in the Union and where use of that sign without due cause takes unfair advantage of, or is detrimental to, the distinctive character or the repute of the EU trade mark".

Broadly speaking, the risk of confusion does not exist when: the signs are very different; the signs are similar, but the goods and services applied for are very different; the signs are similar but the degree of similarity of the signs is low and the goods and services applied for are different. Out of these three cases, we must establish whether: the signs at stake are similar (visual, aural, conceptual similarity and overall impression of the signs on consumers); the goods and services at stake are similar, although it is true that a lesser degree of similarity between the goods or services may be offset by a greater degree of similarity between the signs, and vice versa.

The "ordinary" protection enjoyed by all trademarks applies when a third party uses a sign which is identical or similar to the registered trade mark for identical or similar goods or services if, due to the identity or similarity between the signs and the identity or similarity between the goods or services, there exists a likelihood of confusion on the part of the public, which may also consist of a likelihood of association between the two signs. In these circumstances the main goal of the protection provided is related to the so- called function of indicating origin of any trademark, i.e. "*the essential function is to guarantee the identity of origin of the marked goods or*

[15] Negative meaning and function of exclusion of the TM.

services to the consumer or end user by enabling him, without any possibility of confusion, to distinguish the goods or services from others which have another origin"[16].

However, since almost 40 years ago, it is well known that some trademarks may work as tools that make products preferable. In other words, we know that some customers may prefer some products just for their trademarks, almost regardless of their quality and features. Between two white t-shirts, one bearing the TM "Armani" and one with a simple double-crossed logo, the users would often (or better) always opt for the Armani one, just because it is an "Armani" t-shirt.

From a legal standpoint those trademarks are said "famous trademarks" or "well-known trademarks" or "trademarks with reputation", as they do not only distinguish products, but add a value to them and they have an autonomous *selling power*. They accomplish a further function: the advertising function, as a consequence of the several successful investments/business efforts of the TM owner[17]. On the other hand, the protection for well-known trademarks is granted when a third party uses a sign that is identical or similar to the trademark even for products and services that are not identical or similar to products and services for which the earlier mark has been registered and even when there is no likelihood of confusion, if the infringer is taking an unfair advantage from such an unauthorized use (free-riding) and/or is acting in detriment to the reputation of the well-known trademark (tarnishment) and/or in detriment of the unique character of the well-known trademark (blurring).

With respect to "free riding", the EUIPO Cancellation Division very recently has pointed out that

> Unfair advantage covers cases where there is clear exploitation and 'free-riding on the coat-tails' of a famous mark or an attempt to trade upon its reputation. In other words, there is a risk that the

[16] Case C-194/17 P (ECJ 31 January 2019).

[17] In this respect ECJ has been very clear "*where a third party attempts, through the use of a sign similar to a mark with a reputation, to ride on the coat-tails of that mark in order to benefit from its power of attraction, its reputation and its prestige, and to exploit, without paying any financial compensation and without being required to make efforts of his own in that regard, the marketing effort expended by the proprietor of that mark in order to create and maintain the image of that mark, the advantage resulting from such use must be considered to be an advantage that has been unfairly taken of the distinctive character or the repute of that mark*". Case C-487/07, (ECJ 18 June 2009).

> image of the mark with a reputation or the characteristics which it projects are transferred to the goods and services covered by the contested trade mark, with the result that the marketing of those goods and services is made easier by their association with the earlier mark with a reputation[18].

In other words, the EUIPO confirmed the settled interpretation of ECJ since 2008, when it affirmed that

> as regards injury consisting of unfair advantage taken of the distinctive character or the repute of the earlier mark, in so far as what is prohibited is the drawing of benefit from that mark by the proprietor of the later mark, the existence of such injury must be assessed by reference to average consumers of the goods or services for which the later mark is registered, who are reasonably well informed and reasonably observant and circumspect.

As concerns the so-called *"tarnishment"* it occurs

> where the goods or services covered by the contested trade mark appeal to the public's senses in such a way that the earlier mark's power of attraction is diminished. There is a risk of such detriment occurring, inter alia, where the contested goods or services have a characteristic or a quality that may have a negative influence on the image of an earlier mark with a reputation on account of it being identical or similar to the contested trade mark[19].

The detriment of the unique character, defined as "blurring",

> is caused when that mark's ability to identify the goods or services for which it is registered is weakened, since use of an identical or similar sign by a third party leads to dispersion of the identity and hold upon the public mind of the earlier mark. That is particularly the case when the mark, which at one time aroused immediate

[18] Euipo Cancellation Division, decision of 8 February 2019, CANCELLATION No 13 658 C.

[19] Euipo Opposition Division, Decision of 15 January 2019, OPPOSITION No B 2 320 292.

> association with the goods or services for which it is registered, is no longer capable of doing so[20].

Conclusions

The fashion industry is characterized by the ability to generate useful products but often with a strong cultural content, where material and immaterial coexist: manufacturing and strong cultural propensity create a product in which the economic value may be higher than the mere physical good delivered.

In order to protect such value, fashion companies and designers seek to defend their "creations" not only under design and copyright laws, but also as "trademarks", by reaching a protection which can have a potential infinite duration in terms of timing.

A titled protection, that thanks to the European Union trademark, can be obtained for the entire EU territory with just one registration. As explained above, trademarks can amount to names, colors, logos, shape, position trademarks etc, and thus can protect any kind of creation or sing invented, applied, designed by the fashion designer.

In addition, it is important to stress again that when a trademark can be considered (and in the fashion industry often happens) as a "well-known" trademark the protection provided for by the law is wider in respect of the so-called "common trademarks".

Thanks to their reputation in the fashion sector, the trademarks related to fashion can be exploited (and are protected indeed) also in different sectors and even for products which are not similar to fashion products. In other words, a virtuous mechanism of self-generation of brand awareness is put in place: the more the brand is famous, the more it can be exploited in different sectors, in which in turn it becomes more known. To this end, the Armani example is crystal clear: borne as a "local fashion designer", Mr. Armani has expanded his fashion notoriety all over the world, and then expanded the awareness of his "brand Armani" for a number of products even far from the fashion (sweets, furniture, hotels, restaurant).

[20] European General Court, decision of 2 October 2015, Case T-627/13.

References

Bardhele Pagenberg: "*Trademark protection in Europe*", www.bardhele.com;

Bently, Lionel; Sherman, Brad. *Intellectual Property Law*. Oxford. 2014;

Bonadio, Enrico. *Brands, Morality and Public Policy: Some Reflections on the Ban on Registration of Controversial Trademarks*. Available at www.ssrn.com;

Bouchoux, Deborah E. *Protecting Your Company's Intellectual Property*. Amacom. 2006;

Calboli, Irene; Senftelben, Martin. *The Protection of non-traditional trademarks- Critical perspective*. Ed. Oxford Univeristy Press. 2018;

Da Silva Lopes, Teresa; Duguid, Paul. *Trademarks, Brands, and Competitiveness*, Routledge, 2010;

Hasselblatt, Gordian N.. *European Union Trade Mark Regulation*", Hasselblatt. Second Edition. Verlag. 2018;

Maggiolino, Mariateresa; Montagnani, Maria Lillà. *Marketing e diritto*. Egea. 2009;

Port, Kenneth. "*On nontraditional trademarks*" Available at www.ssrn.com;

Seville, Catherine. *EU intellectual property law and policy*. Edward Elgar Publishing. 2016;

www.dartsip.com

www.curia.europa.eu

9. Propiedad Intelectual en el Derecho de la Moda en Argentina

Erika Synowiec
Maria Elena Forchieri

1. Una nueva rama del derecho ha nacido "derecho de la moda"

Un Poco de Historia. Podríamos decir que la revolución industrial ha marcado el inicio de lo que hoy conocemos como *"Moda"*, ya que a partir de ella se empezaron a realizar las primeras producciones en escala, a través de la mecanización de las manufacturas textiles, los cambios en el tratamiento de los tejidos y en la organización social del trabajo. El nuevo tratamiento de los tejidos generó por dichos años, la creación de colorantes fijos que revolucionaron los mercados, y ello dio lugar al nacimiento de la industria del paño del algodón, que a partir de entonces fue utilizado para la elaboración de prendas de vestir con colores vivos y dibujos de gran variedad. Estos cambios tan trascendentales acortaron las distancias entre los distintos estratos sociales.

Desde aquellos años y hasta la actualidad es un sector que ha crecido exponencialmente, muy largo fue el camino recorrido y muchos han sido los cambios que ha sufrido esta industria. Los grandes acontecimientos e hitos históricos influenciaron el sector que se fue adaptando a las circunstancias y hechos sociales de cada época. Por ejemplo, como consecuencia de las guerras mundiales, las mujeres debieron salir a trabajar a las fábricas y a los campos, lo que llevó a la adaptación de la vestimenta a prendas más cómodas y prácticas, pero menos femeninas.

Otro hito que generó un gran cambio en la moda fue la revolución juvenil de mediados de los cincuenta, en la cual, los jóvenes decidieron revelarse contra el modelo antiguo de sus padres y comenzaron a usar faldas plato, jeans y camisas para la mujer. Luego en los años 60 y 70, como consecuencia del fracaso de Estados Unidos en Vietman, la consolidación de la clase media, los movimientos estudiantiles y la guerra fría, los jóvenes buscan una identidad a través de la indumentaria, y empiezan a usar prendas transgresoras como la minifalda que reflejan los sentimientos del momento, liberarse de todo en todo sentido. Esta época tiene como sello la búsqueda del estilo propio, es decir, la democratización de la moda.

Este proceso de cambio culmina en los años ´90 con el nacimiento de las grandes cadenas comerciales, como Zara, GAP, H&M, entre otras, que, con sus nuevos modelos de negocios, consistentes en producción a gran escala y disminución de costos, sumados a las redes estratégicas de suministro, posibilitan el acceso a consumidores heterogéneos y que generan una red de intercambio de bienes y servicios a nivel global. Como consecuencia de la evolución señalada hasta aquí, sumado al avenimiento de las nuevas tecnologías (como internet), la industria de la Moda en sus distintas variables (vestimenta, indumentaria deportiva, accesorios, calzado, cosmética, perfumería, entre otros) se ha posicionado como uno de los negocios con mayor trascendencia económica en todo el mundo, que genera más de 2 billones de dólares anuales.

Esta industria ha adquirido tal relevancia que, actualmente incluye a los más diversos actores: empresas textiles, fabricantes, importadores, exportadores, diseñadores de moda, fotógrafos, modelos, distribuidores, proveedores, personal shoppers, institutos educativos de modas, agencias de modelos y/o publicidad, bloggers, instagramers, influencers, titulares de marcas, centros comerciales y/o empresas mayoristas y minoristas, etc. Sin duda la diversidad de los negocios contenidos dentro de esta industria ha generado la necesidad del nacimiento de una nueva rama del derecho denominada "Fashion Law" o "Derecho de la Moda". Esta rama engloba una serie de áreas tradicionales del Derecho, que se unen para dar protección a este nuevo nicho de mercado, propiedad intelectual, derecho administrativo, derecho laboral, defensa al consumidor, derecho societario, entre otros.

Creemos que el Fashion Law puede considerarse como un derecho especializado que atraviesa en forma transversal los diversos aspectos legales que presenta el mundo de la moda. Como se puede observar es una rama muy amplia que requiere de especialistas de distintas disciplinas, aunque no es nuestra intención explicar cada una de ellas, sino focalizarnos en lo que consideramos un aspecto fundamental: la protección de las creaciones a través de la propiedad intelectual.

Consideramos que, con los avances de las tecnologías de la información y la comunicación, la logística de la cadena de suministro, las redes sociales y los cambios de habito de compra de los consumidores, la necesidad de protección de las creaciones intelectuales adquiere un carácter fundamental en esta industria. Por ello es que queremos hacer una breve introducción en la situación global, para luego enfocarnos en la protección de la propiedad intelectual del derecho de la moda en Argentina, haciendo hincapié en las recientes reformas de las leyes, que afectan por ejemplo a los diseños industriales.

2. Una industria sin uniformidad internacional en cuanto a normativa

Una de las problemáticas más profundas que atraviesa la industria de la moda, está directamente relacionada con el tratamiento que las diversas legislaciones le dan a la propiedad intelectual a lo largo de todo el mundo. Analizaremos a continuación las principales diferencias entre los protagonistas más importantes de esta industria en el mundo, es decir, la Unión Europea y Estados Unidos. La Unión Europea ha sido la cuna de la moda y desde sus inicios ha buscado proteger la creatividad de sus diseñadores. Existe entre sus directivas, como en casi todas las legislaciones del mundo, el instituto del dibujo y modelos comunitarios registrados. Ahora bien, lo novedoso de esta legislación respecto del resto, es el instituto del dibujo y modelo comunitario no registrado, a través del mismo, los diseñadores pueden invocar la protección de sus creaciones sin haber hecho registro alguno, gozando de esa protección por un plazo de 3 años desde la divulgación.

Asimismo, otra posibilidad que tienen los diseñadores europeos respecto de sus creaciones es la protección vía derecho de autor, como obra en sentido amplio y como obra de arte aplicado. De esto podemos concluir, que Europa aplica la "Teoría de la Unidad del Arte", la cual consiste en que toda creación está protegida por la propiedad intelectual por el solo hecho de su creación, y si además obtiene el registro de diseño industrial, goza de la doble protección: propiedad intelectual y propiedad industrial. En Estados Unidos la protección es distinta, dado que allí el copyright no cubre la utilidad de los artículos, por lo que, para proteger diseños o creaciones, las mismas deben estar separadas de los artículos útiles como son consideradas las prendas de vestir, los vestidos, los zapatos, los bolsos, etcétera.

Por lo indicado en el párrafo anterior, vemos que la protección existente resulta escasa, atento ello, se han presentado tres proyectos de ley: *Design Piracy Prohibition Act* (Ley de Prohibición de la Piratería de Diseños) (presentado en 2009), la *Innovative Design Protection and Piracy Prevention Act* (Ley de Protección de Diseños Innovadores y Prevención de la Piratería) (presentado en 2010), y la *Innovative Design Protection Act* (Ley de Protección de Diseños Innovadores) (presentado en 2012). A través de dichos proyectos se intentó establecer una herramienta de protección específica para los diseños de moda, eliminando el requisito de separabilidad. Desafortunadamente ninguno de estos proyectos fue aprobado. Es por ello, que, a fin de lograr una protección integral, hay una mayor tendencia al uso de marcas y patentes de diseño.

Como vemos conforme los sistemas normativos que rigen a uno y otro lado del Atlántico, los diseñadores europeos poseen ventajas competitivas sobre los diseñadores estadounidenses, es por ello, que Estados Unidos se ha convertido en el hogar de las licencias de modas de los diseñadores europeos.

3. La protección local

Luego de haber analizado como nace el Derecho de la Moda y su recepción en la legislación comparada, cabe analizar en profundidad las herramientas que surgen de la legislación argentina en materia de propiedad intelectual.

Argentina se ha caracterizado por tener una cultura de protección de los creadores o autores a lo largo de su historia. Así la Constitución Nacional, sienta las bases de los derechos de propiedad intelectual, la misma en su art. 17 establece que, *"...todo autor o inventor es propietario exclusivo de su obra, invento o descubrimiento, por el término que le acuerde la ley..."*.

Como lo vemos ya desde la carta magna se busca la protección integral de las creaciones individuales, incluyendo ello los diseños de moda.

El mundo de la moda encuentra protección sobre sus creaciones a través de los pilares de la propiedad intelectual: el derecho de autor y la propiedad industrial a través de sus diseños industriales y marcas. Detallaremos los requisitos y características de cada herramienta, destacando las modificaciones impuestas por la reciente Ley 27.444.

3.1. Marcas y logos

Al igual que en el resto del mundo la importancia de las marcas en la industria de la moda radica en que permite al consumidor diferenciar un producto de otro, jugando un papel clave en el terreno de la competencia. La marca es la insignia de la empresa, y particularmente en la industria de la moda es la que representa la credibilidad y reputación de una compañía de moda o de un diseñador. Sus seguidores o clientes confían en la calidad y características de sus productos, marcas como Nike, Adidas, Giorgio Armani entre otros a nivel internacional y Ricky Sarkany, Benito Fernández, Gino Bogani a nivel nacional pueden ser consideradas como garantía de reputación y calidad, adquiriendo sus nombres carácter de marca notoria. Es por lo expuesto que podríamos decir que, para las compañías de moda o los diseñadores, las marcas representan su activo más importante.

Un papel primordial en esta industria ocupan los logos, también protegidos por este instituto, podemos traer como ejemplo, la pipa de Nike, las tres franjas de Adidas, que son elementos tan distintivos como los nombre en sí. Dada la relevancia que adquieren las marcas de productos de la industria, las compañías de moda sobre todo las ya consagradas, han tomado una actitud activa frente la piratería, persiguiendo a los falsificadores e infractores de sus marcas. Ello, porque son muchos los que buscan falsificar o imitar fraudulentamente marcas registradas, usar marcas de terceros sin su autorización, etc.

En la legislación nacional, las marcas se encuentran protegidas a través de la ley 22.362 y Argentina ha adherido a la clasificación internacional de Niza, por lo que, los productos asociados a esta industria entendemos deberían ser registrados en: clase 25 que cubre indumentaria y calzado, clase 18 que cubre carteras, bolsos, etc., clase 3 que cubre cosmética y perfumería, clase 9 que cubre anteojos y clase 14 que cubre joyería y relojería. A su vez para proteger los servicios relacionados a dichos productos es conveniente utilizar la clase 35 con la siguiente descripción: "el agrupamiento, por cuenta de terceros, de productos diversos (excepto su transporte), para que los consumidores puedan examinarlos y comprarlos a su conveniencia; este servicio puede ser prestado por comercios minoristas o mayoristas, o mediante catálogos de venta por correo o medios de comunicación electrónicos, por ejemplo, sitios web o programas de televenta"[1].

Es importante destacar, que las marcas tienen jurisdicción territorial, por lo que sería conveniente, su registro en cada país donde se vayan a comercializar los productos. Nuestro país a través de la ley 17011 se ha adherido al Convenio de Paris para la protección de la Propiedad Industrial. Esta adhesión permite a quien presente una marca en Argentina, gozar de un derecho de prioridad de seis meses para efectuar el depósito en los otros países adherentes al referido convenio. Una especial mención debemos hacer al plazo de protección de las marcas, las mismas se protegen por un plazo de diez años, renovables por iguales períodos en forma indefinida. Considerando esto, se ha dicho que las marcas son más provechosas para los diseños de moda que el derecho de autor y los diseños industriales que tienen una existencia temporal.

3.2. Diseño industrial

Al igual que en la Unión Europea y en el derecho anglosajón, existe en Argentina la facultad de perseguir la protección de una creación a través del instituto del "Modelo o Diseño Industrial"[2]. Esta herramienta se encuentra protegida por el Dec/Ley 6673/63, el que ha sido modificado por la Ley 27.444[3], sancionada en junio de 2018. Asimismo, Argentina ha adherido a la clasificación internacional de Locarno, por lo que consideramos que los productos asociados a esta industria deberían ser registrados en la clase 2 que cubre entre otros, ropa interior, vestidos, sombrerería, calzados, guantes, accesorios de vestir.

Conforme el art. 3° del decreto mencionado, "se considera modelo o diseño industrial las formas incorporadas y/o el aspecto aplicado a un pro-

[1] Conforme Notas explicativas de Niza (Clasificación internacional de productos y servicios que se aplica para el registro de marcas, establecida por el Arreglo de Niza).

[2] La diferencia entre modelos y diseños industriales, radica en que los primeros son formas tridimensionales y los segundos son formas bidimensionales.

[3] Ley 27.444, Ley de Simplificación y Desburocratización para el Desarrollo Productivo de la Nación.

ducto industrial o artesanal que le confiere carácter ornamental". En relación con esta definición, debemos destacar que la ley 27.444 incorpora la palabra "Artesanal", lo cual sin dudas es un gran aporte, ya que amplía el campo de protección. A partir de esta modificación, no solo se podrán proteger los productos producidos a escala, sino también aquellos que se producen en forma artesanal, es decir, aquellos productos en cuyos procesos productivos se involucran máquinas y herramientas simples con predominio del trabajo físico y mental.

Los requisitos que debe cumplir un modelo o diseño industrial a registrar son: a) novedad: sobre este punto nos extenderemos a continuación; b) ornamentalidad: fin estético; c) originalidad: que la creación se haya "originado" en el registrante. En relación con la novedad, podemos decir que la forma estética a proteger debe ser nueva, es decir, que no haya sido publicada o explotada públicamente en el país o en el extranjero, con anterioridad a la fecha del depósito. Es importante adelantar esta definición, ya que una de las dificultades de este instituto es determinar si la forma ornamental es nueva o no.

Un punto a destacar, importante para la industria de la moda, es que igualmente serán consideradas novedosas las publicaciones hechas por el propio diseñador, dentro de los seis meses anteriores a la fecha del registro. Esta es una gran herramienta ya que permite a los diseñadores poder testear la recepción que tiene en el mercado la presentación de sus creaciones y si funcionan, tendrán un plazo de seis meses para realizar el depósito. En cuanto a esta excepción, la ley 27.444 ha introducido una importante modificación, ampliando los supuestos de protección de la novedad, ya que no se consideran conocidos los modelos o diseños divulgados dentro de los seis meses anteriores a la fecha de presentación del pedido de registro o de la prioridad, cuando: a) se trate de la divulgación directa o indirecta de actos realizados por el autor o sus sucesores; b) la divulgación realizada por un tercero proveniente de un acto de mala fe o infidencia, incumplimiento contractual u otro acto ilícito; y c) la publicación de las solicitudes realizadas erróneamente o indebidamente por la Dirección de Modelos y Diseños Industriales. Otras importantes modificaciones incorporadas por la ley 27.444, que entendemos podrían tener un impacto positivo en la industria de la moda son:

a) Art. 9 del dec/ley 6673/63, la misma otorga al registrante la posibilidad de incluir en el mismo pedido 20 diseños distintos, siempre que todos se incorporen a productos que pertenezcan a la misma clase de la clasificación internacional de Locarno. Esto permite a los diseñadores, proteger en un solo depósito 20 diseños distintos optimizando recursos económicos y temporales.

b) Art 10 dec/ley 6673/63, la modificación en este artículo incorpora dos puntos importantes. Por un lado, agrega como opciones a los dibujos, para la presentación de una solicitud, la fotografía y la reproducción digital. Y por otro, se deja librado a opción del solicitante la necesidad de descripción del modelo de diseño. En el cuerpo anterior, ello no era posible, el solicitante estaba obligado a describir al modelo. Consideramos que esto permite al diseñador reflejar con mayor claridad la esencia artística de sus obras.

c) Art. 16 dec/ley 6673/63, se permite al momento de realizar la presentación solicitar el aplazamiento de la publicación de la concesión del diseño por un plazo máximo de seis meses, lo que le permite al diseñador manejar los tiempos de divulgación de su creación, mientras se asegura la fecha cierta de la presentación, por ejemplo, que la misma sea anterior a un desfile.

En relación con el plazo de duración, los diseños o modelos industriales tienen una protección de cinco años, postergable por dos periodos consecutivos también de cinco años, quedando el plazo máximo de protección en quince años. A través de la ley 17.011, existe para esta figura el mismo derecho de prioridad de seis meses, que tienen las marcas tal como lo hemos detallado más arriba.

Proceso de Registro:

Una particularidad de esta herramienta es que tiene un proceso de registro simple, ágil y rápido, lo que para la industria de la moda es un gran beneficio, ya que se caracteriza por tener ciclos de vida cortos, regidos por las colecciones de temporada. La oficina de diseños, solo revisa si la solicitud cumple con los requisitos formales y si es así concede el registro y se publica en la base de diseños y modelos concedidos.

Considerando que no hay revisión por parte de la autoridad de aplicación, ni posibilidad de oposición de terceros interesados, se nos generan las siguientes inquietudes: se trata de un instrumento que otorga un derecho fuerte? Es utilizado en nuestro país por los protagonistas de la moda? Que fuerza tiene un diseño para ser utilizado como fundamento en una acción judicial?

De una búsqueda en la base de datos de modelos y diseños en el INPI no hayamos mayores referencias sobre diseñadores famosos de nuestro país y solo encontramos algunos registros presentados por las compañías que producen indumentaria deportiva. Así hemos observado que la empresa Nike Innovative C.V ha presentado, a la fecha en Argentina 108 diseños, por su parte Adidas AG ha presentado 72 diseños. A modo de ejemplo:

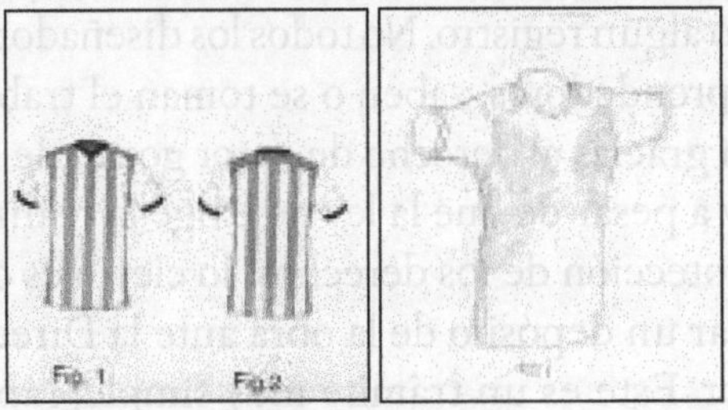

Destacamos sin embargo que los registros marcarios de las mismas compañías son infinitamente mayores, lo que nos da la idea que confían más en la protección que otorga el instituto marcario que en el diseño o modelo. Quizás las incorporaciones realizadas por la Ley 27444 impliquen una mayor utilización de esta figura, aunque siendo muy reciente su promulgación, aún debemos esperar.

3.3. Derecho de autor

El derecho de autor se encuentra legislado por la ley 11.723, la que en su art. 1° enumera en forma enunciativa lo que considera como obras susceptibles de ser protegidas. Dentro de dicho listado se menciona a lo que se considera como instrumento de protección de las creaciones artísticas referidas a esta industria: *"...modelos y obras de arte o ciencia aplicadas al comercio o a la industria..."*. Al tratarse de una obra artística, su autor adquiere el derecho por el solo hecho de la creación y desde el momento en que ella nace, y no se encuentra obligado a demostrar utilidad o funcionalidad alguna de la obra. Este derecho se extiende durante toda la vida del autor y hasta por un plazo de 70 años luego de su muerte a favor de sus herederos.

Encontramos aquí la primer gran diferencia con el diseño industrial, el plazo es ampliamente superior por lo que, una vez vencido el plazo del registro del diseño se podría decir que el dibujo podría ser protegido por derecho de autor. Otra diferencia con el diseño industrial es que esta figura está principalmente condicionada por el requisito de la originalidad. Acá únicamente se exige que la obra sea expresada con el talento y la identidad propia del su autor, no exigiendo la novedad como una condición. La particularidad del derecho de autor es, como dijimos más arriba, que este derecho nace con la creación de la obra, es decir, el autor goza de la protección por el solo hecho de la creación, independientemente de haberse efectuado algún registro. No todos los diseñadores, especialmente los pequeños emprendedores, saben o se toman el trabajo de efectuar el registro, y aun así gracias al derecho de autor gozan de la protección.

Sin embargo y a pesar de que la ley no exige la realización de registro alguno para la protección de los derechos, lo cierto es que existe la posibilidad de efectuar un depósito de la obra ante la Dirección Nacional de Derecho de Autor. Este es un trámite muy simple, rápido y económico. Como profesionales sugerimos realizar este depósito ya que es muy útil en juicio para probar la fecha de creación de la obra. Luego de haber analizado las figuras de derecho de autor y de diseño industrial, es el momento de hacernos la misma pregunta que Delia Lipszyc se hace en su libro "Derecho de Autor y Derechos Conexos"? Se puede gozar de ambas protecciones simultáneamente?

Delia nos dice que la respuesta es afirmativa, criterio que compartimos por aplicación del principio de la "unidad del arte". Esta teoría puede formularse así, ante la imposibilidad de determinar un criterio que permita distinguir cuando una creación es una obra de arte o cuando tiene fines utilitarios, se proclama que el arte es uno y todo es arte, y por ello es válida la doble protección. No obstante, las legislaciones que contemplan la doble protección tienen la limitación de que ambos ordenamientos jurídicos no pueden ser invocados simultáneamente en la defensa judicial de los derechos. En Argentina, esta limitación ha sido incorporada expresamente con la reforma de la ley 27.444 a la ley de Modelo y Diseño Industrial.

3.4. Contratos como forma de protección de derechos

Como profesionales creemos que algunas veces la redacción de un buen contrato puede colaborar a la protección de los derechos de los cuales hemos hablado a lo largo de este trabajo. Un buen ejemplo es la redacción de un acuerdo previo de confidencialidad entre un diseñador y un taller de confección, antes de la entrega de su moldería y diseño, para llevar adelante la producción. De esta manera el diseñador, se garantiza que el titular del taller de confección o sus dependientes, no pueda vender el diseño a otros clientes.

Conclusiones

Como ya hemos ido esbozando a lo largo de todo este trabajo, podemos observar que en Argentina la industria de la moda cuenta con herramientas suficientes como para dar adecuada protección a la propiedad intelectual de nuestros diseñadores. En efecto, del análisis de la normativa vemos que Argentina sigue el modelo europeo de protección, un modelo altamente protector de derechos.

Sin embargo, podemos decir que estas herramientas son suficientes para hacer frente a las problemáticas y dinámica de la industria? A simple vista pareciera que no. La difusión constante, la copia, la piratería está al alcance de toda sociedad, y para los diseñadores, sobre todo los pequeños emprendedores, tomar acciones para proteger sus derechos, implica tener que disponer de sumas de dinero siderales para hacer frente a honorarios de abogados y costos de juicios, y tener que esperar los tiempos eternos de la justicia, lo que convierte en improductivo cualquier negocio.

Será por eso que como vimos al desarrollar el Diseño Industrial, son pocos los realizan registros, cuando tienen a disposición una herramienta tan ágil? Será que la copia ayuda a difundir la marca? Será que las grandes marcas prefieren dejar que copien sus diseños y cuando lo hacen los dejan de hacer? Será que muchos se apoyan en la notoriedad y prestigio de su marca?

Quizás entonces el desafío de esta nueva rama del derecho es encontrar soluciones más prácticas, efectivas, ágiles y económicas, para que nuestros diseñadores, vean la conveniencia de registrar sus creaciones.

Referencias

Horacio Fernandez Delpech. Manual de los Derechos de Autor. 2011. Heliasta. Buenos Aires

Ivan Alfredo Poli. El Modelo Industrial. La protección jurídica de las formas estéticas aplicadas a los productos industriales. 1ra Edición Buenos Aires. Abeledo Perrot 2008.

Delia Lipszyc. Derecho de autor y derechos conexos. UNESCO. Reimpresión inalterada de la edición de 1993.

Derecho y Moda. Marcial Pons. Madrid, Barcelona, Buenos Aires, Sao Paolo. 2015.

Brenda Salas Pasuy. La industria de la moda a la luz de la Propiedad Intelectual.

Susy Inés Bello y Pamela Echeverria. Las empresas del sector de la moda, la tecnología y el derecho. Articulo preparado para PUCP. Perú, noviembre de 2015.

Marre, Sofia. La propiedad intelectual y el diseño de indumentaria de autor. Cuadernos del Centro de Estudios de Diseño y Comunicación Nr. 42. Buenos Aires, septiembre de 2012.

Natalia Tobon. Moda y Propiedad Intelectual. www.nataliatobon.com

http://www.oepm.es/export/sites/oepm/comun/documentos_relacionados/Ponencias/123_07_SeminarioSantander_UIMP_2018.pdf

https://lauraromero2016.wordpress.com/2016/09/12/moda-en-la-revolucion-industrial/

https://www.gruposancorseguros.com/ar/es/novedades/la-moda-y-su-reflejo?AspxAutoDetectCookieSupport=1

https://enriqueortegaburgos.com/fashion-law-derecho-de-moda/

https://www.wipo.int/wipo_magazine/es/2018/04/article_0006.html

https://fido.palermo.edu/servicios_dyc/publicacionesdc/vista/detalle_articulo.php?id_libro=378&id_articulo=8203

https://www.wipo.int/wipo_magazine/es/2018/04/article_0006.htm

https://www.elarmariodepandora.com/fashion-law-en-que-consiste-el-derecho-de-la--moda/

Parte IV - *Compliance* na Indústria da Moda e suas Implicações no Direito Aduaneiro, Trabalhista e Criminal

10. *Compliance* na Indústria da Moda

Irene Patrícia Nohara
Maykel Ponçoni

Introdução

A indústria da moda, mercado de grande importância para a economia brasileira, movimenta cerca de US$ 45 bilhões (ABIT, 2017), sendo que o Brasil possui o quinto maior parque têxtil do mundo, que emprega aproximadamente cerca de 1,5 milhão de pessoas. O segmento têxtil e de confecção é setor econômico que abrange a produção e a comercialização de roupas e acessórios, sendo também responsável por incitar ações em mídia, o que agrega valores simbólicos em marcas e produtos.

Por conseguinte, assim como a indústria da moda pode agir de forma correta e de acordo com as determinações legais existentes, também, do ponto de vista jurídico, há inúmeras fraudes e problemas encontrados no setor têxtil, que podem ser associados com questões tributárias, corrupção, de direitos autorais e propriedade intelectual, a depender da proteção alcançada pelos estilistas, problemas ambientais, de concorrência desleal, inclusive inobservância dos parâmetros de dignidade nas relações trabalhistas, com denúncias e utilização efetiva de trabalho escravo e infantil.

Tendo em vista as complexidades das múltiplas atividades que gravitam em torno da indústria da moda, objetiva-se, no presente escrito, elaborado para compor relevante obra organizada por Renata Domingues Balbino Munhoz, abordar como a implantação de medidas de *compliance* na indústria da moda pode auxiliar no desenvolvimento e na expansão sustentável das atividades nesse relevante segmento da economia, sem que haja problemas jurídicos envolvendo a repressão de comportamentos dissonantes com o Direito.

Será exposto que o *compliance* representa a faceta preventiva das atividades. Dado que todas as empresas devem cumprir as leis, as determinações normativas na regulação do setor, os regulamentos internos e externos e os princípios corporativos, a implantação do *compliance* pode auxiliar no desenvolvimento de parâmetros de governança aptos a guiar a indústria da moda, agindo como um fator preventivo ao desrespeito de determinações tributárias, ambientais, trabalhistas e de sustentabilidade, no geral, das atividades. A indústria da moda brasileira também sofre a pressão das oscilações que decorrem do cenário mundial competitivo. Portanto, o setor deve se manter atento e desenvolver ferramentas para fornecer uma visão dos riscos e auxiliar na tomada de decisões para o desenvolvimento dos negócios de maneira sustentável.

A partir da consideração de que a indústria da moda está inserida em um ambiente complexo e competitivo, será defendido que a criação e implementação de programas de *compliance* na cadeia produtiva da moda, não é apenas uma tendência passageira, de estender essa temática para a indústria têxtil e de confecções, para ser um meio de se comprovar medidas aptas a, de forma reativa, reduzir multas em caso da identificação do cometimento da infração, mas o cerne de presente abordagem é que o *compliance* seja um pressuposto da atuação da indústria da moda para que haja maior integridade na realização dos negócios que gravitam em torno do setor, evitando-se ou mitigando a ocorrência dos sinistros.

1. A Inserção na Legislação Brasileira da Tendência Internacional de *Compliance*

No âmbito internacional, o *compliance* se desenvolveu na área privada e não está restrito ao campo anticorrupção. As primeiras noções de *compliance* tiveram origem em 1913 com a criação do Federal Reserve, Banco Central dos Estados Unidos da América criado com o objetivo obter um sistema financeiro mais flexível, estável e seguro. O que demonstra que a adoção de programas de integridade está ligada a busca por segurança[4].

[4] TRAPP, Hugo Leonardo do Amaral. Compliance na Lei Anticorrupção: Uma análise da aplicação prática do Art. 7, VIII, da Lei 12.846/2013. *Boletim Jurídico*, Uberaba/MG, a. 13,

A evolução histórica do compliance teve por base a fundação, em 1930, do Banco de Compensação Internacional (BIS - Bank for International Settlements) com a finalidade de cooperação entre Bancos Centrais, sendo fruto dos trabalhos desenvolvidos pela Conferência de Haia. A partir da década de 60, a *Securities and Exchange Comission* – SEC, órgão correspondente à CVM Brasileira (Comissão de Valores Mobiliários), passou a orientar os bancos e as instituições financeiras a criarem procedimentos internos de controle, treinamento de pessoas e monitoramento de atividades suspeitas[5].

Os Estados Unidos da América promulgaram em 1977 a Lei de Práticas de Corrupção no Exterior (*Foreign Corrupt Practices Act* - FCPA), em resposta às revelações de suborno generalizado de estrangeiros por parte das empresas norte-americanas[6]. Tanto no setor industrial quanto no comercial o cumprimento das regras e legislações podem contribuir em equilibrar o funcionamento do mercado. Assim, o *compliance* tem por base experiências internacionais, tendo sido inserido na legislação brasileira com maior intensidade mais recentemente.

O termo *compliance* origina do verbo em inglês *to comply* que significa cumprir, realizar aquilo que foi imposto[7]. Neste estudo o termo tendência, deriva do latim *tendentia*, que tem como significado "tender para", "ser atraído por". Além desses significados, a palavra tendência também passou a se relacionar com a ideia de evolução[8]. No Brasil, a "Lei de Lavagem de Dinheiro" - Lei nº 9.613/98, previa a adoção de programas de *compliance*, mas era mais restrita às atividades de instituições financeiras. Com a pro-

no 1237. Disponível em: <http://www.boletimjuridico.com.br/doutrina/texto.asp?id=3969> Acesso em: 10 fev 2019.

[5] BERTONI, Felipe Faoro. O Delito de Lavagem de Capitais e o Desenvolvimento do Criminal Compliance. *Revista Jurídica Eletrônica da Ufpi*, v. 01, n. 03, p.112-127,01 jul. 2012. Semestral. Disponível em: http://www.ojs.ufpi.br/index.php/raj/ article/view/2303/1525. Acesso em: 10 fev. 2019.

[6] A RESOURCE GUIDE TO THE U.S. FOREIGN CORRUPT PRACTICES ACT. Disponível em: <www.justice.gov/ criminal / fraud/fcpa e www.sec.gov/spotlight/fcpa.shtml. > Acesso em: 10 fev. 2019.

[7] RABELO, Luiza C. A. M. Compliance nas Empresas Estatais: aplicação da Lei 13.303/2016. Revista de Direito da Administração Pública. Ano n. 03 – Vol. n. 01 – Edição 02 – Jul/Dez 2018. p. 222.

[8] CALDAS, Dário. *Observatório de Sinais:* Teoria e Prática da Pesquisa de Tendências. São Paulo: Senac Nacional, 2004. p. 23 a 26.

mulgação da Lei nº 12.846/13, que entrou em vigor em 29 de janeiro de 2014, sendo conhecida por *Lei Anticorrupção Empresarial*, as pessoas jurídicas brasileiras, independentemente do tamanho, passam a responder objetivamente tanto na esfera civil como na administrativa pela prática de atos lesivos à administração pública, nacional ou estrangeira.

Em 2015, foi editado o Decreto nº 8.420 que regulamentou aspectos da Lei Anticorrupção Empresarial, possibilitando que as empresas também sejam punidas por atos de corrupção e fraudes em processos licitatórios e/ou quaisquer contratos com a administração pública. Se, depois de regular processo administrativo, a empresa incorrer em atos contra a administração tipificados na Lei Anticorrupção Empresarial, ela poderá, além da obrigação de reparação integral, ser submetida a pesadas sanções, como, por exemplo, a multa de até 20% do faturamento bruto do exercício anterior ao da instauração do processo administrativo, e publicação extraordinária de decisão condenatória, o que possui efeitos prejudiciais à reputação da empresa[9].

O art. 7º da Lei nº 12.846/2013, prevê que a dosimetria das sanções a serem aplicadas, levarão em consideração: a gravidade da infração; a vantagem auferida ou pretendida pelo infrator; a consumação ou não da infração; o grau de lesão ou perigo de lesão; o efeito negativo produzido pela infração; a situação econômica do infrator; a cooperação das pessoa jurídica para apuração das infrações; a existência de mecanismos e procedimentos internos de integridade, auditoria e incentivo à denúncia de irregularidades e a aplicação efetiva de código de ética e de conduta no âmbito da pessoa jurídica; e o valor dos contratos mantidos pela pessoa jurídica com órgão ou entidade pública lesados.

A política de *compliance* não pode ser tida como uma simples verificação de cumprimento às leis, pois se trata de uma proposta que inclui todos os profissionais de diversos níveis hierárquicos da organização e do mercado, estimulando uma ação ética e conforme os parâmetros normativos estabelecidos.

[9] Cf. NOHARA, Irene Patrícia; PEREIRA, Flávio de Leão Bastos. *Governança, Compliance e Cidadania*. São Paulo: Thomson Reuters, 2018. p. 26.

2. Análise e Gestão de Riscos na Governança da Indústria da Moda

O Brasil é o quarto maior produtor de artigos de vestuário do mundo e ocupa a quinta posição entre os maiores produtores de manufaturas têxteis[10]. Os dados estatísticos demonstram que o setor têxtil e de confecções brasileiro "atinge o incrível número de 100 mil empresas, sendo 85% desse total pertencente ao segmento de confecções" [11]. Destaca-se que gerenciar riscos não significa eliminá-los, e sim identificá-los para potencializar os aspectos positivos e reduzir os negativos. A análise e gestão de riscos compreende de um conjunto de processos definidos que aplicados no negócio podem evitar ou minimizar as consequências eventos prejudiciais à empresa.

A Associação Brasileira do Varejo Têxtil – ABVETEX foi fundada em 1999, representando as principais redes de varejo que comercializam vestuário, bolsas, calçados e assessórios de moda, além de artigos têxteis para o lar. É reconhecida pela iniciativa em prol do *compliance*, com atuação no combate à informalidade e o desenvolvimento sustentável na cadeia produtiva que abastece o varejo[12]. As empresas que implementam programa de *compliance* efetivo, podem proteger seu negócio de riscos internos e externos. Risco significa possibilidade de ocorrência de um evento que tenha impactos negativos, gerando uma perda ou um dano. No âmbito da governança, o sistema de controle interno deve dar prioridade a ações estratégicas de prevenção da ocorrência de perdas e danos. A gestão de riscos representa o processo de natureza permanente, estabelecido, direcionado e monitorado pela alta administração, que contempla atividades de identificação, avaliação e gerenciamento de potenciais eventos que possam afetar a organização, destinando-se a fornecer segurança razoável quanto ao atingimento dos seus objetivos[13].

[10] ABIT – Associação Brasileira da Indústria Têxtil e de Confecção. *O poder da moda:* Cenários, Desafios, Perspectivas e Agenda de Competitividade da Indústria Têxtil e de Confecção Brasileira 2015 a 2018. São Paulo, 2018. p. 10.

[11] ABIT – Associação Brasileira da Indústria Têxtil e de Confecção. *O poder da moda*: Cenários, Desafios, Perspectivas e Agenda de Competitividade da Indústria Têxtil e de Confecção Brasileira 2015 a 2018. São Paulo, 2018. p. 09.

[12] ABVETEX - Associação Brasileira do Varejo Têxtil. Disponível em: https://www.abvtex.org.br/sobre-a-abvtex/ Acesso em: 19 fev. 2018.

[13] NOHARA, Irene Patrícia. Governança pública e gestão de riscos. PAULA, Marco Aurélio Borges de; CASTRO, Rodrigo Pironti Aguirre de (Coord.). *Compliance, Gestão de Riscos e*

Na gestão de riscos é considerado o equacionamento de duas variáveis: 1) as probabilidades de ocorrência de evento, como quase certo, relativamente possível e pouco provável; e 2) os impactos ou consequências de dados eventos, sendo mensurados em pequenas consequências, consequências médias e graves ou extremas, que, no geral, devem ser evitadas. Com base nessas variáveis, há o estabelecimento da matriz de riscos, sendo que cada tipo de atividade desenvolvida pela empresa ou indústria possui variados graus de riscos.

A ideia da gestão de riscos não é acabar com os riscos, o que seria uma missão impossível, mas apenas estabelecer o grau de exposição da organização a riscos que são vistos como razoáveis, considerando o contexto institucional e a circunstância vivenciada no momento da análise da matriz de riscos. Assim a organização pode racionalmente identificar a estratégia que irá adotar em relação a riscos mapeados e analisados.

2.1. Indústria e Comércio da Moda: Modelos Sustentáveis na Cadeia Produtiva

A moda, em especial no sistema *Fast Fashion,* produção massificada que pode ser tanto criativa quanto pirata –, é social e ambientalmente insustentável, pois as indústrias são poluentes, utilizam e transportam produtos químicos, que, no caso de liberação acidental, podem causar impactos ao meio ambiente e à saúde humana. A sustentabilidade, por lidar com questões econômicas, sociais e ambientais é tema[14] transversal, que, portanto, permeia inúmeros setores, inclusive o segmento da indústria da moda. A competitividade do mercado aumenta a necessidade de marcas se destacarem dentre as concorrentes. Além de diferenciação do produto e inovação, as pessoas jurídicas também passam a agir em função de agregar valor no sentido da sustentabilidade de suas atividades. Tal preocupação permeia desde a concepção do produto, seu planejamento, origem da matéria prima até o seu descarte ambientalmente adequado.

Combate à Corrupção. Belo Horizonte: Fórum, 2018. p. 332.

[14] O conceito de sustentabilidade: "capacidade de suprir as necessidades do presente, sem comprometer a capacidade das gerações futuras de satisfazer suas próprias necessidades" CMMAD - Comissão Mundial sobre Meio Ambiente e Desenvolvimento. *Nosso futuro comum.* Rio de Janeiro, RJ: Editora da Fundação Getúlio Vargas, 1988.

Moda tem relação com estilos de vestuários que são as tendências em determinadas épocas, sendo voltados a considerar a cor, o caimento da roupa e a textura, sendo que estilistas inovam ao criar padrões e, com isso, moldar atitudes e comportamentos. Assim, em busca de disputas de mercado e de sua consolidação, "uma marca pode ser considerada como algo que vai muito para além dos atributos de um produto, exprime um conceito, uma atitude e um conjunto de valores que a definem" [15].

No cenário da moda, os responsáveis pelos problemas ambientais não são apenas as indústrias, mas também o consumidor, os comerciantes e os designers, portanto, cabe a todos repensar seus papéis e desenvolver uma produção, comércio e consumo sustentáveis, minimizando os impactos danosos de suas atividades.

2.2. Compliance no Direito Trabalhista e a Importância no Combate ao Trabalho Escravo e Infantil

A Organização Internacional do Trabalho possui várias Convenções (p. ex. 20/1930; 105/1957, reafirmadas na Declaração sobre princípios e direitos fundamentais, de 1998), no combate e cooperação internacional para extinção de trabalho escravo das relações laborais. A Constituição de 1988, por sua vez, tutela tanto a dignidade humana (art. 1º, III, CF), sendo a redução à condição de escravo uma situação em que há violação da liberdade do ser humano, como também os direitos sociais.

Lamentavelmente, em um país em desenvolvimento como o Brasil, ainda há situações de trabalho análogo a escravo e também de emprego de trabalho infantil em empresas de diversos ramos, dentre eles também a da indústria da moda. Sua incidência se concentra em setores com mão de obra intensiva e não especializada.[16]

O Congresso Nacional Brasileiro em 2003 com a edição do artigo 149 do Código Penal Brasileiro definiu o crime de reduzir alguém "à condição análoga à de escravo" e identificou quatro condutas que, em conjunto ou isoladas, caracterizam o crime: a) submeter o trabalhador a trabalho

[15] PONTE, João Pedro Gouveia de. *Estratégia de Criação de uma Marca Sustentável e aspetos da sua Comunicação*. Dissertação do mestrado em design de comunicação de moda. Universidade do Minho, 2018.

[16] Organização Internacional do Trabalho. Combate ao trabalho forçado: manual para empregadores e empresas. Brasília: OIT. 2011.

forçado; b) a jornada exaustiva; c) a condições degradantes de trabalho; e) restringir sua locomoção.[17] Trabalho análogo à escravidão é qualquer trabalho que cerceie a liberdade ou avilte a dignidade do trabalhador por meio de condições degradantes, mesmo quando não houver sua consciência dessa condição.[18]

O trabalho escravo contemporâneo compreende: alojamento sem condições de habitação, falta de assistência médica, péssima alimentação, jornada exaustiva, ausência de fornecimento gratuito de equipamentos de proteção individuais, ameaças físicas, falta de saneamento básico e higiene, encarceramento e trabalho forçado, maus tratos, violência, retenção de salário, isolamento geográfico, servidão por dívida, ameaças psicológicas entre outros.[19] O termo trabalho infantil, por sua vez, é definido como "o trabalho que priva as crianças de sua infância, seu potencial e sua dignidade, e que é prejudicial ao seu desenvolvimento físico e mental".[20] Considera-se trabalho infantil o realizado por crianças e adolescentes abaixo da idade mínima de admissão ao emprego/trabalho estabelecida no país.[21] O ordenamento jurídico brasileiro proíbe o trabalho do menor de 18 anos em condições perigosas ou insalubres, sendo que ao menor de 16 anos é vedado qualquer tipo de trabalho, exceto na condição de aprendiz a partir dos 14 anos. Essas modalidades de trabalho estão, via de regra, relacionadas à classe social dos indivíduos, que, por falta de outras oportunidades de emprego, se submetem a condições inadequadas em desrespeito à dignidade da pessoa humana.

Empresas da indústria da moda que se envolvem em escândalos de trabalho escravo, infantil, danos ambientais e corrupção, sofrem danos na reputação e imagem da empresa e da marca, podendo ser fatal à sua sobrevivência no mercado. Em contrapartida, as empresas que investem em pro-

[17] BRASIL. Lei 10.803 de 11 de dezembro de 2003. Disponível em: http://www2.camara.leg.br/legin/fed/lei/2003/lei-10803-11-dezembro-2003-497431-publicacaooriginal-1-pl.html Acesso em: 19 fev. 2019.

[18] Ministério do Trabalho e Emprego. *Manual de combate ao trabalho em condições análogas às de escravo. Brasília: Ministério do Trabalho e Emprego*, 2011.

[19] Idem.

[20] Organização Internacional do Trabalho – OIT. Disponível em: https://www.ilo.org/brasilia/temas/trabalho-infantil/WCMS_565163/lang--pt/index.htm Acesso em: 10 fev. 2019.

[21] Convenção da Idade Mínima para Admissão no Trabalho – Nº 138 (1973). Disponível em: http://www.tst.jus.br/documents/2237892/0/Convenção+138+da+OIT++Idade+m%C3%ADnima+de+admissão+ao+emprego Acesso em: 19 fev. 2019.

grama de *compliance*, com ações de proteção ao meio ambiente, às crianças e adolescentes, aos trabalhadores, e ao relacionamento íntegro com o Poder Público, fornecem adequado ambiente para seus trabalhadores, possuem políticas internas de combate à corrupção, além de reduzir as chances de ocorrência de danos, ganhando, portanto, a confiança do mercado.

A busca pelo menor preço por peça, faz empresas do setor ignorarem a fiscalização de seus fornecedores ou de subcontratados. A Associação Brasileira do Varejo Têxtil tem um programa de auditorias e esforço no combate ao uso de trabalho análogo ao escravo e infantil na cadeia de varejo da moda nos fornecedores e subcontratados, o que inclui um Comitê Gestor, com apoio de um Conselho Consultivo, formado por entidades representativas da sociedade e do Governo.[22]

Em suma, os programas de *compliance* auxiliam a seguir as regras da Consolidação das Leis Trabalhistas, de forma que a empresa não venha a ter problemas futuros e sobretudo para que possa garantir aos empregados um ambiente adequado de trabalho.

3. *Compliance* como Mecanismo de Concorrência Desleal

A competição no mercado em busca de lucros sinaliza a crescente importância da necessidade de adotar medidas para a defesa da concorrência e combate à corrupção. A existência de mecanismos e procedimentos de integridade, auditoria e a aplicação efetiva de códigos de ética e de conduta no âmbito da pessoa jurídica pode diminuir atos de concorrência desleal e corrupção.

O Conselho Administrativo de Defesa Econômica - CADE[23] que é um autarquia vinculada ao Ministério da Justiça e Segurança Pública, apresentou, em 2016, o Guia sobre Programas de *Compliance* Concorrencial, como sugestão para grandes, pequenas e médias empresas. Tal programa envolve o conjunto de medidas internas que permite à uma organização

[22] Abicalçados, Abit, Ápice, COETRAE-SP, Conaccovest, Instituto Ethos, Observatório Social, OIT e Sebrae. ABVETEX - Associação Brasileira do Varejo Têxtil. Disponível em: https://www.abvtex.org.br/sobre-a-abvtex/ Acesso em: 19 fev. 2018.

[23] A estrutura regimental e o quadro demonstrativo dos cargos em comissão e das funções de confiança do CADE é regulada pelo Decreto nº 9.011, de 23 de março de 2017. Disponível em: < http://www.planalto.gov.br/ccivil_03/_ato2015-2018/2017/decreto/D9011.htm> Acesso em: 10 fev. 2019.

prevenir ou minimizar os riscos de violação à lei de defesa da concorrência ou mesmo detectá-los mais rapidamente.[24]

A adoção de um programa de *compliance* é levado em conta no cálculo da multa aplicada em caso de infração. A inclusão na legislação tem por objetivo prevenir ou minimizar as ocorrências de atos lesivos. Por esse motivo, é indispensável que a avalição do programa seja criteriosa e a concessão do benefício de redução da multa seja apenas para as pessoas jurídicas que efetivamente tenham programas com condições mínimas.[25]

Na indústria da moda são recorrentes conflitos que envolvem a questão de concorrência desleal, importação e exportação de matéria prima e produtos industrializados, os incentivos fiscais, a contrafação e danos ambientais. A proteção à propriedade intelectual é um meio de se evitar a concorrência desleal entre empresas, pois o ciclo da moda compreende a criação de produtos exclusivos, sendo que a imitação acaba tendo consequências para a concorrência.

3.1. Combate à Contrafação: a Proteção das Criações de Moda pelos Direitos Autorais

A indústria da moda envolve produtos que requerem criatividade, inovação e estilos distintos que formam as tendências de moda. Por esse motivo, é fundamental a proteção das criações de moda pelo direito autoral, o que envolve o combate à pirataria e ao plágio. A contrafação (reprodução não autorizada) "pirataria" é um crime tipificado desde o primeiro Código Penal Brasileiro.[26] A disciplina jurídica do Direito da Moda, ainda pouco difundida no Brasil, não apresenta um consenso se seria um novo ramo do Direito ou uma reunião de diversas outras disciplinas pertinentes à moda. Assim, em virtude das diversas relações empresariais e contratuais

[24] CADE – Conselho Administrativo de Defesa Econômica, Ministério da Justiça. Orientações sobre estruturação e benefícios da adoção dos programas de *compliance* concorrencial, GUIA PARA PROGRAMAS DE COMPLIANCE. Brasília, Janeiro/2016.

[25] BRASIL. Ministério da Transparência e Controladoria-Geral da União. Manual prático de avaliação de programa de integridade em PAR. Brasília, 2018.

[26] BRASIL. Lei de 16 de dezembro de 1830. Disponível em: http://www.planalto.gov.br/ccivil_03/leis/lim/LIM-16-12-1830.htm. Acesso em: 19 fev. 2019.

no setor, foi importado o termo *fashion law* na linguagem cotidiana dos profissionais jurídicos que atuam neste setor.[27]

A OAB/SP possui uma Comissão especial de estudos em direito da moda, "que trata sobre todo e qualquer tema jurídico relacionado à indústria da moda e têxtil. Foi a primeira comissão institucionalmente criada não apenas na OAB/SP, mas, no Brasil, a dedicar-se única e exclusivamente a esse tema." [28]

As marcas mundialmente famosas criam produtos que são desejados por clientes e admiradores, sendo tal desejo fomentado pela cara publicidade despendida. No contexto da indústria da moda, a réplica é uma falsificação que, portanto, quer se passar por original, mas se trata de uma cópia, sinônimo de "pirata". Já o termo "inspired" refere-se a produtos inspirados nos outros, mesmo que com traços diferentes, mas que são capazes de promover impactos negativos no valor dos modelos originais.[29] As imitações de produto geram perda de vendas do produto original.

Em 1994 foi criado o Acordo TRIPS – *Trade Related Aspects Of Intellectual Property Rights* (Acordo sobre Aspectos dos Direitos de Propriedade Intelectual Relacionados ao Comércio - ADPIC), sendo este um conjunto de normas que assegura o funcionamento dos direitos de propriedade intelectual em escala mundial. Este acordo foi incorporado pelo Brasil, pois é requisito para filiação à Organização Mundial do Comércio.

As normas de Propriedade Intelectual e a aplicação dos Direitos Autorais são eficazes para a proteção jurídica do *design* de moda. Neste segmento, há conflitos que gravitam em torno do conceito de inspiração, dado que, como forma geral, pouco do que existe é efetivamente uma novi-

[27] MAIA, Lívia Barbosa. A proteção do direito da moda pela propriedade intelectual. Revista da ABPI – Associação Brasileira da Propriedade Intelectual n. 141 – mar/abr. 2016. Disponível em: http://www.nbb.com.br/pub/A907%20Livia%20Barboza%20Maia.pdf Acesso em: 19 fev. 2019.

[28] OAB/SP – Ordem dos Advogados do Brasil Seção de São Paulo. Disponível em: http://www.oabsp.org.br/comissoes2010/estudos-direito-moda. Acesso em: 19 fev. 2019.

[29] A marca Lilly Sarti teve tantas reprodução de cinto que fez com que perdesse valor, assim a própria dona da marca se posicionou sobre o assunto de forma a deixar esclarecido que é contra esses produtos "inspireds", que não passam de cópias e não poderiam ser chamados de inspiração. CARDOSO, Gisele Ghanem. Direito da Moda sob a perpectiva da Propriedade Intelectual: Análise do produto "inspired" perante o direito. Curso de Direito (Monografia) - Universidade Federal de Santa Catarina, Florianópolis, 2014. p. 33.

dade. Assim, as questões sobre ser copiado ou inspirado levam a discussões quanto ao limite do direito dos designers:

A criatividade do homem se manifesta ora no campo da técnica, ora no campo da estética. Em consequência, a proteção jurídica ao fruto dessa criatividade também se dividiu em duas áreas: a criação estética é objeto do direito do autor; a invenção técnica, da propriedade industrial[30].

No direito de autor, a originalidade, do ponto de vista subjetivo, é tudo aquilo que seja criado, ainda que já exista outro semelhante no mundo, que se diferencie pela impressão pessoal do criador. Deste modo, a originalidade requerida no desenho industrial é diferente da requerida pelo direito de autor. Na legislação consta previsão no Código Penal e em leis específicas referentes a Lei de Direitos Autorais - Lei 9.610/98[31] e a Lei da Propriedade Industrial - Lei 9.279/96[32], mas, na prática, é difícil determinar os limites entre o direito de um autor e de outros.

3.2. *Compliance* Tributário na Indústria da Moda no Brasil

O sistema tributário brasileiro é complexo e possui dezenas de dispositivos sobre temas tributários na Constituição Federal, onde estabelece competência para instituir tributos aos três entes federativos – União, estados, municípios e Distrito Federal. Por se tratar de uma República Federativa, as unidades federativas possuem autonomia, mas não soberania, ou seja, devem respeitar à Constituição Federal. Deste modo, a lei tributária tem que estar de acordo com a Constituição Federal. O descumprimento das normas tributárias pode acarretar multas e crimes tributários como o de sonegação. Os impostos que incidem na indústria têxtil e de confecções no Brasil são os imposto de renda (IR), a contribuição social sobre o lucro líquido (CSSL), PIS e COFINS sobre a receita bruta. Há, ainda, o imposto sobre circulação de mercadorias (ICMS), que varia seu percentual de recolhimento em função do Estado da Federação.

Inserido no contexto da "guerra fiscal" entre os entes federativos, o Governo de São Paulo, para incentivar o setor têxtil, alterou, por meio do

[30] SILVEIRA, Newton. *Direito de Autor no Design*. 2. ed. São Paulo: Saraiva, 2012. p. 25.

[31] BRASIL. Lei nº 9.610, de 19 de fevereiro de 1998. Disponível em: http://www.planalto.gov.br/ccivil_03/leis/l9610.htm. Acesso em: 10 fev. 2019.

[32] BRASIL. Lei nº 9.279, de 14 de maio de 1996. Disponível em: http://www.planalto.gov.br/ccivil_03/Leis/L9279.htm. Acesso em: 10 fev. 2019.

Decreto nº 62.560/2017[33], o regulamento do imposto para toda a cadeia produtiva. Desta forma, objetivou equalizar a carga tributária de 12%, à concessão de crédito outorgado, também de 12%, zerando, por conseguinte, o valor a ser cobrado a título de ICMS.

No caso das empresas enquadradas no simples nacional,[34] as alíquotas e tarifas são reduzidas na ordem de 9% (nove por cento) a 24% (vinte e quatro por cento), que já contemplam todos os impostos inclusos. O *compliance* pode ser utilizado para prevenção, identificação dos riscos, elaboração de códigos de condutas, normas internas, treinamentos, comunicação e controle. As estratégias disponíveis em *compliance* podem efetivar o cumprimento das normas, em geral, e as tributárias, em particular, realizando uma revisão das informações da empresa antes de encaminhar ao fisco.

A administração fazendária no Brasil apresenta iniciativas para o *compliance* tributário, como a consulta pública sobre o Programa de Estimulo à Conformidade Tributária (Pró-Conformidade) o âmbito da Secretaria da Receita Federal,[35] que pretende classificar os contribuintes com base no grau de risco que representam ao fisco, seguindo os moldes do programa "Nos Conformes"[36] do Estado de São Paulo, que visa proporcionar mais transparência aos critérios de conformidade tributária dos contribuintes, com as seguintes diretrizes no art. 2º:

I - facilitar e incentivar a autorregularização e a conformidade fiscal;

II - reduzir os custos de conformidade para os contribuintes;

[33] BRASIL. Lei nº 62.560, de 05 de maio de 2017. Disponível em: https://portal.fazenda.sp.gov.br/DiarioOficial/Paginas/Decreto-nº-62-560,-de-5-de-maio-de-2017.aspx. Acesso em: 19 fev. 2019.

[34] É um regime compartilhado de arrecadação, cobrança e fiscalização de tributos aplicável às Microempresas e Empresas de Pequeno Porte. BRASIL. Lei Complementar nº 123, de 14 de dezembro de 2006. Disponível em: Lei Complementar nº 123, de 14 de dezembro de 2006. Acesso em: 19 fev. 2019.

[35] Consulta Pública RFB nº 04/2018. Disponível em: http://receita.economia.gov.br/sobre/consultas-publicas-e-editoriais/consulta-publica/arquivos-e-imagens/consulta-publica-rfb-no-04-2018.pdf Acesso em: 19 fev. 2019.

[36] SÃO PAULO (Estado). Lei Complementar nº 1.320, de 06 de abril de 2018. Institui o Programa de Estímulo à Conformidade Tributária - «Nos Conformes», define princípios para o relacionamento entre os contribuintes e o Estado de São Paulo e estabelece regras de conformidade tributária. Disponível em: https://www.al.sp.gov.br/repositorio/legislacao/lei.complementar/2018/lei.complementar-1320-06.04.2018.html. Acesso em: 19 fev. 2019.

III - aperfeiçoar a comunicação entre os contribuintes e a Administração Tributária;
IV - simplificar a legislação tributária e melhorar a qualidade da tributação promovendo, entre outras ações: (...)
V - aperfeiçoar continuamente a Administração Tributária para atendimento dos princípios estabelecidos nesta lei complementar promovendo, entre outras ações: (...).

Esses programas pretendem ranquear os contribuintes em três categorias: A, B e C com base na combinação os critérios estabelecidos. As empresas com planejamento tributário estruturado, amenizam as chances de gerar conflitos com a autoridade fazendária.

Conclusões

A indústria da moda mobiliza inúmeras empresas, profissionais e empregados, sendo que as suas atividades possuem impacto potencial na área ambiental, social e econômica. O *compliance* pode ser uma ferramenta agregada a garantir maior governança por parte das pessoas jurídicas envolvidas na indústria da moda, dado que lhes possibilita estar em conformidade com a legislação e com os regramentos existentes para o setor.

Como o universo da moda possui produtos cujo ciclo de vida é sazonal e, portanto, curto, a competitividade é intensiva e grande, sendo necessário proteger os estilistas, designers e confecções das contrafações, que provocam danos aos produtos originais. Conforme visto, até os produtos que não são cópias idênticas, mas são considerados inspirados por vezes retiram o valor dos produtos originais.

Pela característica informal de alguns *players* na indústria da moda, também é necessário que se inclua no *compliance* da organização a gestão de riscos de questões: ambientais, tributárias, concorrenciais e de corrupção. Não obstante a corrida mais recente ao *compliance* pelas organizações ter sido provocada pela Lei Anticorrupção Empresarial, é corrente a ampliação das práticas de *compliance* para além da exclusividade da prevenção à corrupção, o que provoca em toda uma cadeia de produção, que envolve estilistas, designers, dirigentes de empresas, costureiros, publicitários, a intensificação progressiva de medidas para garantir a integridade de condutas, gerando maior ética e sustentabilidade por parte da indústria da moda.

Por fim, agradecemos à coordenadora dessa obra, professora e pesquisadora entusiasmada e 'embaixatriz' do *fashion law* no Mackenzie, que, com o seu labor engajado e intensivo, nos abriu esse privilegiado espaço de diálogo, entre o nosso objeto de estudo, que é o *compliance*, e a abordagem do Direito da Moda. Não pretendemos aqui evidentemente aprofundar cada aspecto, até porque os ilustres professores que também participam da coletânea farão um recorte mais preciso em cada dimensão de área, mas apenas trazer um panorama de temáticas que têm potencial de serem utilizadas quando da determinação de medidas de *compliance* nas organizações integrantes da indústria da moda.

Referências

ABIT – Associação Brasileira da Indústria Têxtil e de Confecção. O poder a moda: Cenários, Desafios, Perspectivas e Agenda de Competitividade da Indústria Têxtil e de Confecção Brasileira 2015 a 2018. São Paulo, 2018.

ABVETEX - Associação Brasileira do Varejo Têxtil. Disponível em: https://www.abvtex.org.br/sobre-a-abvtex/ Acesso em: 19 fev. 2018.

BRASIL. *Lei nº 9.610, de 19 de fevereiro de 1998*. Disponível em: http://www.planalto.gov.br/ccivil_03/leis/l9610.htm. Acesso em: 10 fev. 2019.

BRASIL. *Lei nº 9.279, de 14 de maio de 1996*. Disponível em: http://www.planalto.gov.br/ccivil_03/Leis/L9279.htm. Acesso em: 10 fev. 2019.

BRASIL. *Lei nº 13.303 de 30 de junho de 2016*. Disponível em: http://www.planalto.gov.br/ccivil_03/_ato2015-2018/2016/lei/l13303.htm. Acesso em: 10 fev. 2019.

BRASIL. *Lei nº 9.613, de 3 de março de 1998*. Disponível em: http://www.planalto.gov.br/ccivil_03/LEIS/L9613.htm. Acesso em: 10 fev. 2019.

BRASIL. *Decreto nº 8.420, de 18 de março de 2015*. Disponível em: http://www.planalto.gov.br/ccivil_03/_ato2015-2018/2015/decreto/d8420.htm. Acesso em: 10 fev. 2019.

BRASIL. *Lei 10.803 de 11 de dezembro de 2003*. Disponível em: http://www2.camara.leg.br/legin/fed/lei/2003/lei-10803-11-dezembro-2003-497431-publicacaooriginal-1-pl.html Acesso em: 19 fev. 2019.

BRASIL. Lei Complementar nº 123, de 14 de dezembro de 2006. Disponível em: Lei Complementar nº 123, de 14 de dezembro de 2006. Acesso em: 19 fev. 2019.

BRASIL. Lei nº 62.560, de 05 de maio de 2017. Disponível em: https://portal.fazenda.sp.gov.br/DiarioOficial/Paginas/Decreto-nº-62-560,-de-5-de-maio-de-2017.aspx. Acesso em: 19 fev. 2019.

CADE – Conselho Administrativo de Defesa Econômica, Ministério da Justiça. Orientações sobre estruturação e benefícios da adoção dos programas de *compliance* concorrencial, GUIA PARA PROGRAMAS DE COMPLIANCE. Brasília, Ministério da Justiça, 2016.

CARDOSO, Gisele Ghanem. *Direito da Moda sob a perspectiva da Propriedade Intelectual*: Análise do produto "inspired" perante o direito. Curso de Direito (Monografia) - Universidade Federal de Santa Catarina, Florianópolis, 2014.

CALDAS, Dário. *Observatório de Sinais*. Teoria e Prática da Pesquisa de Tendências. São Paulo: Senac Nacional, 2004.

CMMAD - Comissão Mundial sobre Meio Ambiente e Desenvolvimento. Nosso futuro comum. Rio de Janeiro: Editora da Fundação Getúlio Vargas, 1988.

MAIA, Lívia Barbosa. A proteção do direito da moda pela propriedade intelectual. *Revista da ABPI* – Associação Brasileira da Propriedade Intectual n 141 – mar/abr 2016. Disponível em: http://www.nbb.com.br/pub/A907%20Livia%20Barboza%20Maia.pdf Acesso em: 19 fev. 2019.

Ministério do Trabalho e Emprego. *Manual de combate ao trabalho em condições análogas às de escravo*. Brasília: Ministério do Trabalho e Emprego. 2011.

Organização Internacional do Trabalho - OIT. Combate ao trabalho forçado: manual para empregadores e empresas. Brasília: OIT. 2011.

Organização Internacional do Trabalho - OIT. Convenção da Idade Mínima para Admissão no Trabalho – Nº 138 (1973). Disponível em: http://www.tst.jus.br/documents/2237892/0/Convenção+138+da+OIT++Idade+m%C3%ADnima+de+admissão+ao+emprego Acesso em: 19 fev. 2019.

NOHARA, Irene Patrícia; PEREIRA, Flávio de Leão Bastos. Governança, *Compliance* e Cidadania. São Paulo: Thomson Reuters, 2018.

PAULA, Marco Aurélio Borges de; CASTRO, Rodrigo Pironti Aguirre de (Coord.). *Compliance, Gestão de Riscos e Combate à Corrupção*. Belo Horizonte: Fórum, 2018.

SÃO PAULO (Estado). Lei Complementar nº 1.320, de 06 de abril de 2018. Institui o Programa de Estímulo à Conformidade Tributária - "Nos Conformes", define princípios para o relacionamento entre os contribuintes e o Estado de São Paulo e estabelece regras de conformidade tributária. Disponível em: https://www.al.sp.gov.br/repositorio/legislacao/lei.complementar/2018/lei.complementar-1320-06.04.2018.html. Acesso em: 19 fev. 2019.

11. Marcas Famosas e uso de Trabalho em Condição Análoga à de Escravo

Manuella Santos de Castro

1. Breves Noções sobre Propriedade Intelectual

A propriedade intelectual cuida das criações do ser humano em todas as suas formas e compreende dois ramos: o direito industrial e o direito autoral. O direito industrial cuida dos bens industriais, ou seja, marcas, patentes e modelos de utilidade e é objeto de estudo do direito comercial ou empresarial. A Lei n. 9.279/1996, conhecida como LPI - Lei da propriedade industrial, é o principal diploma jurídico regulador da matéria.

O direto autoral, por sua vez, abrange os direitos de autor, os direitos conexos e os programas de computador (*software*). Os direitos de autor versam sobre as obras intelectuais protegidas, como textos de obras literárias, artísticas ou científicas. Os direitos conexos, chamados de vizinhos ou análogos por João Carlos de Camargo Eboli, protegem os artistas, intérpretes e executantes, os produtores de fonogramas e os organismos de radiodifusão[1]. A Lei n. 9.610/1998, apelidada de LDA - Lei de direitos autorais, é a norma que regulamenta o direito de autor e os diretos conexos. Os programas de computador, por sua vez, são objeto de legislação específica,

[1] EBOLI, João Carlos de Camargo. *Pequeno mosaico do direito autoral.* São Paulo: Irmãos Vitale, 2006, p. 15.

sendo regulados pela Lei n. 9.609/1998, aplicando-se o regime geral da LDA no que esta não for conflitante com a lei especial.

Além da proteção conferida pela legislação ordinária, a propriedade intelectual encontra salvaguarda nos incisos XXVII, XXVIII e XXIX do art. 5º da Constituição Federal de 1988, bem como disposição em tratados internacionais.

O direito industrial desenvolveu-se formalmente antes do direito autoral. O primeiro sistema formal de patentes foi criado em 1474 em Veneza, Itália, conferindo ao criador de um invento novo e genial direitos sobre o prazo de dez anos, desde que pudesse ser utilizado. Nesse sentido, Elisângela Dias Menezes acrescenta que o direito italiano estabeleceu a primeira legislação sobre patentes devido ao reconhecimento da necessidade de se assegurar uma proteção eficaz para o criador de invenções industriais[2]. Eduardo Lycurgo Leite relata o que parece ser a primeira referência à patente: na obra *Política*, de Aristóteles, durante a discussão sobre o que seria uma boa constituição, cogitou-se a criação de um sistema de recompensas para aqueles que descobrissem algo útil ao Estado[3].

Carlos Alberto Bittar observa que o direito autoral resguarda mais os interesses do autor, ao passo que o direto industrial vincula-se a interesses técnicos, econômicos e políticos, amparando o produto industrial, como inventos, e impedindo a concorrência desleal, como ocorre com as marcas[4].

Outra diferença entre direito autoral e direito industrial diz respeito à necessidade do registro. O direito autoral nasce com a exteriorização da criação intelectual. Elisângela Dias Menezes esclarece que a partir do momento em que o objeto autoral ganha expressão no mundo, ainda que por meio de uma simples execução, recitação ou rascunho, então será considerado autor aquele que deu ensejo a essa exteriorização, recaindo sobre sua obra toda a proteção da lei[5]. No caso de marcas, patentes e desenho industrial, faz-se necessária uma solicitação perante o INPI – Instituto Nacional da Propriedade Industrial, o qual fará uma análise formal e só

[2] MENEZES, Elisângela Dias. *Curso de direito autoral.* Belo Horizonte: Del Rey, 2007, p. 13.

[3] LEITE, Eduardo Lycurgo. *Direito de autor.* Brasília: Brasília Jurídica, 2004, p. 21.

[4] BITTAR, Carlos Alberto. *Direito de autor.* 4. ed. Rio de Janeiro: Forense Universitária, 2005, p. 4.

[5] MENEZES, Elisângela Dias. *Curso de direito autoral*, cit., p. 46.

então concederá o registro[6]. Em síntese, o registro é facultativo no direito autoral e obrigatório no direito industrial. No direito autoral tem caráter declaratório e no direito industrial tem caráter constitutivo.

Em que pesem as diferenças, direito autoral e direito industrial têm em comum o fato de recaírem sobre bens imateriais, incorpóreos ou intangíveis. Para Thomas Marky, a diferença entre coisas corpóreas e incorpóreas reside na tangibilidade, sendo corpóreas as que podem ser tocadas e existem corporeamente. As incorpóreas somente existem intelectualmente[7].

2. Propriedade Intelectual e Desenvolvimento Econômico

A propriedade intelectual é tema dos mais importantes para o desenvolvimento econômico e cultural da sociedade, pois a proteção ao produto da mente humana tem como efeito imediato estimular cada vez mais a criação e a pesquisa e, assim, difundir o conhecimento em suas variadas expressões. Sobre esse aspecto é elucidativa a explicação de Robert M. Sherwood:

> "É um tanto curioso que os conceitos de propriedade sejam atribuídos mais facilmente a coisas tangíveis que a coisas intangíveis. Se uma pessoa furta minha caneta ou minha bicicleta, surge uma sensação geral de violação em quase todas as culturas. Se uma pessoa rouba meu projeto para uma caneta ou uma bicicleta, o instinto de condenação já não é tão forte. No entanto, a utilidade comercial do intangível pode ser muito grande. A caneta é uma quantidade fixa de um; o projeto da caneta, embora um só, paira como uma possibilidade impalpável de fabricação de muitas canetas. O estudo da economia na última década vem esclarecendo o valor bastante considerável do conhecimento como tal, distinguindo-o dos bens que resultam deste conhecimento"[8].

6 MORO, Maitê Cecília Fabbri. Cumulação de regimes protetivos para as criações técnicas. In: SANTOS, Manoel J. Pereira dos; JABUR, Wilson Pinheiro (Coord.). *Propriedade intelectual*: criações industriais, segredos de negócio e concorrência desleal. São Paulo: Saraiva, 2007, p. 331 (Série GV*Law*).

7 MARKY, Thomas. *Curso elementar de direito romano*. 8. ed. São Paulo: Saraiva, 1995, p. 41.

8 SHERWOOD, Robert M. *Propriedade intelectual e desenvolvimento econômico*. Trad. Heloísa de Arruda Villela. São Paulo: Edusp, 1992, p. 23.

A nosso ver, a proteção eficiente à propriedade intelectual é um instrumento poderoso de desenvolvimento. Quando considerada como parte da infraestrutura de um país, a proteção à propriedade intelectual pode ser examinada por sua contribuição para a difusão do conhecimento, expansão dos recursos humanos, financiamento da tecnologia, crescimento industrial e desenvolvimento econômico[9].

Salienta Antônio Chaves que os governos mais adiantados perceberam que, no mundo altamente competitivo em que vivemos, não existe progresso sem amparo à cultura e à técnica[10].

De modo geral, os países com economias avançadas tendem a ser aqueles que dispõem de sistemas de proteção à propriedade nos quais as pessoas depositam certo grau de confiança. Por outro lado, os países em variados graus de desenvolvimento (ou ausência dele) tendem a possuir sistemas de proteção nos quais o povo não tem muita, ou nenhuma, confiança[11]. Nesse sentido é a consideração de Antônio Chaves:

> "Continuarão escravos os países que não estiverem em condições de preparar, a par de suas tropas aguerridas com os mais modernos equipamentos bélicos, outro exército, silencioso e pacífico: o dos obreiros do espírito, o dos homens de pensamento, o dos artistas que embelezam e suavizam a existência, com sua música, com seus cantos, com sua poesia, com sua arte, haurindo sua inspiração das forças vivas da nacionalidade, da sua história, das tradições do seu povo"[12].

Em síntese, é preciso que se crie uma cultura de proteção aos bens intangíveis, pois, tendo em vista que estamos vivendo na sociedade da informação, hoje a riqueza não se mede puramente por bens materiais, mas sobretudo pelos bens intangíveis.

Dentre os bens intangíveis mencionados por nós, a marca tem sido um dos ativos que mais cresceu de importância ao longo do tempo. Segundo Patricia Peck Pinheiro, os bens intelectuais, como a marca, passaram a ter

[9] SHERWOOD, Robert M. *Propriedade intelectual e desenvolvimento econômico*, cit., p. 187.

[10] CHAVES, Antônio. Direito de autor. In: FRANÇA, R. Limongi (Coord.). *Enciclopédia Saraiva de Direito*. São Paulo: Saraiva, 1977, v. 26, p. 110.

[11] SHERWOOD, Robert M. *Propriedade intelectual e desenvolvimento econômico*, cit., p. 11.

[12] CHAVES, Antônio. Direito de autor. In: FRANÇA, R. Limongi (Coord.). *Enciclopédia Saraiva de Direito*. São Paulo: Saraiva, 1977, v. 26, p. 110.

um modelo único de proteção após 1967, quando a ONU criou a OMPI, confirmada pela OMC, em que se abandonou o modelo anterior dicotômico, que separava propriedade industrial de direitos autorais, para reunir tudo em um guarda-chuva de direitos de propriedade intelectual, dentro de TRIPs[13]

Nesse contexto é inegável que as marcas são ativos dos mais importantes para as empresas. Para se ter uma ideia, as 100 (cem) marcas mais valiosas do mundo juntas valem aproximadamente US$ 2 trilhões. Segundo o último ranking divulgado pela consultoria Interbrand, a marca mais valiosa do mundo é a Apple (US$ 214 bilhões), seguida pela Google (US$ 155,5 bilhões) e Amazon (US$ 100,7 bilhões)[14].

3. Marcas Famosas e uso de Trabalho em Condição Análoga à de Escravo

Como bem destaca Lelio Schmidt, o papel desempenhado pela marca na economia de mercado é muito importante. O capitalismo não pode funcionar sem uma sociedade de consumo e é impossível uma sociedade de consumo sem marcas. Pontua o citado autor que são as marcas que tornam a concorrência possível, ao permitirem que o consumidor possa diferencias as mercadores e escolher a que deseja. A marca, portanto, permite que a decisão de compra seja determinada pela experiência ou informações prévias que o consumidor tenha acerca de determinado produto. Com isso, o consumo de dá num nível de maior confiança e eficiência[15].

A indústria da moda é uma das mais lucrativas do mundo e, em que pese as altas cifras, é também alvo frequente de denúncias por uso de trabalho em condição análoga à de escravo. Segundo o Ministério do Trabalho e Emprego, considera-se trabalho realizado em condição análoga à de escravo a que resulte das seguintes situações, quer em conjunto, quer isoladamente: a) a submissão de trabalhador a trabalhos forçados; b) a submissão de trabalhador a jornada exaustiva; a sujeição de trabalhador a condições degradantes de trabalho; c) a restrição da locomoção do trabalhador, seja em razão de dívida contraída, seja por meio do cerceamento

[13] PINHEIRO, Patricia Peck. *Direito digital*. 6. ed. São Paulo: Saraiva, 2016, p. 186.

[14] Disponível em: https://www.infomoney.com.br/negocios/como-vender-mais/noticia/7661320/as-100-marcas-mais-valiosas-do-mundo-juntas-elas-valem-us-2-trilhoes. Acesso em 21-04-2019.

[15] SCHMIDT, Lélio Denicoli. *A distintividade das marcas*. São Paulo: Saraiva, 2013, p. 40.

do uso de qualquer meio de transporte por parte do trabalhador, ou por qualquer outro meio com o fim de retê-lo no local de trabalho; d) a vigilância ostensiva no local de trabalho por parte do empregador ou seu preposto, com o fim de retê-lo no local de trabalho; e) a posse de documentos ou objetos pessoais do trabalhador, por parte do empregador ou seu preposto, com o fim de retê-lo no local de trabalho.

O objetivo do Ministério do Trabalho e Emprego é erradicar o trabalho escravo e degradante, por meio de ações fiscalizatórias. A inspeção do trabalho visa regularizar os vínculos empregatícios dos trabalhadores encontrados e demais consectários e libertá-los da condição de escravidão. A Portaria Interministerial n. 4, do MTPS - Ministério do Trabalho e Previdência Social e do MMIRDH - Ministério das Mulheres, Igualdade Racial e Direitos Humanos, de 11 de maio de 2016, dispõe sobre as regras relativas ao Cadastro de Empregadores que tenham submetido trabalhadores a condições análogas à de escravo.

A referida portaria[16] traz o rol de empregadores que tenham submetido trabalhadores a condições análogas à de escravo, bem como dispor sobre as regras que lhes são aplicáveis. Esse cadastro, conhecido popularmente como "lista negra do trabalho escravo" é divulgado periodicamente no site do Ministério do Trabalho e Previdência Social, contendo a relação de pessoas físicas ou jurídicas autuadas em ação fiscal que tenha identificado trabalhadores submetidos a condições análogas à de escravo. Convém lembrar que a inclusão do empregador somente ocorrerá após a prolação de decisão administrativa irrecorrível de procedência do auto de infração lavrado na ação fiscal em razão da constatação de exploração de trabalho em condições análogas à de escravo. E será assegurado ao administrado, no processo administrativo do auto de infração, o exercício do contraditório e da ampla defesa a respeito da conclusão da Inspeção do Trabalho de constatação de trabalho em condições análogas à de escravo, na forma dos art. 629 a 638 da CLT e da Portaria n. 854, de 25 de junho de 2015, do Ministério do Trabalho e da Previdência Social. A organização e a divulgação do referido cadastro ficarão a cargo da DETRAE - Divisão de Fiscalização para Erradicação do Trabalho Escravo, inserida no âmbito da Secretaria de Inspeção do Trabalho do Ministério do Trabalho e Previdência Social.

[16] Vide arts. 1º a 4º da referida portaria, disponível em: https://www.legisweb.com.br/legislacao/?id=320458. Acesso em: 22-04-2019.

A relação a ser publicada conterá o nome do empregador, seu número de inscrição no Cadastro Nacional de Pessoas Jurídicas (CNPJ) ou no Cadastro de Pessoas Físicas (CPF), o ano da fiscalização em que ocorreram as autuações, o número de pessoas encontradas em condição análoga à de escravo, e a data decisão definitiva prolatada no processo administrativo do auto de infração lavrado.

O nome do empregador permanecerá divulgado no cadastro por um período de dois anos, durante o qual a Inspeção do Trabalho realizará monitoramento a fim de verificar a regularidade das condições de trabalho. Por fim, se no decurso do prazo de dois anos ocorrer reincidência na identificação de trabalhadores submetidos a condições análogas à de escravo, com a prolação de decisão administrativa irrecorrível de procedência do novo auto de infração lavrado, o empregador permanecerá no cadastro por mais dois anos, contados a partir de sua reinclusão.

Compete à Secretaria de Direitos Humanos, por intermédio da CONATRAE - Comissão Nacional para a Erradicação do Trabalho Escravo, acompanhar os procedimentos para inclusão e exclusão de nomes no referido cadastro de empregadores. A atual publicação do chamado "Cadastro de Empregadores que tenham submetido trabalhadores a condições análogas à de escravo" é do dia 3 de abril de 2019 [17].

Nos últimos anos diversas marcas tiveram seus nomes divulgados em ações fiscalizatórias de combate ao trabalho escravo, como Zara e M.Officer. Segundo reportagem da revista Isto é[18], em março de 2018 a grife M.Officer foi condenada num processo em que é acusada de manter trabalhadores em condições análogas à escravidão. A grife já havia sofrido derrotas em primeira e segunda instâncias, que estipularam uma multa de R$ 6 milhões de reais. As possibilidades de recurso estão esgotadas na esfera do TRT – Tribunal Regional do Trabalho, mas ainda há a possibilidade de recurso para o TST - Tribunal Superior do Trabalho e para o STF - Supremo Tribunal Federal.

Fruto de uma ação civil movida pelo Ministério Público do Trabalho, o caso tem origem em duas fiscalizações realizadas, em 2013, no bairro pau-

[17] O presente artigo foi escrito no primeiro semestre de 2019. Desse modo, sugerimos ao leitor que pretenda debruçar-se sobre o tema que verifique, junte ao site oficial do MTPS – www.trabalho.gov.br, a mais recente atualização no momento da sua pesquisa.

[18] Disponível em: https://www.istoedinheiro.com.br/m-officer-contra-a-parede/. Acesso em: 18-04-2019.

listano do Brás. Essas inspeções identificaram trabalhadores bolivianos e paraguaios confeccionando peças para a marca e submetidos a condições degradantes, com riscos à saúde e à segurança, além de jornadas exaustivas, em média, de 14 horas, de "domingo a domingo". As oficinas teriam sido subcontratadas por um fornecedor da companhia.

Procurada pela reportagem da Isto é, a M.Officer afirmou, em nota, que "repudia e é absolutamente contrária a qualquer espécie de trabalho em condições análogas as de escravo", além disso, apontou falhas na coleta e na análise das provas incluídas no processo. A companhia alega ainda que as oficinas não produziam exclusivamente para a grife e que as peças encontradas nesses locais não eram, em sua maioria, destinadas à marca. A empresa também contestou o fato de ter sido responsabilizada por práticas de elos indiretos de sua cadeia produtiva. Por fim, destacou a existência de um termo de responsabilidade assinado com seu fornecedor proibindo subcontratações.

Na avaliação de Rodrigo Castilho, procurador do Ministério Público do Trabalho, os argumentos da empresa são fracos: **"a grife é uma gigante da moda, que transfere a produção para empresas com pouca capacidade econômica e que lava as mãos se algo errado acontecer?"** O procurador aponta ainda que o Ministério Público do Trabalho nunca sustentou que a produção das oficinas era voltada exclusivamente à M.Officer, e sim que, no momento das inspeções, boa parte do trabalho era realizado para a grife.

No setor têxtil, o caso da M.Officer não é exceção. Marcas como Zara, Le Lis Blanc e Marisa, já foram alvos de ações relacionadas a condições de trabalho análogas à escravidão. "A questão existe, é bastante complexa, mas o setor vem unindo esforços para dar uma resposta a esse problema", diz Edmundo Lima, diretor-executivo da Abvtex - Associação Brasileira do Varejo Têxtil. Em 2010, a entidade criou um programa para monitorar e auditar, por meio de parceiros independentes, empresas que compõem a cadeia produtiva do segmento.

Desde então, foram realizadas 26,7 mil auditorias e quatro mil fornecedores foram certificados. No campo dos varejistas, 23 companhias, que representam 24% do setor de moda, integram o programa. "A cadeia têxtil possui 28 mil fornecedores. É extremamente pulverizada. Ainda tem muito a ser feito", afirma Edmundo Lima. Rodrigo Castilho, procurador do Ministério Público do Trabalho, reconhece que houve avanços, mas alerta: "o caso da M.Officer é emblemático para que essa transformação se consolide".

Outra denúncia, dessa vez envolvendo a grife Animale, foi objeto de reportagem da ONG Repórter Brasil, realizada com o apoio da DGB Bildungswerk, e publicada em 19 de dezembro de 2017[19]. Segundo a ONG, imigrantes bolivianos recebiam, em média, R$ 5,00 (cinco reais) para costurar peças de roupa vendidas por até R$ 698,00 (seiscentos e noventa e oito reais) em lojas da Animale. Os costureiros subcontratados trabalhavam mais de doze horas por dia no mesmo local onde dormiam, dividindo o espaço com baratas e instalações elétricas que ofereciam risco de incêndio.

Os casos foram flagrados em três oficinas na região metropolitana de São Paulo e levaram os auditores fiscais do trabalho a responsabilizar a Animale e a A. Brand, marcas do grupo Soma, por produzir roupas com trabalho análogo ao de escravo. Com as duas grifes, o Brasil contabiliza 37 (trinta e sete) marcas de roupa responsabilizadas por exploração de mão de obra análoga à de escravo desde 2009. Os casos fazem parte da base de dados do aplicativo "Moda Livre", ferramenta desenvolvida pela Repórter Brasil que mostra como 119 empresas de roupa combatem (ou não) esse tipo de exploração na produção da roupa que oferecem aos consumidores.

Ainda segundo a reportagem, a fiscalização das oficinas que forneciam para a Animale foi composta pela equipe da Superintendência Regional do Trabalho e Emprego de São Paulo, com o auxílio de auditores da Receita Federal. Os auditores constataram trabalho análogo ao escravo devido às jornadas exaustivas e às condições degradantes – elementos que caracterizam o crime do art. 149 do Código Penal. Em todas as oficinas os costureiros faziam jornadas acima dos limites legais. Em uma delas, os imigrantes costuravam das sete horas da manhã às nove da noite, com apenas uma hora de descanso. Todos os dez trabalhadores, cinco homens e cinco mulheres, eram bolivianos que chegaram ao Brasil nos últimos cinco anos. Como eles foram explorados em situação de extrema vulnerabilidade, sendo recrutados para isso, também foi constatado o tráfico de pessoas.

As oficinas eram pequenas e improvisadas, com mesas e bancos escolares que não lembram um local de trabalho. Em uma delas, sequer havia uma janela por onde o ar pudesse entrar. O pouco espaço restante do chão

[19] Disponível em: https://reporterbrasil.org.br/2017/12/trabalho-escravo-na-animale-r-698--na-loja-r5-para-o-costureiro/. Acesso em: 22-04-2019.

era usado para guardar pilhas de roupas que encostavam em fios aparentes. Somados aos botijões de gás no mesmo ambiente da oficina, esses tecidos traziam risco de incêndio ao locais onde sequer havia um extintor. Além disso, não havia água potável em nenhuma das oficinas. Cinco crianças moravam nos locais. Quando não estavam na escola, elas andavam e brincavam entre as máquinas e as pilhas de tecido. Além de colocar em risco sua própria segurança, a presença das crianças aumentava a chance de acidentes entre os trabalhadores, pois a atenção exigida por elas "compete diretamente com a aguda concentração exigida na atividade de costura", segundo os auditores.

Em nota enviada à reportagem, o grupo Soma negou que tivesse conhecimento das situações em que se encontravam os trabalhadores e das jornadas de trabalho a que eles eram submetidos. O grupo disse que "lamenta que suas marcas tenham sido associadas aos lamentáveis fatos, informando, por fim, que está colaborando com as autoridades públicas nas investigações e que vem tornando ainda mais rigorosa a fiscalização de sua cadeia produtiva".

Questionada se permite a "quarteirização" da sua produção, a Animale afirmou que "todos os fornecedores da companhia assinam contratos em que se comprometem a cumprir a legislação trabalhista vigente e a não realizar a contratação de trabalhadores em condições degradantes e/ou irregulares".

Para o auditor fiscal Luís Alexandre de Faria, não seria possível e nem aceitável que a empresa não soubesse da situação naqueles locais, já que eles determinavam os detalhes da produção e os prazos de entrega das peças que eram costuradas nas oficinas. "Eles não podem não saber a condição em que o principal produto da sua atividade econômica é produzido," diz o auditor. "Do mesmo jeito que eles têm preocupação com a qualidade, com o valor da marca, eles têm que estar preocupados com o valor do ser humano que produz o produto que vai levar sua marca". Logo após a divulgação da atual "lista negra", em 3 de abril de 2019, as grifes Animale e A. Brand entraram na Justiça e retiraram seus nomes da relação produzida anualmente pelo governo. A seguir transcrevemos trechos da nota da Animale[20].

[20] Nota na íntegra disponível em: https://reporterbrasil.org.br/2019/04/integra-da-nota-da-animale/. Acesso em: 23-04-2019.

> No dia 03 de abril, ANIMALE E ABRAND foram incluídas de forma INDEVIDA na lista suja da Inspeção do Trabalho. Na última sexta-feira, 12 de abril, nove dias após o ocorrido, seus nomes foram DEVIDAMENTE RETIRADOS da lista pelos órgãos competentes. Conforme comunicado publicado no início desse mês as marcas A.BRAND e ANIMALE lamentam que tenham sido associadas aos tristes fatos e esclarecem que a inclusão INDEVIDA das marcas refere-se a um episódio único e isolado ocorrido em setembro de 2017 no qual um fornecedor da marca subcontratou, sem qualquer consentimento da empresa, serviços de costura onde foram constatadas as irregularidades, descumprindo veementemente a vedação a quarteirização de serviços e à cláusula 8 do contrato de prestação de serviço:
>
> "Cláusula 8 – Fica proibido que a CONTRATADA utilize, para a prestação de serviços objeto do presente, direta ou indiretamente, mão de obra infantil, escrava, em condições análogas à escravidão, ou em condições sub-humanas, devendo garantir a seus empregados e contratados remuneração compatível com o piso salarial da categoria, jornadas e condições de trabalho conforme legislação em vigor." Vale ressaltar que a A.BRAND e ANIMALE, sensibilizadas pela situação ocorrida na ocasião, antes mesmo de receberem qualquer evidencia e sem assumir responsabilidades trabalhistas pelos fatos apontados, realizaram uma significativa ajuda humanitária equivalente aos direitos trabalhistas devidos aos profissionais, o que foi imediatamente aceito pelo Ministério do Trabalho.

O fato é que atualmente, a grande maioria das marcas não possui fábricas próprias, o que dificulta o controle das condições de trabalho ao longo de uma cadeia de fornecimento. Na prática, uma marca pode fazer um pedido de produção para o fornecedor "A". Este fornecedor divide o pedido e contrata as fábricas "B", "C" e D". Essa subcontratação não autorizada faz com que os trabalhadores se tornem invisíveis na cadeia de fornecimento e pode abrir espaço para a violação dos direitos humanos.

Uma denúncia como essa nos lembra o desastre ocorrido em 24 de abril de 2013, em Daca, capital de Bangladesh. Naquela dia o edifício Rana Plaza desabou, causando a morte de 1.134 pessoas e ferindo outras 2.500. A maioria eram trabalhadores de confecções que forneciam para grandes marcas globais do varejo como H&M, Walmart e Gap. Este triste episódio deixou claro que a indústria da moda precisava de mudanças urgentes. O primeiro passo para essa mudança implica em dar muito mais transparência sobre as relações comerciais com fornecedores, condições de trabalho e impactos ambientais ao longo de toda a cadeia produtiva.

Segundo reportagem da Revista Exame, após o desastre a produção têxtil no país sofreu mudanças importantes, mas insuficientes, de acordo com dois relatórios recentes de universidades americanas. Eles apontam uma melhora principalmente na segurança dos prédios, resultado de dois grandes acordos internacionais voluntários assinados depois da tragédia, sob forte pressão, por marcas e varejistas. Os acordos foram batizados de "Aliança" (dominado por marcas americanas) e de "Acordo" (com foco europeu) e dois extras importantes: incluiu sindicatos e prevê punições para violações. Os dois movimentos inspecionaram 2.800 fábricas em Bangladesh nos últimos anos e a taxa de resolução dos problemas foi de 89% na Aliança e 84% no Acordo. Praticamente nenhuma fábrica tinha saída de emergência incêndio, por exemplo[21].

O relatório do Centro Stern da Universidade de Nova York ainda aponta dois problemas remanescentes: há muitas fábricas monitoradas pelo governo, que tem menor grau de controle, e outras que por fazerem serviços de apoio e não lidarem diretamente com marcas internacionais fogem do escopo das iniciativas. O relatório estima um custo extra de US$ 1,2 bilhão para resolver estas omissões em um modelo de "responsabilidade partilhada" entre governo e marcas.

Bangladesh é o segundo maior produtor de têxteis do planeta, depois da China. O país exportou US$ 28 bilhões em roupas em 2016, o equivalente a 80% das suas exportações. Cerca de 64% vão para a Europa e 18% para os EUA. Outro estudo, promovido pela Universidade da Pensilvânia aponta que Bangladesh tem hoje o menor salário mínimo (63 dólares por mês) e o menor salário efetivo (14% do considerado necessário) entre todos os grandes países exportadores de têxteis do planeta. As marcas pagam menos hoje do que em 2013, na época do desastre do edifício Rana Plaza, para comprar roupas de Bangladesh – e as quedas nos preços de algodão e mudanças cambiais explicam apenas uma pequena parte disso. Além disso,

[21] Disponível em: https://exame.abril.com.br/economia/5-anos-apos-desabamento-o-que--mudou-nas-fabricas-de-bangladesh/. Acesso em 12-04-2019.

o modelo de "fast fashion", com necessidade de coleções chegando cada vez mais rápido ao mercado, encurta o prazo dos fornecedores, gerando ainda mais pressão.

O dilema principal segue sem resposta: é esperado que grandes empresas garantam a segurança de seus fornecedores e paguem salários que sustentem suas famílias. Ao mesmo tempo, devem enfrentar a competição buscando sempre o menor custo para sustentar preços baixos. Uma ideia interessante foi proposta no relatório de 2018 do *Boston Consulting Group* em parceria com a *Global Fashion Agenda*, uma organização de moda focada em sustentabilidade. Segundo o documento, mais da metade do valor de uma camiseta produzida em Bangladesh e vendida em Berlim é agregado na etapa final, com imposto e margem do varejo, de acordo com um estudo do Fórum Econômico Mundial com a consultoria *Accenture*. Isso significa que qualquer aumento do salário na base, por menor que seja, acaba sendo multiplicado várias vezes na ponta, se tornando proibitivo.

A ideia nova é que as empresas pressionem os fornecedores para aumentar o salário dos trabalhadores, mas que incluam este custo extra diretamente no preço final. Assim, os consumidores saberiam que estão pagando a mais para beneficiar diretamente quem mais precisa, e não para aumentar as margens das grandes empresas.

Segundo reportagem da Revista Exame, o Fashion Revolution trabalha para mudar esse cenário exigindo mais transparência da indústria da moda – o Índice de Transparência da Moda é uma das ferramentas criadas para auxiliar nesse sentido. Transparência significa a divulgação pública de dados e informações confiáveis, compreensíveis e comparáveis sobre as políticas, práticas e impactos de marcas e varejistas em relação aos seus trabalhadores, às comunidades e ao meio ambiente ao longo de toda a cadeia de valor[22].

O Índice de Transparência da Moda existe globalmente desde 2016 e chegou ao Brasil em 2018 para revisar e classificar 20 das maiores marcas que operam em território nacional. O Brasil é um dos principais polos têxteis do mundo e representa o quarto maior parque produtivo de confecção, empregando 1,479 milhão de funcionários diretos, dos quais 75% são mulheres. O País é ainda a maior cadeia têxtil completa do Ocidente,

[22] Disponível em: https://exame.abril.com.br/negocios/quem-faz-sua-roupa-nasce-lo-indice-sobre-transparencia-da-moda-no-brasil/. Acesso em: 27-04-2019.

que contempla desde a produção das fibras, como o algodão, passando por fiação, tecelagem, beneficiamento, confecção e varejo, até as passarelas. Reforçando sua relevância como um dos principais atores do setor, o Brasil é o primeiro país a ter uma edição nacional do Índice de Transparência da Moda, enfatizando a necessidade de aprofundar as discussões locais sobre a importância da transparência na construção de uma indústria da moda com melhores práticas.

A primeira edição do Índice de Transparência da Moda Brasil foi elaborada pelas equipes do Fashion Revolution global e Fashion Revolution Brasil e contou com a parceria técnica do Centro de Estudos em Sustentabilidade da Fundação Getulio Vargas (FGVces). O objetivo é mostrar iniciativas de boas práticas na cadeia de fornecimento da moda e demandar maior responsabilidade socioambiental das empresas do setor. O índice internacional analisa dezenas de varejistas e os classifica em cinco áreas-chave: política e compromissos, governança, rastreabilidade, "know, show e fix" (capacidade de identificar e responder aos problemas da cadeia) e questões emergentes.

Para a edição inaugural foram selecionadas vinte marcas, conforme faturamento e representatividade no segmento de atuação: Animale, Farm, Malwee, Osklen, Brooksfield, Marisa, Havaianas, Pernambucanas, C&A, Hering, Cia. Marítima, Melissa, Riachuelo, John John, Moleca, Renner, Ellus, Le Lis Blanc, Olympikus e Zara. Segundo o formato do índice internacional, a equipe brasileira compilou e avaliou a disponibilidade de informações oferecidas pelas empresas em cinco categorias: "Políticas e Compromissos", "Governança", "Rastreabilidade", "Conhecer, Comunicar e Resolver" e "Tópicos em Destaque". Nesta última, são abordados temas como: salários justos para viver, resíduos e empoderamento feminino. Os questionários enviados para as marcas possuíam uma pontuação máxima de 250 pontos, que foram convertidos em porcentagens.

A pontuação geral média no Brasil foi de 17% (equivalente a 41 de 250 pontos possíveis). Na edição 2018 do índice global, a pontuação média entre 150 grandes marcas e varejistas internacionais analisadas foi de 21%, o que aponta para a enorme quantidade de trabalho que ainda precisa ser feito. Dentre as vinte grandes marcas e varejistas pesquisadas No Brasil, oito (40%) não responderam ao questionário e foram consideradas não transparentes, obtendo pontuação final igual a 0%: Brooksfield, Cia. Marítima, Ellus, John John, Le Lis Blanc, Melissa, Moleca e Olympikus. É importante frisar que isso não significa, necessariamente, que elas não tenham boas práticas e iniciativas, mas que, no momento da pesquisa, não compartilhavam publicamente nenhuma informação sobre os temas investigados. As empresas tiveram um mês para responder ao questionário.

Entre **as doze marcas que responderam o questionário** (60% da mostra total), aparecem em ordem crescente de pontuação: Pernambucanas (10%), Marisa (13%), Farm (15%), Animale (15%), Hering (17%), Riachuelo (23%), Renner (26%), Osklen (34%), Havaianas (36%) e Zara (40%). Por sua vez, a C&A e a **Malwee** lideram o Índice pontuando 53% e 51%, respectivamente, no resultado geral, sendo as únicas na faixa de 51 a 60%.

Embora as marcas estejam começando a publicar informações, ainda existem muitas questões pouco conhecidas, como o impacto sobre os trabalhadores e o ambiente. Elas até pontuam bem no quesito de divulgação de metas para melhorar práticas nesses quesitos, mas muitas deixam a desejar na hora de detalhar o passo a passo para atingi-las no longo prazo. Em geral, elas tendem a dar maior visibilidade a seus valores e crença, em detrimento de ações e resultados concretos: apenas 35% das marcas brasileiras publicam metas mensuráveis com datas definidas para atingir melhorias na cadeia, e somente 20% divulgam o progresso obtido.

Um exemplo disso é que as dozes marcas que responderam pontuaram em políticas relativas aos direitos humanos, o combate à discriminação e ao trabalho forçado ou análogo a escravo e infantil, mas apenas sete pontuaram na seção de rastreabilidade na cadeia de fornecimento, que permite coibir condutas inapropriadas. Segundo Carry Somers, cofundadora do Fashion Revolution Global:

> "Há um longo caminho ainda para garantir que as pessoas que produzem nossas roupas possam viver e trabalhar em condições dignas, saudáveis e sem medo de perder sua vida. Ainda tem muita coisa escondida na cadeia da moda, em grande medida pela complexidade e escala, se não conseguirmos enxergar esses aspectos, não conseguiremos consertá-los".

Conclusões

O que vemos é que não é parte da cultura das empresas um processo transparente, que mostre efetivamente o que acontece na cadeia produtiva. Mas isso está mudando por pressões externas, feitas pelo próprio mercado consumidor, que não quer comprar roupas feitas por pessoas em condições análogas à escravidão. No entanto, na prática simplesmente não há informação suficiente sobre a cadeia de produção das roupas que compramos. Quando estamos munidos de mais informações sobre os impactos sociais e ambientais das roupas que compramos, somos capazes de fazer escolhas de compras mais conscientes. Dessa forma, entendemos que a transparência constrói confiança nos consumidores em relação às marcas.

É importante lembrar que transparência é um meio para a mudança e não um fim. Ela funciona como uma valiosa ferramenta para orientar as empresas a uma cultura de autoanálise e prestação de contas, levando a mudanças na forma como os negócios são conduzidos e, consequentemente, traz melhorias nas condições de trabalho e práticas socioambientais ao longo de toda a indústria.

Portanto, divulgar informações publicamente pode trazer benefícios significativos e de longo prazo para as empresas, gerar melhores resultados para os trabalhadores, mitigar impactos sociais e ambientais e facilitar o acesso à informação aos consumidores.

Maior transparência e responsabilização também significa que os problemas podem ser resolvidos e as soluções podem ser encontradas mais rapidamente ao longo da cadeia de fornecimento. Em síntese, acreditamos que maior transparência levará à maior responsabilização, o que provocará mudanças nos negócios. Por fim, tomando emprestada as palavras de Eloisa Artuso, coordenadora nacional do projeto do Índice, a publicação de informações sobre condutas e práticas socioambientais das empresas de moda ajuda a construir a imagem da marca e, com isso, a confiança dos consumidores e investidores. A ideia, em síntese, é que essa ferramenta ajude a promover melhorias para toda a indústria e trazer mais informação para o consumidor. Ou seja, a transparência será o catalisador de mudanças.

Referências

BITTAR, Carlos Alberto. *Direito de autor*. 4. ed. Rio de Janeiro: Forense Universitária, 2005.

CHAVES, Antônio. Direito de autor. In: FRANÇA, R. Limongi (Coord.). *Enciclopédia Saraiva de Direito*. São Paulo: Saraiva, 1977, v. 26.

FRANÇA, R. Limongi (Coord.). *Enciclopédia Saraiva de Direito*. São Paulo: Saraiva, 1977, v. 26.

EBOLI, João Carlos de Camargo. *Pequeno mosaico do direito autoral*. São Paulo: Irmãos Vitale, 2006.

LEITE, Eduardo Lycurgo. *Direito de autor*. Brasília: Brasília Jurídica, 2004.

MARKY, Thomas. *Curso elementar de direito romano*. 8. ed. São Paulo: Saraiva, 1995.

MENEZES, Elisângela Dias. *Curso de direito autoral*. Belo Horizonte: Del Rey, 2007.

MORO, Maitê Cecília Fabbri. Cumulação de regimes protetivos para as criações técnicas. In: SANTOS, Manoel J. Pereira dos; JABUR, Wilson Pinheiro (Coord.). *Propriedade intelectual*: criações industriais, segredos de negócio e concorrência desleal. São Paulo: Saraiva, 2007, p. 331 (Série GV*Law*).

PINHEIRO, Patricia Peck. *Direito digital*. 6. ed. São Paulo: Saraiva, 2016.

SCHMIDT, Lélio Denicoli. *A distintividade das marcas*. São Paulo: Saraiva, 2013.

SHERWOOD, Robert M. *Propriedade intelectual e desenvolvimento econômico*. Trad. Heloísa de Arruda Villela. São Paulo: Edusp, 1992.

12. O Trabalho Escravo na Moda: Limites da Responsabilidade Penal no Contexto da Terceirização

Patricia Vanzolini

Introdução

Segundo a pesquisa "The Global Slavery Index 2018"[23], realizada pela Fundação Walk Free em 2016 havia 369.000 pessoas em situação análoga à de escravo no Brasil, o que configura uma taxa de 1.8 para cada mil habitantes. As vitimas concentram-se majoritariamente em três atividades econômicas: industriais rurais de extrativismo ou de trabalho intensivo (*v.g.* produção de carvão, café, pecuária, mineração), construção civil e indústria têxtil. No Estado de São Paulo, por exemplo, há relatos de trabalhadores imigrantes em condições análogas à de escravo empregados na produção de roupas que abastecem as cadeias de fornecimento de grandes empresas multinacionais.

Do ponto de vista do Direito Penal, a exploração de trabalho escravo constitui crime previsto no artigo 149 do Código Penal, punido com reclusão de 2 a 8 anos. No entanto, no que concerne à indústria da moda, as mesmas peculiaridades que a tornam especialmente vulnerável à essa prática também dificultam a responsabilização criminal.

Imagine-se a seguinte situação: determinada empresa (que chamarei de "EMPRESA A") do ramo têxtil terceiriza parte de seu processo produtivo,

[23] https://www.globalslaveryindex.org/. Sitio acessado em 12/02/2019

contratando os serviços de várias pequenas oficinas de costura, nos períodos do ano de alta demanda. Após uma operação de fiscalização realizada pelo Ministério Público do Trabalho em uma das oficinas (que chamarei de "EMPRESA B") são encontrados trabalhadores estrangeiros indocumentados e trabalhando em situação descrita como análoga a de escravo, sendo submetidos a jornadas excessiva bem como a condições degradantes de trabalho, alimentação e moradia. Durante a fiscalização são encontradas na referida oficina peças de roupa destinadas à "EMPRESA A". Digamos ainda que os responsáveis pela "EMPRESA A" responsabilizem-se pelos encargos trabalhistas relativos à rescisão contratual dos trabalhadores libertados. Pergunta-se: nessa situação será possível condenar criminalmente os responsáveis "EMPRESA A", junto com os responsáveis pela "EMPRESA B", pelo crime do artigo 149 do Código Penal? E a pergunta que se procurará responder ao longo do presente estudo.

1. Análise do Tipo

O artigo 149 está alocado dentre os "Crimes contra a pessoa" (Título I), especificamente dentre os "Crimes contra a liberdade individual" (Capítulo V. De 1940, data da entrada em vigor do Código Penal, até 2003 o crime de "redução à condição análoga à de escravo", chamado também de "plágio"[24], era absolutamente genérico, descrito como "reduzir alguém à condição análoga à de escravo". Com ele pretendia-se proteger a liberdade individual contra a mais intensa lesão que poderia sofrer, vale dizer, a escravidão, a transformação do homem em *res*, coisa pertencente a outro homem e inteiramente sob o jugo deste, violando-se também, nessa linha, a própria dignidade da pessoa humana. Ainda que fossem as melhores as intenções o fato é que o grau de abertura e indeterminação do dispositivo prejudicava a sua aplicação prática. O ínfimo número de acórdãos versando sobre o crime antes de 2003 o confirma.

A Lei 10.803 de 11 de dezembro de 2003, remodelou o tipo, ajustando-o a um problema recorrente na sociedade brasileira, qual seja, a dinâmica produtiva conhecida como exploração de "trabalho escravo", que grassa

[24] O direito romano possuía um tipo penal que proibia a condução da vítima, indevidamente, ao estado de escravidão, cujo nomen iuris era plagium (BITTENCOURT, Cezar Roberto. Tratado de Direito Penal 2: Parte Especial: dos crime contra a pessoa. 12ª edição. São Paulo: Saraiva, 2012, p. 386).

em diversas searas notadamente na indústria têxtil. O tipo passou a contar com descrição mais precisa e determinada, vinculando-se especificamente às relações laborais. Além disso, em 2017 a portaria 1.293 de 28 de dezembro de 2017, do Ministério do Trabalho passou a dispor sobre os conceitos de trabalho em condições análogas à de escravo, fornecendo importante baliza para a aplicação da lei penal. Sob essa nova roupagem passou a se entender que o bem jurídico protegido não é apenas a liberdade individual mas também os direitos trabalhistas e previdenciários vilipendiados e a própria organização do trabalho. Justamente por essa razão é que se sedimentou na jurisprudência a competência da justiça federal, com base no artigo 109, VI da Constituição Federal, para julgar tal crime [25].

É amplamente dominante o entendimento de que o consentimento do ofendido não exclui a tipicidade nem a ilicitude, ou seja, não afasta a responsabilidade penal. O crime subsistirá, ainda que a vítima tenha concordado com sua própria exploração [26]. Como já amplamente sedimen-

[25] Ementa Recurso extraordinário. Constitucional. Penal. Processual Penal. Competência. Redução a condição análoga à de escravo. Conduta tipificada no art. 149 do Código Penal. Crime contra a organização do trabalho. Competência da Justiça Federal. Artigo 109, inciso VI, da Constituição Federal. Conhecimento e provimento do recurso. 1. O bem jurídico objeto de tutela pelo art. 149 do Código Penal vai além da liberdade individual, já que a prática da conduta em questão acaba por vilipendiar outros bens jurídicos protegidos constitucionalmente como a dignidade da pessoa humana, os direitos trabalhistas e previdenciários, indistintamente considerados. 2. A referida conduta acaba por frustrar os direitos assegurados pela lei trabalhista, atingindo, sobremodo, a organização do trabalho, que visa exatamente a consubstanciar o sistema social trazido pela Constituição Federal em seus arts. 7º e 8º, em conjunto com os postulados do art. 5º, cujo escopo, evidentemente, é proteger o trabalhador em todos os sentidos, evitando a usurpação de sua força de trabalho de forma vil. 3. É dever do Estado (lato sensu) proteger a atividade laboral do trabalhador por meio de sua organização social e trabalhista, bem como zelar pelo respeito à dignidade da pessoa humana (CF, art. 1º, inciso III). 4. A conjugação harmoniosa dessas circunstâncias se mostra hábil para atrair para a competência da Justiça Federal (CF, art. 109, inciso VI) o processamento e o julgamento do feito. 5. Recurso extraordinário do qual se conhece e ao qual se dá provimento. (RE 459510, Relator(a): Min. CEZAR PELUSO, Relator(a) p/ Acórdão: Min. DIAS TOFFOLI, Tribunal Pleno, julgado em 26/11/2015, ACÓRDÃO ELETRÔNICO DJe-067 DIVULG 11-04-2016 PUBLIC 12-04-2016)

[26] PRADO, Luiz Regis. Tratado de Direito Penal Brasileiro: volume II. 2ª Edição. São Paulo: Revista dos Tribunais, 2017, p. 330; PEDROSO, Fernando de Almeida. Direito Penal: parte especial: doutrina e jurisprudência. 2ª ed. Leme: J. H. Mizuno, 2017, p. 412; GOLÇALVES, Vitor Eduardo Rios. Curso de Direito Penal: parte especial (arts. 121 a 183) – volume 2. 2ª edição. São Paulo: Saraiva Educação, 2018, p. 252; ESTEFAM, André. Direito Penal, volume 2: parte especial (arts. 121 a 234-A). 5ª edição. São Paulo: Saraiva Educação, 2018, p. 366,

tado, o tipo penal em análise não requer a privação da liberdade, o que se nota da própria redação típica. No entanto, apesar de abrangente, o crime apresenta forma vinculada, ou seja, o legislador define quatro formas específicas para a sua prática de cometimento que constituem *numerus clausus*, vedado o recurso à analogia para que outras sejam incluídas. São elas: *submeter a trabalhos forçados, submeter a jornada exaustiva, sujeitar a condições degradantes* ou *restringir sua locomoção em razão de divida com o empregador.* Além disso, em todas as modalidades o crime é comissivo, ou seja, é preciso que o agente pratique as condutas típicas ou com elas colabore de forma ativa. A omissão somente será penalmente relevante quando o omitente tenha o deve ser agir para impedir o resultado . Por fim, o artigo 149 é tipo misto alternativo, de modo que a prática de mais de uma das condutas (ex vi. submeter a trabalhos forçados e à jornada exaustiva) contra a mesma vitima, contribuindo para a criação da situação análoga à escravidão, configura crime único, devendo a pluralidade de violação ser levada em conta no momento da fixação da pena-base (artigo 59, CP).

Trabalhos forçados, segundo o artigo 2º, I da Portaria MTB 1.293/17 "é aquele exigido sob ameaça de sanção física ou psicológica e para o qual o trabalhador não tenha se oferecido ou no qual não deseje permanecer espontaneamente." Jornada exaustiva, segundo o artigo 2º, II da Portaria MTB 1.293/17 "é toda forma de trabalho, de natureza física ou mental, que, por sua extensão ou por sua intensidade, acarrete violação de direito fundamental do trabalhador, notadamente os relacionados a segurança, saúde, descanso e convívio familiar e social." Note-se que o pagamento de horar-extras ou qualquer outra forma de compensação não afastam o tipo.

Condições degradantes, segundo o artigo 2º, III da Portaria MTB 1.293/17 "é qualquer forma de negação da dignidade humana pela violação de direito fundamental do trabalhador, notadamente os dispostos nas normas de proteção do trabalho e de segurança, higiene e saúde no trabalho."

Como se nota, as expressões empregadas pelo legislador são elementos normativos que precisam, ser determinados pelo juiz no momento da aplicação da norma, empregando-se como baliza, o sentido dado a tais expressões no âmbito das normas trabalhistas. No entanto, é preciso esclarecer que nem toda a violação aos preceitos do direito do trabalho há de confi-

BITENCOURT, Cezar Roberto. Tratado de Direito Penal 2: Parte Especial: dos crime contra a pessoa. 12ª edição. São Paulo: Saraiva, 2012, p. 390.

gurar o crime. O princípio da intervenção mínima, e seus corolários fragmentariedade e subsidiariedade, exigem que o Direito Penal ocupe o lugar de ultima ratio na solução dos conflitos sociais. Desse modo o simples descumprimento de normas relativas à saúde ou segurança no trabalho não é suficiente para caracterizar, de per si, o crime de redução à condição análoga à de escravo. De outra mão, de acordo com a teoria da imputação objetiva, o atendimento a tais normas significará, via de regra, que a conduta se encontra no âmbito do risco permitido e dessa forma será atípica. Em suma, o cumprimento das normas trabalhistas afasta o crime de plágio, mas o seu descumprimento não configura de forma automática, a existência do delito. Como afirma com acerto Bitencourt "não será contudo, qualquer constrangimento gerado por eventuais irregularidades nas relações de trabalho que tipificará este crime" [27].

Os verbos empregados pelo legislador, quanto a essas três primeiras condutas, são submeter e sujeitar. Significa que o regime de trabalho ilícito deve ser imposto pelo empregador, embora não necessariamente com violência ou grave ameaça. Se for o próprio empregado que se auto-impõe, por exemplo, jornada exaustiva, trabalhando por conta própria muito além do horário devido, não há crime [8]. É preciso no entanto muito cuidado no exame do caso concreto, levando-se sempre em conta, evidentemente, que a relação laboral é intrinsecamente coativa e desequilibrada. Por fim, como se pode ver, sobretudo em relação às três primeiras condutas, não é necessário que haja privação da liberdade de locomoção, nem que a vitima seja transportada à força ou enclausurada no local de trabalho.

A última conduta descrita no caput constitui restringir a locomoção em razão de dívida. Nesse caso o empregador impede o empregado de sair do local para garantir dívida contraída. O parágrafo 1º do artigo 149 também traz condutas diretamente relacionadas à limitação material do direito de ir e vir. São elas: cercear o uso de meio de transporte, manter vigilância ostensiva ou se apoderar de documentos ou objetos pessoais do trabalhador. Nos três casos, é preciso que a conduta seja motivada por um elemento subjetivo especial, qual seja, reter o trabalhador no local de trabalho.

Em relação a todas as condutas, o sujeito ativo é apenas quem pode submeter, sujeitar ou restringir a liberdade do trabalhador, ou seja, apenas o

[27] BITTENCOURT, Cezar Roberto. Tratado de Direito Penal 2: Parte Especial: dos crime contra a pessoa. 12ª edição. São Paulo: Saraiva, 2012, p. 390. No mesmo sentido: GRECO, Rogério. Curso de Direito Penal. Vol. II. 6ª Edição. Niterói: Impetus, 2009, p. 545.

empregador ou seu preposto. Trata-se de crime próprio[9], pois exige um vínculo de subordinação laboral entre auto de vitima. É possível a participação de 3º que não possuía tal condição, desde que agindo em concurso de pessoas com aquele que a tenha.

É importante lembrar que embora o crime tenha inequívoco perfil laboral a responsabilidade penal jamais recairá sobre pessoa jurídica, ainda que ela seja, legalmente, a empregadora. Como se sabe, o ordenamento jurídico brasileiro só admite responsabilidade penal da pessoa jurídica em relação a crimes ambientais, por força da disposição expressa da lei 9.605/98. Nos demais casos, ainda que a conduta tenha sido praticada em nome da empresa e em seu beneficio, apenas as pessoas físicas responsáveis responderão criminalmente.

Sujeito passivo é aquele que ostente a condição de trabalhador subordinado ao sujeito ativo (crime próprio). Ou seja é preciso que haja uma especial relação entre sujeito ativo e passivo, um "vínculo trabalhista" em sentido lato, para que se perfaça o tipo:

> "A ausência dessa relação de prestação se serviço entre sujeito ativo e passivo impede que se configure essa infração penal, ainda que haja a restrição da liberdade prevista no dispositivo" [28].

O vínculo laboral pode ser de qualquer espécie, formal ou informal, desde que não envolva atividades ilícitas (como por exemplo, o jogo do bicho e o tráfico de drogas.) . Presente o referido vínculo, qualquer pessoa física pode ser sujeito passivo do crime, independentemente de idade ou capacidade de entender ou querer Naturalmente a pessoa jurídica não pode figurar como vitima do plágio.

Por fim, o tipo só é previsto na modalidade dolosa, ou seja, exige a consciência e vontade de submeter a vitima às condições previstas no tipo. Não há previsão de forma culposa. Para as condutas equiparadas exige-se ainda o elemento subjetivo especial consistente no *fim de reter o trabalhador no local de trabalho.*

[28] BITTENCOURT, Cezar Roberto. Tratado de Direito Penal 2: Parte Especial: dos crime contra a pessoa. 12ª edição. São Paulo: Saraiva, 2012, p. 388/389

2. Desafios à Imputação Objetiva

Retomemos o caso hipotético e a pergunta lançada na introdução do presente estudo: o crime de redução à condição análoga à de escravo é objetivamente imputável aos responsáveis pela "EMPRESA A"? Como se acabou de ver o crime do artigo 149 é comissivo, quando às formas de conduta e próprio quanto ao sujeito ativo.

Os responsáveis pela "EMPRESA A" não são os empregadores, de fato ou de direito, dos trabalhadores da "EMPRESA B" de modo que não praticaram ativamente as condutas descritas no tipo, vale dizer, não submeteram tais trabalhadores àquelas condições. Restaria então saber, poderiam ser responsabilizados a titulo de omissão pelo fato de nada terem feito para evitar a situação? Por não terem, por exemplo, realizado diligencias *in loco* para verificar as condições de trabalho dos empregado? De acordo com a teoria geral do direito penal, o crime comissivo só pode ser imputado a determinado agente a título de omissão Para que o crime em questão seja imputado a título de omissão exige-se, portanto, não um simples dever de agir, comum aos tipos penais omissivos, mas sim de um especial dever de agir. Nesse passo, oportuno o esclarecimento de Fernando Galvão:

> A omissão imprópria caracteriza-se pelo especial dever de agir para impedir o resultado, que distingue, dentre os membros da sociedade, aqueles que possuem obrigação relevante de proteção do bem jurídico, ao definir quem está na posição de garantidor[29].

E também uma das figuras mais proeminentes na elaboração do Código Penal vigente, o Ministro FRANCISCO DE ASSIS TOLEDO:

> Note-se que a posição de garantidor ou de 'garante' é excepcional, atinge apenas quem por lei ou voluntariamente tenha assumido essa responsabilidade. Não se estende, pois generalizadamente a todo e qualquer indivíduo que eventualmente esteja em condições

[29] ROCHA, Fernando A. N. Galvão da. Direito Penal Parte Geral. 2ª Edição. Belo Horizonte: Del Rey, 2007, p. 236.

> de prestar auxílio ou socorro, como ocorre no crime omissivo próprio de omissão de socorro (art. 135)"[30].

O texto do artigo 13, §2º do CP estabelece *numerus clausus* a "causalidade" normativa para a omissão imprópria. Mais uma vez, na pena de TOLEDO:

> Com efeito, o legislador pátrio estabeleceu um nexo de causalidade normativo entre a omissão e o resultado, no art. 13 e parágrafos do Código Penal, especificando as hipóteses em que esse nexo deva ser reputado presente[31].

O dever constitutivo do nexo normativo que permite ao garantidor responder pelo resultado típico há de ser jurídico, quedando excluídos os deveres morais como base da responsabilidade penal. A partir desse critério, por exemplo, somente a mãe poderia responder por homicídio (agravado) comissivo por omissão pela morte de seu filho – *dever jurídico* –, enquanto o namorado que se omite em salvar sua namorada responderia unicamente por uma omissão de socorro – *dever moral.*

Esta imputação objetiva vale dizer, normativa, ao tipo de injusto nada tem a ver com o dolo e deve ser verificada antes mesmo de qualquer análise da imputação subjetiva. A cláusula geral do artigo 13, §2º do Código penal brasileiro cumpre, desde há muito, a função de restringir a responsabilidade a titulo de omissão (*v.g.* se várias pessoas de frente para o mar observam um banhista se afogar, não é imaginável considerar que todas elas cometem um homicídio por omissão, já que isto permitiria que a responsabilidade por omissão estendesse-se a limites absurdos). No crime em comento notadamente comissivo, a imputação da omissão imprópria exige uma descrição, ainda que ligeira, do liame normativo que fundamenta o dever de garantia, ou seja, o dever jurídico de impedir o resultado.

A relação entre as hipotéticas EMPRESA A e EMPRESA B gera o dever de garantia? O entendimento dominante na jurisprudência é que não,

30 TOLEDO, Francisco de Assis. Princípios básicos de direito penal, São Paulo: Saraiva, 1994, p. 118.

31 TOLEDO, Francisco de Assis. Princípios básicos de direito penal, São Paulo: Saraiva, 1994, p. 116.

mesmo no que tange á responsabilidade trabalhista, muito mais abrangente do que a criminal, conforme já sufragou o Tribunal Superior do Trabalho:

> PROCESSO No TST-RR-240-22.2010.5.04.0383 ACÓRDÃO 7a TURMA RECURSO DE REVISTA – CONTRATO DE FACÇÃO – RESPONSABILIDADE SUBSIDIÁRIA – INEXISTÊNCIA. No caso dos autos, as reclamadas firmaram contrato de prestação de serviços de confecção de calçados, por meio de contrato de facção, no qual a segunda-reclamada repassava modelagem e amostras para serem confeccionadas pela primeira-reclamada, sem exclusividade, e a fiscalização operada pela segunda-reclamada se dava com vistas à observância da qualidade da produção, não se dirigindo diretamente aos empregados da linha de produção. Portanto, tal atitude não configura, por si só, ingerência, sendo perfeitamente aceitável que a empresa contratante tenha interesse no controle da qualidade dos produtos que seriam adquiridos. Assim, constata-se que a reclamante se encontrava subordinada, exclusivamente, à primeira-reclamada. Inaplicável ao caso dos autos o disposto na Súmula no 331, IV, do TST, por inexistir terceirização de serviços na hipótese. Recurso de revista conhecido e provido.

É o que também reconheceu o Desembargador Federal Catão Alves, do Tribunal Regional Federal da 1ª Região:

> PENAL E PROCESSUAL PENAL - RECURSO EM SENTIDO ESTRITO -REDUÇÃO A CONDIÇÃO ANÁLOGA À DE ESCRAVO - FRUSTRAÇÃO DE DIREITO ASSEGURADO POR LEI TRABALHISTA E AUSÊNCIA DE ANOTAÇÕES NAS CARTEIRAS DE TRABALHO E PREVIDÊNCIA SOCIAL - ARTS. 149, CAPUT, 203, CAPUT, E 297, § 4º, DO CÓDIGO PENAL - DENÚNCIA QUE IMPUTA A PRÁTICA DELITUOSA SEM DEMONSTRAR O NEXO CAUSAL ENTRE O CRIME IMPUTADO E O ACUSADO - NÃO-RECEBIMENTO. a) Recurso em Sentido Estrito. b) Decisão de origem - Rejeitada a Denúncia em relação a um dos acusados por falta de indícios de autoria. 1 - A verificação da narração de fato típico, antijurídico e culpável, da inexistência de causa de extinção da punibilidade e da presença das

> condições exigidas pela lei para o exercício da persecução criminal, incluída a justa causa, revela-se fundamental para o juízo de admissibilidade de deflagração da Ação Penal.2 - Conforme preceitua o art. 13 do Código Penal, o resultado, de que depende a existência do crime, somente é imputável a quem lhe deu causa. A Denúncia, apesar de não se exigir a descrição minuciosa da ação do acusado, precisa estabelecer algum vínculo mínimo entre o investigado e o crime que lhe é atribuído. 3 - Recurso denegado. 4 - Decisão confirmada. (TRF 1. RSE 0000153-09.2013.4.01.4302 / TO. DESEMBARGADOR FEDERAL CATÃO ALVES. TERCEIRA TURMA. 20/09/2013 e-DJF1 P. 329).

Do voto do relator extrai-se o seguinte trecho:

> [...] "Não consta na Denúncia de que forma o Réu teria colaborado para consumação das atividades delituosas da qual é acusado. Limita-se a afirmar que "o denunciado, proprietário do imóvel rural Fazenda Boa Sorte, em que pese ter utilizado de meios contratuais para se furtar à responsabilidade da atividade produtiva, foi o beneficiário direto da atividade econômica produzida pelos empregados contratado (sic) ilicitamente". (Fls. 190.) 9 - Conforme preceitua o art. 13 do Código Penal, o resultado, de que depende a existência do crime, somente é imputável a quem lhe deu causa. A Denúncia, apesar de não se exigir a descrição minuciosa da ação do acusado, precisa estabelecer algum vínculo mínimo entre o investigado e o crime que lhe é atribuído".

Em síntese, a relação de terceirização não gera, do ponto de vista penal, para empresa contratante o dever legal de garantia em relação aos trabalhadores da empresa contratada, de modo que não é possível imputar o tipo em questão a titulo de omissão imprópria.

3. Desafios à Imputação Subjetiva

Quanto à imputação subjetiva há também dificuldades oriundas das relações de terceirização. Como se viu o tipo subjetivo que exige o dolo, já que para o crime em questão não há previsão de tipicidade culposa. Dessa forma eventuais *culpa in eligendo* ou *culpa in vigilando* não são bastantes para preencher os elementos do tipo. Dito de outra forma, ainda que superada a questão relativa à possibilidade de imputação típica a titulo de omissão imprópria, seria necessário demonstrar que os responsáveis pela EMPRESA A tinham consciência das práticas ilícitas da EMPRESA B e a elas aderiram subjetivamente.

Segundo a sistemática do ordenamento jurídico brasileiro, salvo disposição em contrário contida na parte especial do Código Penal, os tipos dolosos admitem tanto o dolo direto quanto o dolo eventual. Esse último abrange as consequências não perseguidas, mas previstas como possíveis, em virtude dos meios escolhidos para atingir a finalidade (que pode ser típica ou extratípica), ou seja, aquelas que o sujeito prevê que podem se produzir ou não e, embora não o queira, consente com a sua eventual produção. No dolo eventual tanto o elemento intelectivo (o agente não tem certeza de que o resultado se produzirá) quanto o elemento volitivo (ele não persegue a realização daquele evento) estão minimizados, razão pela qual, em muitas situações, essa modalidade pode ficar bastante próxima da culpa. No entanto a distinção é de extrema relevância já que, no âmbito penal, ao contrário do que ocorre no âmbito civil e trabalhista, vige o principio da estrita legalidade, de modo que os tipos dolosos só se perfazem com a demonstração do dolo. Esse, na modalidade eventual, exige que em primeiro lugar o agente perceba concretamente a possibilidade de produzir o resultado e em segundo lugar, que concorde com a sua produção.

A estrutura das relações terceirizadas dificulta a configuração cabal do dolo. No caso hipotético que apresentei é difícil demonstrar que a EMPRESA A tivesse ciência do que o ocorria internamente com a EMPRESA B. Difícil portanto responsabilizar seus sócios, proprietários ou funcionários por algo além de eventual negligencia em relação à fiscalização (isso se considerar-se que tal empresa tinha o deve de agir procedendo referida fiscalização), de modo que, também por essa razão, em circunstancias normais será difícil e responsabilização criminal.

Conclusões

O que se pode concluir dos pontos supra abordados é que, apesar de *i)* haver comprovação fática da larga exploração de trabalho análogo ao de escravo na indústria têxtil e *ii)* haver previsão jurídica do crime de redução à condição análoga à de escravo, a forte tendência do setor à desconcentração e terceirização da cadeia produtiva (fenômeno que, em si mesmo, não constitui necessariamente ilícito) dificultam sobremaneira a aplicação do tipo penal às pessoas físicas responsáveis pelas empresas que mais se beneficiam dessa exploração.

O tipo não foi concebido para este contexto e suas características – crime comissivo, admitindo omissão imprópria apenas quando ficar configurada a posição de garantidor, além de doloso - tornam o molde típico, que não pode nem deve ser alargado sob pena de esboroar-se o principio da legalidade penal, pouco operacional diante da realidade desse importante ramo econômico.

A solução, *de lege ferenda*, é então a criação de tipo especifico, redigido de forma diretamente omissiva e, eventualmente, com previsão de modalidade culposa apenada com sanção menor do que a modalidade dolosa, que possa permitir que o direito penal tenha atuação efetiva sobre a realidade.

Referências

BITTENCOURT, Cezar Roberto. *Tratado de Direito Penal 2: Parte Especial: dos crime contra a pessoa.* 12ª edição. São Paulo: Saraiva, 2012.

ESTEFAM, André. *Direito Penal, volume 2: parte especial (arts. 121 a 234-A).* 5ª edição. São Paulo: Saraiva Educação, 2018.

GOLÇALVES, Vitor Eduardo Rios. *Curso de Direito Penal: parte especial (arts. 121 a 183) – volume 2.* 2ª edição. São Paulo: Saraiva Educação, 2018.

GRECO, Rogério. *Curso de Direito Penal. Vol. II.* 6ª Edição. Niterói: Impetus, 2009.

PEDROSO, Fernando de Almeida. *Direito Penal: parte especial: doutrina e jurisprudência.* 2ª ed. Leme: J. H. Mizuno, 2017.

PRADO, Luiz Regis. *Tratado de Direito Penal Brasileiro: volume II.* 2ª Edição. São Paulo: Revista dos Tribunais, 2017.

ROCHA, Fernando A. N. Galvão da. *Direito Penal: parte geral.* 2ª Edição. Belo Horizonte: Del Rey, 2007.

TOLEDO, Francisco de Assis. *Princípios básicos de direito penal.* São Paulo: Saraiva, 1994.

13. Cadeia Produtiva, Terceirização e Responsabilidade Trabalhista: o que Mudou Após a Reforma Trabalhista e o Julgamento do RE 958252 e da ADPF 324?

Ivandick Cruzelles Rodrigues

Introdução

O presente estudo terá por objetivo avaliar como as alterações promovidas pelas Leis n. 13.429/2017 e 13.467/2017 e pelo julgamento do RE 958252 e ADPF 324 impactaram no setor produtivo do mercado *fashion*. Para obter êxito neste intento, a investigação se iniciará pelo estudo de organização da cadeia produtiva da indústria têxtil e de confecções, identificando suas principais etapas e como a terceirização incorporou-se ao longo da cadeia.

Após, será conceituada a relação de terceirização, verificando seus sujeitos e objetos, bem como a evolução de seu regramento jurídico, passando pela Súmula 331 do TST antes de apreciar as inovações trazidas pelas n. 13.429/2017 e 13.467/2017 e pelo julgamento do RE 958252 e ADPF 324.

Ao cabo, serão estudados os tipos de responsabilidade aplicáveis à relação de terceirização e suas consequências para as partes envolvidas, sempre buscando-se a apresentação de exemplos da casuística conectados com o mercado *fashion*.

1. Cadeia Produtiva do Mercado *Fashion*

Historicamente, a evolução das formas de produção em grande escala guarda relação direta com a evolução da indústria têxtil. A revolução industrial, com a invenção do tear mecânico, marcou profundamente o mercado *fashion*, permitindo que a produtividade da indústria têxtil alcançasse âmbito mundial.

Para a economia, segundo dados da Associação Brasileira da Industria Têxtil e de Confecção (ABIT), levantados em 2013, o mercado *fashion* se mostra dotado de muito dinamismo, promovendo, pelo menos, quatro lançamentos mundiais anuais, e consumindo mais de 80 toneladas de fibras[1].

Ainda conforme o mesmo relatório, o Brasil ocupa relevante posição entre os cinco maiores produtores mundiais de artigos de vestuário e de manufaturas têxteis, bem como detém uma das cadeias produtivas mais completas do ocidente[2]. Tal cadeia produtiva agrega 33 mil empresas no setor, empregando aproximadamente 1,5 milhões de pessoas e gerando R$ 121 bilhões em faturamento em 2015[3]. Um dos fenômenos de maior impacto para que a indústria têxtil atingisse esses números foi o surgimento do *fast fashion*. A partir da experiência da marca espanhola *Zara*, foi desenvolvido um modelo de negócio para a atuação no setor de vestuário, cujas características envolvem velocidade e flexibilidade para atender as demandas de um mercado criativo e dinâmico, em prazos cada vez menores[4].

Aliás, a própria "visão" para o setor, promovida pela ABIT para os anos 2030, seguem bem a filosofia que funda o *fast fashion*: "*Ser uma cadeia de valor*

[1] ASSOCIAÇÃO BRASILEIRA DA INDÚSTRIA TÊXTIL E DE CONFECÇÃO. *Indústria têxtil e de confecção brasileira: Cenários, demandas, perspectivas e desafios*. Disponível em <http://www.abit.org.br/conteudo/links/publicacoes/cartilha_rtcc.pdf>

[2] *Idem*.

[3] ASSOCIAÇÃO BRASILEIRA DA INDÚSTRIA TÊXTIL E DE CONFECÇÃO. *Setor têxtil e de confecção: Momento atual e agenda de trabalho*. Disponível em <http://www.abit.org.br/conteudo/links/apresentacoes/2016/salvador/app_circuito-salvador_fernando.pdf>. Visitado em 24/02/2019.

[4] TEIXEIRA, Barbara Bittar. *Direitos Humanos e Empresas: A responsabilidade por exploração de trabalhadores em condições análogas à de escravo nas cadeias produtivas da indústria têxtil*. Dissertação de Mestrado (Direito). Fundação Getulio Vargas, São Paulo, 2018, p. 45. Ver também: REPÓRTER BRASIL; SOMO. *Da responsabilização moral à responsabilização jurídica? As condições de escravidão moderna na cadeia global de suprimentos da indústria do vestuário e a necessidade de fortalecer os marcos regulatórios: o caso da Inditex-Zara no Brasil*. São Paulo: Repórter Brasil & SOMO. 2015.

verticalizada e integrada tecnologicamente, tanto internamente quanto com outras cadeias produtivas setoriais, posicionando-se estrategicamente na Cadeia de Valor Global, para ser sustentável, inovadora, ágil e versátil, intensiva em conhecimentos e design, capaz de ampliar progressivamente, a relevância econômica e social de suas atividades e, assim, reter talentos"[5].

Para concretização dessa visão, diversas foram as ações adotadas pela associação, tais como, elaboração de comissões e estudos para desenvolvimento da indústria e implementação de melhorias na cadeia produtiva; criação de programas de inovação e sustentabilidade; realização de missões internacionais para criação de *benchmarking* com mercados estrangeiros, permitindo uma maior inserção na cadeia global de valores; dentre outras.

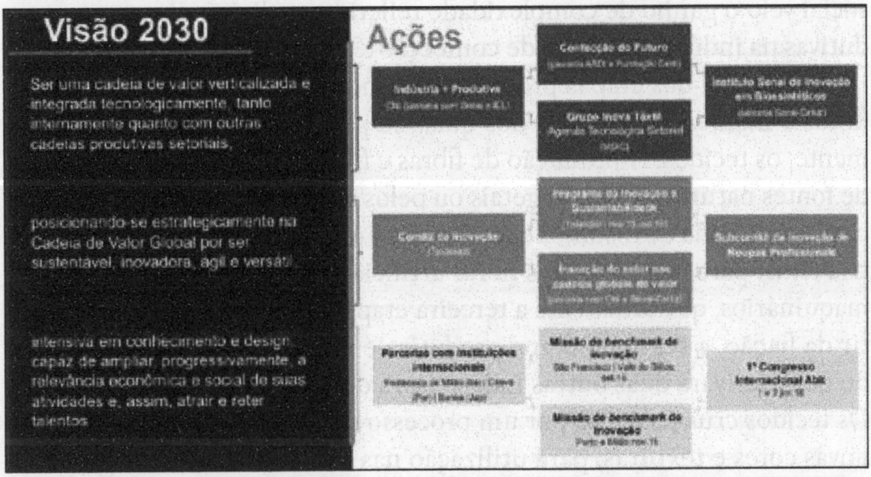

Fonte: ASSOCIAÇÃO BRASILEIRA DA INDÚSTRIA TÊXTIL E DE CONFECÇÃO. *Setor têxtil e de confecção: Momento atual e agenda de trabalho*. Disponível em <http://www.abit.org.br/conteudo/links/apresentacoes/2016/salvador/app_circuito-salvador_fernando.pdf>. Visitado em 24/02/2019.

Para que o sistema de produção do *fast fashion* atinja seu objetivo de fornecer roupas quase que descartáveis, para um mercado absolutamente volátil, a preços muito reduzidos, necessário se faz uma otimização da

[5] ASSOCIAÇÃO BRASILEIRA DA INDÚSTRIA TÊXTIL E DE CONFECÇÃO. *Setor têxtil e de confecção: Momento atual e agenda de trabalho*. Disponível em <http://www.abit.org.br/conteudo/links/apresentacoes/2016/salvador/app_circuito-salvador_fernando.pdf>. Visitado em 24/02/2019

divisão do trabalho, espalhada através de uma cadeia produtiva bastante organizada[6].

1.1. Divisão das Etapas Produtivas

O vestir representa uma necessidade básica da raça humana, sendo amplamente conhecido o fato de que, desde a pré-história, ante a necessidade de se proteger das intempéries climáticas, os *sapiens* se dedicaram a desenvolver tecnologias aptas a suprir essa demanda. Com o passar do tempo, o papel da vestimenta ganhou maior amplitude social, deixando de ser uma necessidade básica para passar a ser um aspecto bastante importante da cultura humana. Com o ganho de complexidade adquirido no âmbito social veio o ganho de complexidade refletido na divisão das etapas produtivas na indústria têxtil e de confecção[7].

A primeira das etapas produtivas da indústria têxtil é a produção de fibras e filamentos, a partir dos quais se produzem os fios e, posteriormente, os tecidos. A produção de fibras e filamentos pode se dar a partir de fontes naturais (fibras vegetais ou pelos animais) ou artificiais (químicas). A indústria de insumos químicos será um braço fornecedor da indústria têxtil para produção das fibras artificiais, assim como a indústria de maquinários, que atuará até a terceira etapa da cadeia produtiva[8]. A partir da fiação, a segunda etapa produtiva é a tecelagem, ramo industrial do qual derivará duas outras indústrias, a de malharia e a de aviamentos. Os tecidos crus passarão por um processo de beneficiamento, ganhando novas cores e texturas, para utilização nas confecções, sendo agregados botões, zíperes, fitas, etc.[9].

A terceira etapa da cadeia é a indústria de confecções, subdividida nas áreas dle *cama, mesa e banho*; de *vestuário* e de *confecção técnica.* Os produtos

[6] ČIARNIENĖ, R; VIENAŽINDIENĖ, M. *Management of contemporary fashion industry: characteristics and challenges.* In: Procedia- Social and Behavioral Sciences, V. 150, 2014, p. 1012-1019.

[7] TURKER; ALTUNTAS, 2014 - TURKER, D; ALTUNTAS, C. *Sustainable supply chain management in the fast fashion industry: An analysis of corporate reports.* In: European Management Journal, v. 32, n. 5, 2014, p. 837-849.

[8] ASSOCIAÇÃO BRASILEIRA DA INDÚSTRIA TÊXTIL E DE CONFECÇÃO. *Setor têxtil e de confecção: Momento atual e agenda de trabalho.* Disponível em <http://www.abit.org.br/conteudo/links/apresentacoes/2016/salvador/app_circuito-salvador_fernando.pdf>.

[9] *Idem.*

dessa etapa são fornecidos para a última etapa da cadeia, que é a de comercialização, em que o uso de diversos canais de vendas tem intensificado o volume de consumo final[10].

Fonte: ASSOCIAÇÃO BRASILEIRA DA INDÚSTRIA TÊXTIL E DE CONFECÇÃO. *Setor têxtil e de confecção: Momento atual e agenda de trabalho*. Disponível em <http://www.abit.org.br/conteudo/links/apresentacoes/2016/salvador/app_circuito-salvador_fernando.pdf>. Visitado em 24/02/2019.

Dada a complexidade do setor, é praticamente inviável economicamente montar, dentro de uma única empresa, uma cadeia produtiva de ponta-a-ponta, sendo comum, então, a fragmentação dessas etapas entre várias empresas que vão prestando serviços umas às outras, seja em diferentes níveis da cadeia, seja no mesmo nível. Uma das principais formas de enlaces entre essas diversas empresas é a relação de terceirização de serviços, contrato pelo qual uma empresa contrata outra para realização de uma ou várias etapas da cadeia produtiva.

Para os fins do presente estudo, interessará saber como a terceirização é empregada na cadeia produtiva da indústria têxtil e de confecção, verificando os impactos trazidos pelas recentes alterações legislativas promovidas pelas Leis n. 13. 429/2017 e 13.467/2017, bem como pelo julgamento dos RE 958252 e ADPF 324.

[10] *Idem.*

2. Terceirização

Surgida como fruto da busca por competitividade no mercado de consumo, a terceirização é considerada uma polêmica no mundo do trabalho. Defendida pela ala empresarial como ferramenta de modernização de gestão e otimização de custos de insumos e mão-de-obra, atacada pela ala sindical por ser instrumento de precarização das relações trabalhistas, ela vem sendo largamente utilizada por empresas de todos os tamanhos, em especial por aquelas que possuem uma cadeia produtiva que pode se organizar em nível global.

Diversas foram as questões jurídicas oriundas desse tipo de organização de mão-de-obra, tais como se seria lícita a terceirização da atividade-fim da empresa; com que parte haveria a formação de vínculo, em caso de interposição fraudulenta de mão-de-obra; de quem seria a responsabilidade pelos créditos trabalhistas oriundos dessa prestação de serviços; qual seria o tipo de responsabilidade aplicável aos danos decorrentes do meio ambiente de trabalho, dentre outras.

Abordaremos, daqui em diante, algumas dessas questões, fazendo as comparações entre as práticas anteriores e posteriores à nova legislação.

2.1. Conceito

Ao longo do tempo, diversas foram as tentativas de conceituação da relação jurídica de terceirização, sendo que, atualmente, as formulações teorizadas já são convergentes o suficiente para tangenciar todos os aspectos dessa modalidade de contratação.

Para exemplificar, segundo Carla Romar[11],

> Terceirização é a contratação de trabalhadores por interposta pessoa, ou seja, o serviço é prestado por meio de uma relação triangular da qual fazem parte o trabalhador, a empresa terceirizante (prestadora de serviços) e a tomadora dos serviços. O trabalhador presta serviços para a tomadora, mas sempre por intermédio da empresa terceirizante, não havendo contratação direta neste caso.

[11] ROMAR, Carla Martins Tereza. *Direito do trabalho esquematizado*. 5.ed., São Paulo: Saraiva, 2018, p.155.

Trata-se, portanto, de uma subcontratação de mão de obra. O trabalho não é prestado por meio de uma relação bilateral, como tradicionalmente ocorre na relação de emprego.

No magistério de Carlos Henrique Bezerra Leite[12], por sua vez, a terceirização é:

> (...) é um procedimento adotado por uma empresa que, no intuito de reduzir os seus custos, aumentar a sua lucratividade e, em consequência, sua competitividade no mercado, contrata outra empresa que, possuindo pessoal próprio, passará a prestar aqueles serviços que seriam realizados normalmente pelos seus empregados.

Escrevendo sobre a terceirização no setor público, Diogo Palau Flores dos Santos apresentará que, apesar de existir diferenças na forma de tratamento da responsabilidade civil, a ideia de terceirização é mesma, seja no setor público, seja no setor privado[13]:

A expressão terceirização corresponderia ao termo inglês outsourcing, que significa suprir fontes externas, representando a decisão da organização no sentido de utilizar transações de mercado em vez da utilização de transações internas, visando atingir determinados fins, em regra, propósitos econômicos.

Em nossa visão, o ponto de toque da terceirização está relacionado com a apropriação da mais-valia produzida ou, caso prefira outra nomenclatura, o aproveitamento do benefício econômico decorrente do trabalho. Segundo esta ideia, a terceirização pode ser conceituada como *uma relação de trabalho tripartite, através da qual se elaboram duas amarrações contratuais, uma de natureza civil e outra de natureza trabalhista, e uma triangulação relacional, envolvendo uma empresa tomadora dos serviços, uma empresa prestadora de serviços e os trabalhadores.*

Na relação de terceirização, é celebrado um contrato de prestação de serviços, regido pela legislação civil, entre o tomador e o prestador de

12 LEITE, Carlos Henrique Bezerra. *Curso de direito do trabalho.* 9.ed., São Paulo: Saraiva, 2018, p. 359.

13 SANTOS, Diogo Palau Flores dos. *Terceirização de serviços pela administração pública.* 2.ed., São Paulo: Saraiva, 2014, p.18.

serviços, pelo qual um se compromete a cumprir determinada etapa da cadeia produtiva, mediante uso de sua mão-de-obra especializada, e o outro se compromete a pagar um determinado preço. Na outra ponta, é celebrado um contrato de emprego entre a empresa prestadora de serviços e o empregado, todavia a força de trabalho deste é empregada em benefício da empresa tomadora de serviços.

Dessa forma, o proveito econômico oriundo da mais-valia produzida pelos trabalhadores da empresa prestadora de serviço não aproveita única e exclusivamente a esta, mas beneficia principalmente a tomadora de serviços, que a utiliza para incrementar a sua própria mais-valia.

2.2. A Terceirização na era da Súmula 331 do TST

Antes do surgimento da terceirização, as únicas formas de subcontratação legalmente permitidas se davam pelos contratos de subempreitada (art. 455, CLT) e pela contratação de trabalho temporário (Lei n. 6.019/74). Como não possuía uma legislação própria, a terceirização foi se desenvolvendo, inicialmente, de maneira livre e experimental. A partir dessas primeiras experiências, as problemáticas jurídicas foram surgindo, levando milhares de processos às portas do Poder Judiciário, o qual, por exigência do art. 4º da LINDB, não poderia deixar de julgar qualquer causa que lhe fosse submetida, sob alegação de lacuna na lei.

Dos reiterados casos apreciados[14], o Tribunal Superior do Trabalho acabou por editar a súmula 331, que durante muito tempo foi o instrumento jurídico que balizou os limites da relação de terceirização:

> Súmula nº 331 do TST
>
> CONTRATO DE PRESTAÇÃO DE SERVIÇOS. LEGALIDADE (nova redação do item IV e inseridos os itens V e VI à redação) - Res. 174/2011, DEJT divulgado em 27, 30 e 31.05.2011
>
> I - A contratação de trabalhadores por empresa interposta é ilegal, formando-se o vínculo diretamente com o tomador dos serviços, salvo no caso de trabalho temporário (Lei nº 6.019, de 03.01.1974).

[14] A relação completa de casos considerados para formação desse precedente jurisprudencial pode ser verificada em: http://www3.tst.jus.br/jurisprudencia/Sumulas_com_indice/Sumulas_ Ind_301_350.html#SUM-331. Visitado em 24/02/2019.

II - A contratação irregular de trabalhador, mediante empresa interposta, não gera vínculo de emprego com os órgãos da Administração Pública direta, indireta ou fundacional (art. 37, II, da CF/1988). III - Não forma vínculo de emprego com o tomador a contratação de serviços de vigilância (Lei nº 7.102, de 20.06.1983) e de conservação e limpeza, bem como a de serviços especializados ligados à atividade-meio do tomador, desde que inexistente a pessoalidade e a subordinação direta. IV - O inadimplemento das obrigações trabalhistas, por parte do empregador, implica a responsabilidade subsidiária do tomador dos serviços quanto àquelas obrigações, desde que haja participado da relação processual e conste também do título executivo judicial. V - Os entes integrantes da Administração Pública direta e indireta respondem subsidiariamente, nas mesmas condições do item IV, caso evidenciada a sua conduta culposa no cumprimento das obrigações da Lei n.º 8.666, de 21.06.1993, especialmente na fiscalização do cumprimento das obrigações contratuais e legais da prestadora de serviço como empregadora. A aludida responsabilidade não decorre de mero inadimplemento das obrigações trabalhistas assumidas pela empresa regularmente contratada. VI – A responsabilidade subsidiária do tomador de serviços abrange todas as verbas decorrentes da condenação referentes ao período da prestação laboral.

Durante o período de aplicação da Súmula 331 às relações de terceirização, o principal embate ocorrido nas lides trabalhistas dizia respeito à licitude dos contratos de terceirização que envolviam as chamadas *atividades-fim* da empresa, isto é, a subcontratação de realização das atividades que representavam o núcleo da empresa. Segundo a ótica empregada na formulação da Súmula 331, a terceirização seria considerada ilícita, caso a empresa transferisse para terceiro a execução de qualquer etapa de sua cadeia produtiva que fosse diretamente relacionada com o produto final ou serviço a ser disponibilizado no mercado de consumo.

No setor *fashion,* para exemplificar a importância do debate, cita-se a problemática da terceirização (ou até a quarteirização) para oficinas de confecções, através dos chamados *contratos de facção*, as quais, muitas vezes, inadimpliam direitos trabalhistas e até chegavam ao reconhecimento de utilização de mão-de-obra submetida a condições análogas à de escravidão. Essas contratações, em diversos casos, foram consideradas ilegais, gerando a formação de vínculo direto entre o tomador de serviços e o trabalhador, ou, apesar de serem consideradas legais, geraram algum dever de indenizar ao tomador[15].

Porém, como bem destacado por Carla Romar[16], ante a complexidade das cadeias produtivas, ficava cada vez mais difícil de se definir o que estava e o que não estava conectado diretamente com o produto ou serviço final, de tal sorte que as lides oriundas das relações de terceirização, ao invés de se apaziguarem após a Súmula 331, se intensificaram o suficiente para chamar a atenção do Poder Legislativo.

2.3. A Terceirização na era Pós-Reforma Trabalhista e o Julgamento do RE 958.252 e ADPF 324

Percebendo o impasse social gerado pela terceirização, deveria o Poder Legislativo, valendo-se do debate democrático, tentar formular proposições aptas a restaurar a paz social e para servir de baliza ao Poder Judiciário, que só utilizava a Súmula 331 até então. Apesar das críticas ao processo de

[15] AGRAVO DE INSTRUMENTO. RECURSO DE REVISTA INTERPOSTO NA VIGÊNCIA DA LEI 13.015/2014. EMPRESA PRIVADA. TERCEIRIZAÇÃO ILÍCITA. CONTRATO DE FACÇÃO. TERCEIRIZAÇÃO DE ATIVIDADE-FIM. TOMADORA DE SERVIÇOS. CONTRATAÇÃO DE TRABALHADORES POR EMPRESA INTERPOSTA. O TRT registrou que no caso concreto a reclamante atuou na atividade-fim da empresa tomadora de serviços, durante toda a vigência de seu contrato de trabalho. Desse modo, está caracterizada a terceirização ilícita, ante o desvirtuamento do contrato de facção, incidindo na espécie os termos da Súmula n.º 331, I, do TST. Por outro lado, conclusão em sentido contrário a do Tribunal Regional, como pretende a agravante, demandaria, necessariamente, o revolvimento do conjunto probatório dos autos, o que é vedado pela Súmula nº 126 do TST. Agravo de instrumento a que se nega provimento. (TST, AIRR - 0000059-47.2015.5.04.0641, Rel.ª Min.ª Maria Helena Mallmann, 2ª Turma, DEJT em 19/12/2017)

[16] ROMAR, Carla Martins Tereza. *Direito do trabalho esquematizado.* 5.ed., São Paulo: Saraiva, 2018, p. 157: "No entanto, diante da diversidade de atividades que hoje são terceirizadas, nem sempre foi tarefa fácil conceituar atividades-fim e atividadesmeio. Apesar do inegável esforço da doutrina em apresentar definições com o intuito de delimitar a abrangência de cada um desses termos, o fato é que a jurisprudência não foi capaz, ao longo do tempo, de sedimentar um entendimento sobre o que, em uma empresa, poderia ser considerado como atividade-fim e como atividademeio, tudo dependendo de cada caso concreto, havendo entendimentos bastante divergentes no âmbito da jurisprudência, o que gerava uma insegurança em relação à terceirização, tanto para os tomadores de serviço, como para as empresas prestadoras e para os trabalhadores em si."

tramitação das Leis n. 13.429/2017 e 13.467/2017, que passou longe de ser um debate democrático[17], teve origem o primeiro regramento legislativo da terceirização, mediante inclusão de vários artigos na Lei n. 6.019/74, que tratava exclusivamente do contrato de trabalho temporário.

Após a novel legislação, a relação de terceirização ficou assim definida pelo art. 4º-A, da Lei n. 6.019/74, cuja redação foi dada pela Lei n. 13.467/2017:

> Art. 4º-A. Considera-se prestação de serviços a terceiros a transferência feita pela contratante da execução de quaisquer de suas atividades, inclusive sua atividade principal, à pessoa jurídica de direito privado prestadora de serviços que possua capacidade econômica compatível com a sua execução.

A disposição legal citada põe fim há mais de vinte anos de discussão, praticada no Poder Judiciário, sobre quais os tipos de serviços poderiam ou não ser terceirizados, deixando claro que qualquer etapa da cadeia produtiva poderá ser transferida de uma empresa para outra.

Desta feita, caberá à empresa prestadora de serviços a contratação, remuneração e direção dos trabalhos a serem desempenhados por seus empregados, sendo certo que não se formará vínculo entre a empresa tomadora de serviços e o trabalhadores e/ou sócios da empresa prestadora. Para ser considerado válido, nos termos do art. 104, CC/2002, e art. 5º-B, da Lei n. 6.019/74, as empresas contratantes deverão celebrar escrito, contendo minimamente (i) a qualificação das partes; (ii) a especificação do serviço a ser prestado, podendo ser realizado na sede da tomadora ou em outro local previamente acordado; (iii) prazo para realização do serviço, quando cabível; e o (iv) valor ajustado para remuneração da prestação de serviço.

Não obstante a tipificação contratual promovida a partir de 2017, já questionando a legalidade e constitucionalidade da Súmula 331 do TST tramitava o RE n. 958.252 e a ADPF 324, valendo-se da tese de que o TST,

[17] SENADO FEDERAL. *Plenário aprova regime de urgência para tramitação da reforma trabalhista*. Disponível em <https://www12.senado.leg.br/noticias/materias/2017/07/04/plenario-aprova-regime-de-urgencia-para-tramitacao-da-reforma-trabalhista>. Visitado em 24/02/2019. ESTADO DE SÃO PAULO. *Com 50 votos favoráveis, Senado aprova reforma trabalhista*. Disponível em <https://economia.estadao.com.br/noticias/geral,senado-aprova-reforma-trabalhista,70001886124>. Visitado em 24/02/2019.

ao declarar a ilegalidade da terceirização das chamadas atividades-fim, teria usurpado competência que seria do Poder Legislativo, violando assim o princípio da legalidade.

A celeuma tem sua importância, pois, mesmo após as alterações promovidas na Lei n. 6.019/74, o Tribunal Superior do Trabalho criou entendimento de que as inovações somente seriam aplicáveis aos novos contratos, celebrados de 2017 em diante, como forma de não impactar o direito adquirido dos trabalhadores:

> Instituição financeira. Telemarketing. Atividade-fim. Terceirização ilícita. Contrato de trabalho celebrado e extinto na vigência da Lei nº 6.019/74. Não incidência da Lei nº 13.429/2017. A Lei nº 13.429/2017 não se aplica às relações de trabalho regidas e extintas sob a égide da Lei nº 6.019/1974, sob pena de afronta ao direito adquirido do empregado a condições de trabalho mais vantajosas. No caso, a reclamada insurgiu-se contra decisão da SBDI-I que, invocando a Súmula nº 331, I, do TST, estabeleceu que a prestação de serviços de cobrança a clientes de instituição financeira, mediante contato telefônico, se insere na atividade-fim bancária. Alegou que a Lei nº 13.429/2017, ao acrescentar o art. 4ª-A, § 2º, à Lei nº 6.019/74, afastou a ilicitude na terceirização dos serviços prestados e tem aplicação imediata. Todavia, por se tratar de contrato celebrado e findo antes da entrada em vigor da Lei nº 13.429/2017, prevaleceu o entendimento jurisprudencial firmado no item I da Súmula nº 331 do TST, amparado no antigo teor da Lei nº 6.019/1974. Sob esses fundamentos, a SBDI-I, por unanimidade, deu provimento a embargos de declaração apenas para prestar esclarecimentos. (TST, ED-E-ED-RR-001144-53.2013.5.06.0004, SBDI-I, Rel. Min. João Oreste Dalazen, 3.8.2017 – Informativo TST n. 162).

Vendo que a última palavra deveria ser dada pelo Supremo Tribunal Federal, o plenário da Excelsa Corte, em 30/08/2018, definiu por maioria de votos (7 ministros favoráveis e 4 contrários), que a Súmula 331 violou o princípio da legalidade, fixando a seguinte tese:

> O Tribunal, por maioria e nos termos do voto do Relator, apreciando o tema 725 da repercussão geral, deu provimento ao recurso

> extraordinário, vencidos os Ministros Edson Fachin, Rosa Weber, Ricardo Lewandowski e Marco Aurélio. Em seguida, o Tribunal fixou a seguinte tese: *"É lícita a terceirização ou qualquer outra forma de divisão do trabalho entre pessoas jurídicas distintas, independentemente do objeto social das empresas envolvidas, mantida a responsabilidade subsidiária da empresa contratante"*, vencida a Ministra Rosa Weber. O Ministro Marco Aurélio não se pronunciou quanto à tese. Ausentes os Ministros Dias Toffoli e Gilmar Mendes no momento da fixação da tese. Presidiu o julgamento a Ministra Cármen Lúcia. Plenário, 30.8.2018. [g.n.]

Após a formalização desse precedente, a expectativa é de que a jurisprudência trabalhista se pacificará, no sentido de admitir a terceirização das atividades-fim, de maneira irrestrita, podendo os casos já transitados em julgado virem a ser potencialmente rescindidos (art. 966, V, NCPC), caso ainda estejam no prazo previsto no art. 975, NCPC.

3. Responsabilidade Trabalhista e Critérios para Valoração de Danos Extrapatrimoniais

Como dito acima, uma das grandes celeumas oriundas da relação de terceirização diz respeito à responsabilidade sobre os créditos trabalhistas e potenciais indenizações inadimplidos, no curso ou ao término do contrato de trabalho. Tal questão foi responsável por milhares de processos judiciais que discutiam, além de eventual formação de vínculo direto, a responsabilidade das empresas tomadoras e prestadoras de serviços sobre as verbas rescisórias, além de outros créditos trabalhistas e indenizações[18].

[18] Para verificação das estatísticas atualizadas, recomenda-se a leitura da página sobre estatísticas da Justiça do Trabalho, no sítio eletrônico do TST. Disponível em <http://www.tst.jus.br/web/estatistica/jt/assuntos-mais-recorrentes>. Visitado em 24/02/2019.

Justiça do Trabalho	
Rescisão do Contrato de Trabalho/Verbas Rescisórias	5.847.967
Responsabilidade Civil do Empregador/Indenizaçao por Dano Moral	833.466
Remuneração, Verbas Indenizatórias e Benefícios/Salário/Diferença Salarial	636.148
Rescisão do Contrato de Trabalho/Seguro Desemprego	538.757
Remuneração, Verbas Indenizatórias e Benefícios/Adicional	375.092

Fonte: CONSELHO NACIONAL DE JUSTIÇA. *Justiça em números indica temas mais demandados nos tribunais*. Disponível em <http://www.cnj.jus.br/noticias/cnj/85421--justica-em-numeros-indica-os-assuntos-mais-demandados-em-2016-nos-tribunais>. Visitado em 24/02/2019.

Anteriormente à Lei n. 13.469/2017 e à Lei n. 13.469/2017, o regramento da responsabilidade trabalhista buscava solução exclusivamente no Código Civil, por não haver ainda disposições específicas na legislação trabalhista. As definições dos arts. 186[19] e 187[20] conceituam o ato ilícito, o qual, nos termos do art. 927[21], é passível de indenização, medida pela extensão do dano (art. 944, CC).

Após a reforma trabalhista, foram definidos os critérios da responsabilidade das empresas tomadoras de serviços, bem como os critérios de valoração dos danos extrapatrimoniais. No próximo tópico será abordada a questão relativa à responsabilidade das empresas tomadoras, sendo pertinente discorrer agora sobre os tipos de danos e critérios de quantificação estabelecidos para os danos extrapatrimoniais.

Determinadas violações de direitos decorrentes das relações laborais podem acabar por trazer prejuízos de ordem patrimonial, quando, por exemplo o empregador deixa de efetuar o pagamento de alguma verba devida, ou de ordem extrapatrimonial, sendo estes os que causam "*dano de natureza extrapatrimonial a ação ou omissão que ofenda a esfera moral ou exis-*

[19] Art. 186, CC. Aquele que, por ação ou omissão voluntária, negligência ou imprudência, violar direito e causar dano a outrem, ainda que exclusivamente moral, comete ato ilícito.

[20] Art. 187, CC. Também comete ato ilícito o titular de um direito que, ao exercê-lo, excede manifestamente os limites impostos pelo seu fim econômico ou social, pela boa-fé ou pelos bons costumes.

[21] Art. 927, CC. Aquele que, por ato ilícito (arts. 186 e 187), causar dano a outrem, fica obrigado a repará-lo.

tencial da pessoa física ou jurídica, as quais são as titulares exclusivas do direito à reparação" (art. 223-B, CLT).

Em relação às pessoas físicas, os bens extrapatrimoniais tutelados são a honra, a imagem, a intimidade, a liberdade de ação, a autoestima, a sexualidade, a saúde, o lazer e a integridade física (art. 223-C, CLT). Para as pessoas jurídicas, os bens tutelados são a imagem, a marca, o nome, o segredo empresarial e o sigilo da correspondência (art. 223-D, CLT). Os danos materiais (art. 223-F, CLT), também denominados como "perdas e danos" (art. 223-F, §3º, CLT) e danos patrimoniais (art. 223-F, §1º, CLT), compreendem as perdas de natureza patrimonial – mas não exclusivamente monetárias –, subdivididos em lucros cessantes e danos emergentes.

Todos os que tenham colaborado para a ofensa ao bem jurídico tutelado, na proporção da ação ou da omissão, são responsáveis pelos danos (art. 223-E, CLT)[22], sendo lícita a cumulação de pedidos de indenização por danos patrimoniais e danos extrapatrimoniais (art. 223-F, CLT). Além de determinar as atribuições dos sujeitos da relação jurídica de responsabilidade, a Lei n. 13.467/2017 também determinou os parâmetros para fixação do *quantum* indenizatório, para os danos extrapatrimoniais, criando o art. 223-G:

> Art. 223-G. Ao apreciar o pedido, o juízo considerará:
>
> I - a natureza do bem jurídico tutelado;
> II - a intensidade do sofrimento ou da humilhação;
> III - a possibilidade de superação física ou psicológica;
> IV - os reflexos pessoais e sociais da ação ou da omissão;
> V- a extensão e a duração dos efeitos da ofensa;
> VI - as condições em que ocorreu a ofensa ou o prejuízo moral;
> VII - o grau de dolo ou culpa;
> VIII - a ocorrência de retratação espontânea;
> IX - o esforço efetivo para minimizar a ofensa;
> X - o perdão, tácito ou expresso;
> XI - a situação social e econômica das partes envolvidas;
> XII - o grau de publicidade da ofensa.

22 Apesar do texto do art. 223-E tratar da responsabilidade dos danos extrapatrimoniais textualmente, numa interpretação sistemática, não faz sentido não estender as definições para os danos patrimoniais. Por se tratar de uma lacuna na lei, uma provável solução da jurisprudência seria a aplicação analógica da previsão do art. 223-E aos casos de danos patrimoniais.

> § 1º. Se julgar procedente o pedido, o juízo fixará a indenização a ser paga, a cada um dos ofendidos, em um dos seguintes parâmetros, vedada a acumulação:
>
> I - ofensa de natureza leve, até três vezes o último salário contratual do ofendido;
> II - ofensa de natureza média, até cinco vezes o último salário contratual do ofendido;
> III - ofensa de natureza grave, até vinte vezes o último salário contratual do ofendido;
> IV - ofensa de natureza gravíssima, até cinquenta vezes o último salário contratual do ofendido.
> § 2º. Se o ofendido for pessoa jurídica, a indenização será fixada com observância dos mesmos parâmetros estabelecidos no § 1o deste artigo, mas em relação ao salário contratual do ofensor.
> § 3º. Na reincidência entre partes idênticas, o juízo poderá elevar ao dobro o valor da indenização.

A ideia de "tabelamento" do *quantum* indenizatório do dano extrapatrimonial foi, e é, objeto de críticas por parte dos operadores do direito, pois, adotada a fatalidade ocorrida em Brumadinho/MG como exemplo[23], a indenização máxima a ser paga certamente não chegará a fazer justiça para as vítimas e suas famílias[24].

Ademais, também merece crítica a ideia de vinculação do *quantum* indenizatório ao valor do salário do trabalhador lesado, já que a reparação não fará justiça com os trabalhadores menores remunerados, isto é, em situações idênticas de lesão de direitos extrapatrimoniais, quem ganha mais receberá mais e quem ganha menos receberá menos[25].

[23] SAKAMOTO, Leonardo. *Reforma Trabalhista limita indenização a vítimas da tragédia a 50 salários.* Disponível em <https://blogdosakamoto.blogosfera.uol.com.br/2019/01/27/reforma-trabalhista-limita-indenizacao-a-vitima-de-brumadinho-a-50-salarios>. Visitado em 24/02/2019.

[24] A situação fica mais esdruxula ao se relembrar que a MP 808/2017, que corrigia algumas distorções da reforma trabalhista e que não foi votada pelo Congresso Nacional, previa uma hipótese de exclusão desse tabelamento para os casos de morte dos trabalhadores.

[25] Na MP 808/2017, também era corrigida a distorção da vinculação da indenização ao valor do salário do trabalhador lesado, sendo adotado, então, o teto do valor dos benefícios previdenciários, que é o mesmo para todos os trabalhadores.

3.1. Quem Responde pelos Créditos Trabalhistas?

Uma das principais ideias das empresas tomadoras de serviços, ao realizar um contrato de terceirização, é a de tentar mitigar as responsabilidades decorrentes da contratação e da demissão dos trabalhadores, além de eventualmente também tentar mitigar a responsabilidade pelo meio ambiente do trabalho.

Na época da Súmula n. 331 do TST, como já mencionado, a terceirização que tivesse por objeto uma das atividades-fim da empresa tomadora de serviço responderia solidariamente, isto é, simultaneamente, à empresa prestadora de serviço pelos créditos trabalhistas e indenizações inadimplidas, haja vista a ilicitude da conduta e a previsão do art. 942, CC/2002[26]. Essa hipótese de solidarização da responsabilidade se encerrou com as alterações promovidas na Lei n. 6.019/74 e com o julgamento do RE n. 958.252 e a ADPF 324, já que não há mais qualquer ilicitude em se terceirizar as atividades-fim da empresa.

Logo, tanto por força do art. 5º-A, §5º, da Lei n. 6.019/74, quanto pela tese fixada no julgamento o RE n. 958.252 e a ADPF 324, a responsabilidade da tomadora dos serviços será subsidiária e limitada ao período em que houve prestação de serviços, isto é, seu patrimônio só responderá pelos danos experimentados pelo trabalhador no caso de a empresa prestadora de serviços, real contratante do trabalhador, não possuir bens o suficiente para arcar com os valores da condenação e limitando-se ao período de tomada de serviços. Vale lembrar que a responsabilidade subsidiária também era prevista pela Súmula 331, sendo aplicada nas hipóteses em que a terceirização era considerada lícita, ou seja, quando envolvia as atividades-meio da empresa tomadora.

3.2. Responsabilidade Subjetiva e Objetiva

Apesar da discussão no âmbito do Direito Civil, gerada a partir da promulgação do Código Civil de 2002, sobre se a regra básica da responsabilidade civil havia passado da subjetiva (que adota a teoria da culpa) para a

[26] Art. 942, CC. Os bens do responsável pela ofensa ou violação do direito de outrem ficam sujeitos à reparação do dano causado; e, se a ofensa tiver mais de um autor, todos responderão solidariamente pela reparação.

objetiva (que adota a teoria do risco), ante às previsões do art. 927, *caput* e parágrafo único[27], no âmbito do Direito do Trabalho tal dúvida não existe, já que por força constitucional, a regra é a responsabilidade subsidiária:

Art. 7º São direitos dos trabalhadores urbanos e rurais, além de outros que visem à melhoria de sua condição social:

> (...)
>
> XXVIII - seguro contra acidentes de trabalho, a cargo do empregador, sem excluir a indenização a que este está obrigado, *quando incorrer em dolo ou culpa*; [g.n.]

Para esta modalidade de responsabilidade, para configuração do dever de indenizar, é necessário que a vítima prove (i) o ato ilícito, (ii) o dano experimentado, (iii) o nexo causal entre eles e (iv) o dolo ou a culpa do agente. E, segundo a teoria da culpa, enquanto, no dolo, agente age intencionalmente em prol do resultado danoso, na culpa, o agente não deseja o resultado danoso, porém, por imprudência, negligência ou imperícia, este acaba acontecendo, como consequência dos atos praticados pelo agente.

No mercado *fashion*, quando declarada a licitude do contrato de facção, por exemplo, para comprovar a responsabilidade subjetiva da tomadora dos serviços, a vítima poderia alegar a escolha de um prestador de serviços ruim, o que gera a chamada *culpa in elegendo*, bem como pode alegar a falta de fiscalização do tomador em relação ao cumprimento das obrigações legais pelo prestador, o que gera a *culpa in vigilando*[28]. Mas, como para

[27] TARTUCE, Flávio. Direito Civil: Direito das obrigações e responsabilidade civil. Vol. 2, 14.ed., Rio de Janeiro: Forense, 2019, p. 537-539.

[28] AGRAVO DE INSTRUMENTO. RECURSO DE REVISTA. ENTE PÚBLICO. RESPONSABILIDADE SUBSIDIÁRIA. CULPA CONCRETA IN VIGILANDO EXPRESSAMENTE CONSIGNADA NO ACÓRDÃO RECORRIDO. LIMITAÇÃO. APLICAÇÃO DA SÚMULA 331, V E VI, DO TST. O item V da Súmula-TST-331 assenta o entendimento de que a responsabilidade supletiva, em casos de terceirização de serviços, só pode ser atribuída ao ente público quando evidenciada a culpa in vigilando. *Com efeito, é possível verificar a conduta culposa do contratante, conforme destacado pelo TRT*: -Registro que a ausência de fiscalização do ente público no acompanhamento do contrato de prestação de serviços mantido com a primeira reclamada se mostra evidente, na medida em que, embora tenha acostado aos autos nas fls. 231-68, cópia dos recibos de EPIs e vales transporte, dos recibos salariais e dos cartões ponto, não constatou, por exemplo, a ilegalidade praticada consistente na ausência de pagamento dos salários de abril e maio, bem como no fato de os registros de horário contemplarem horários absolutamente invariáveis, inverossímeis, portanto, *caracterizando, assim, a sua culpa 'in vigilando' e 'in eligendo', atraindo o previsto nos arts. 186 e 927, caput, do Código Civil, pois inegável o cometimento de ato ilícito que deve ser reparado pelos responsáveis legais (no*

toda regra existe uma exceção, também haverá exceções para a adoção da teoria da responsabilidade subjetiva, momento em que será aplicada a teoria da responsabilidade objetiva, na qual não há necessidade de comprovação de dolo ou culpa.

Pela regra prevista no art. 927, parágrafo único, do CC/2002, "*haverá obrigação de reparar o dano, independentemente de culpa, nos casos especificados em lei, ou quando a atividade normalmente desenvolvida pelo autor do dano implicar, por sua natureza, risco para os direitos de outrem*". Logo, segundo a teoria do risco, basta a existência de potencial danoso na atividade normalmente desenvolvida pelo agente, juntamente com o ato ilícito e o nexo de causalidade, para se configurar o dever de indenizar do agente[29].

Haverá ainda a possibilidade de aplicação da teoria da responsabilidade objetiva nos casos de danos ambientais do trabalho, tais como situações de contaminação no meio ambiente de trabalho ou como manutenção dos trabalhadores em locais degradantes e/ou inseguros. Nestes casos, a solução é dada pelo art. 225, § 3º, da Constituição[30] e pelo art. 14, § 1º, da Lei n. 6.938/81[31e32].

caso, o recorrente), conforme previsto no art. 942 do mesmo diploma, que trata do dever legal de reparação do dano.-. Nesse contexto, inviável a admissibilidade do recurso de revista, pois a decisão recorrida encontra-se em consonância com o item V da Súmula 331/TST. (...) Agravo de instrumento conhecido e desprovido. [g.n.] (TST, AIRR - 0000732-22.2012.5.04.0002, Rel. Min. Alexandre de Souza Agra Belmonte, DEJT em 20/02/2015).

[29] Flávio Tartuce apresenta ainda outra teoria de risco, chamada de risco-proveito: "Teoria do risco-proveito: é adotada nas situações em que o risco decorre de uma atividade lucrativa, ou seja, o agente retira um proveito do risco criado, como nos casos envolvendo os riscos de um produto, relacionados com a responsabilidade objetiva decorrente do Código de Defesa do Consumidor. Dentro da ideia de risco-proveito estão os riscos de desenvolvimento. Exemplificando, deve uma empresa farmacêutica responder por um novo produto que coloca no mercado ou que ainda esteja em fase de testes". (TARTUCE, Flávio. *Direito Civil: Direito das obrigações e responsabilidade civil*. Vol. 2, 14.ed., Rio de Janeiro: Forense, 2019, p. 540)

[30] Art. 225, § 3º, CF. As condutas e atividades consideradas lesivas ao meio ambiente sujeitarão os infratores, pessoas físicas ou jurídicas, a sanções penais e administrativas, independentemente da obrigação de reparar os danos causados.

[31] Art. 14, § 1º, Lei n. 6.938/81. Sem obstar a aplicação das penalidades previstas neste artigo, é o poluidor obrigado, independentemente da existência de culpa, a indenizar ou reparar os danos causados ao meio ambiente e a terceiros, afetados por sua atividade. O Ministério Público da União e dos Estados terá legitimidade para propor ação de responsabilidade civil e criminal, por danos causados ao meio ambiente.

[32] AGRAVO DE INSTRUMENTO DO RECLAMANTE. NULIDADE DO V. ACÓRDÃO REGIONAL POR NEGATIVA DE PRESTAÇÃO JURISDICIONAL. DESPROVIMENTO.

3.3. Situação de Formação de Vínculo: da Subordinação Estruturada

Dos critérios eleitos pela CLT para formação do vínculo de emprego (trabalho de pessoa física, pessoalidade, habitualidade, onerosidade e subordinação), o que mais tem se transformado e gerado impacto nas relações laborais é o da subordinação, pois é o critério que evidencia a posição de submissão do trabalhador em relação ao empregador, a qual gera o desequilíbrio do contrato de trabalho. Diante das alterações das dinâmicas de gestão de pessoas ao redor do mundo, Barbara Bittar Teixeira[33], realizado trabalhosa revisão bibliográfica de notórios doutrinadores do direito do trabalho, resumiu em três formas possíveis as manifestações da subordinação nas relações laborais, a qual se sintetiza da seguinte maneira:

a) Subordinação clássica: é aquela prevista no art. 3º, CLT, pela qual o trabalhador possui seus serviços dirigidos pelo empregador, que terá poder de mando sobre a organização da produção (*jus variandi*);
b) Subordinação objetiva: nessa modalidade, o vínculo laboral é disfarçado em outras formas de contratação dos serviços, ocorrendo, todavia, a integração da atividade do trabalhador na cadeia produtiva do tomador de serviços, isto é, a demanda é gerada exclusivamente pelo tomador de serviços, submetendo indiretamente

Diante da ausência de transcrição do conteúdo pertinente da petição de embargos de declaração, não há como analisar as apontadas ofensas aos artigos 93, IX, da CF e 832 da CLT. Agravo de instrumento desprovido. *AGRAVO DE INSTRUMENTO DO RECLAMANTE. ACIDENTE DE TRABALHO. ATIVIDADE DE RISCO. CORTE DE CANA. RESPONSABILIDADE OBJETIVA. PROVIMENTO. Diante de provável violação do disposto no art. 927 do Código Civil, o agravo de instrumento merece provimento para melhor exame. RECURSO DE REVISTA DO RECLAMANTE. ACIDENTE DE TRABALHO. ATIVIDADE DE RISCO. CORTE DE CANA. RESPONSABILIDADE OBJETIVA. O acidente ocorrido com o reclamante não afasta a culpa em face da obrigação da empresa em zelar pelo meio ambiente de trabalho, inclusive na escolha do equipamento de proteção para o exercício da atividade pelo empregado, a determinar a indenização por dano moral, matéria e estético. Não fora isso, diante do conceito de atividade de risco, o trabalho no corte de cana-de-açúcar determina a responsabilidade do empregador, independente de culpa, na medida em que esta se presume, a qual a doutrina convencionou chamar de responsabilidade objetiva.* Recurso de revista conhecido e provido. [g.n.] (TST, AIRR - 0010151-14.2015.5.03.0059, Rel. Min. Aloysio Corrêa da Veiga, DEJT em 04/08/2017)

[33] TEIXEIRA, Barbara Bittar. *Direitos Humanos e Empresas: A responsabilidade por exploração de trabalhadores em condições análogas à de escravo nas cadeias produtivas da indústria têxtil.* Dissertação de Mestrado (Direito). Fundação Getulio Vargas, São Paulo, 2018, p. 97-105.

o prestador de serviços, e seus trabalhadores, aos seus objetivos empresariais;

c) Subordinação estruturada: aqui, o tomador de serviços disponibiliza a matéria-prima e os meios de produção, além das orientações técnicas, bem como antecipadamente já se torna proprietário da produção gerada pela prestadora de serviços, naquilo que os doutrinadores espanhóis chamaram de princípio da *ajenidad* (alienação).

Teixeira ainda se dedicou a avaliar como a subordinação estruturada seria aplicada na cadeia produtiva da indústria têxtil:

> Tomando o exemplo do setor têxtil, em grande parte dos casos, a empresa tomadora controla todo o processo de produção da cadeia, define a quantidade de peças, os modelos das roupas, as medidas, qualidade, acessórios e os prazos para entrega.
>
> Essas especificações são passadas aos fornecedores, que na verdade não têm capacidade produtiva para a execução dos serviços e, por isso, acabam subcontratando pequenas oficinas de costura.
>
> Nessa situação, a empresa tomadora não precisaria dar ordens diretas aos trabalhadores das oficinas, visto que ela detém todo o poder econômico da cadeia produtiva e apenas ordenaria a produção como um todo (SEGATTI et al, 2015, p. 71).
>
> Por conseguinte, o trabalhador da cadeia produtiva têxtil estaria inserido na organização produtiva da empresa tomadora e, consequentemente, sua atividade está submetida ao controle e direção dela (SEGATTI et al, 2015, p. 71). Assim, como o empregador toma para si o produto da força de trabalho alheia, as suas atividades passam também a englobar a prestação de trabalho (CHAVES JÚNIOR; MENDES, 2007, p. 211).
>
> A partir da teoria da subordinação integrativa e da estrutural, parte da doutrina afirma ser possível fazer uma releitura dos grupos econômicos trabalhistas previstos no art. 2º, §1º da CLT (MELO et al, 2015, p. 230). Especificamente nos casos da indústria têxtil, os trabalhadores das oficinas são formalmente subordinados às empresas fornecedoras. Entretanto, a subordinação dos fornecedores à empresa tomadora final é tão clara que elas operariam em uma sequência de subordinações, devendo essa ser responsabilizada pelas violações

> de direito do trabalho ocorridas ao longo de sua cadeia (MELO et al, 2015, p. 230).

Como consequência da subordinação estruturada, caberá ao Poder Judiciário a declaração de existência de vínculo direto entre o tomador dos serviços e o trabalhador[34].

Conclusões

Consoante visto, o mercado *fashion* representa uma parcela importante da economia brasileira, e com alcance mundial, sendo que o *fast fashion* foi um dos fenômenos mais impactantes para o seu desenvolvimento. A visão da indústria brasileira deu uma boa ideia de como esta forma de organização da produção influencia o setor como um todo.

A cadeia de produção do mercado *fashion* é bastante complexa e organizada, passando pelas fases de produção das fibras e filamentos, sendo estes

[34] AGRAVOS DE INSTRUMENTO DAS RECLAMADAS. RECURSO DE REVISTA. PROCESSO SOB A ÉGIDE DA LEI 13.015/2014. ANÁLISE CONJUNTA. MATÉRIA COMUM. FRAUDE. CONTRATAÇÃO POR EMPRESA INTERPOSTA. TERCEIRIZAÇÃO ILÍCITA. FINANCEIRA. ATUAÇÃO NA ATIVIDADE-FIM DO TOMADOR DE SERVIÇOS. VÍNCULO DE EMPREGO. SÚMULA 331/I/TST. RESPONSABILIDADE SOLIDÁRIA. As situações-tipo de terceirização lícita estão, hoje, claramente assentadas pelo texto da Súmula 331/TST. Constituem quatro grupos de situações sociojurídicas delimitadas: a) situações empresariais que autorizem contratação de trabalho temporário; b) atividades de vigilância regidas pela Lei 7.102/83; c) atividades de conservação e limpeza; d) serviços especializados ligados à atividade-meio do tomador, desde que, nas três últimas situações-tipo, inexista pessoalidade e subordinação direta entre trabalhador terceirizado e tomador de serviços. A hipótese dos autos, contudo, não se amolda às quatro situações-tipo de terceirização lícita assentadas pela Súmula 331/TST, pois a análise da prova evidencia que a Reclamante estava inserida no processo produtivo da Reclamada BV Financeira S.A., com subordinação e pessoalidade na prestação dos serviços, dedicados essencialmente à atividade econômica da Reclamada. *Registre-se que, para o Direito do Trabalho, a subordinação pode ter três dimensões, todas elas válidas, mesmo que não concomitantes: a tradicional, de natureza subjetiva; a objetiva, pela realização, pelo obreiro, dos fins do empreendimento do tomador (caso dos autos); e a estrutural, pela integração do trabalhador na estrutura, dinâmica e cultura do tomador de serviços (também caso dos autos). Portanto, configurada a ilicitude do contrato de fornecimento de mão de obra, determina a ordem jurídica que se considere desfeito o vínculo laboral com o empregador aparente (entidade terceirizante), formando-se o vínculo justrabalhista do obreiro diretamente com o tomador de serviços (empregador oculto ou dissimulado).* Agravos de instrumento desprovidos. [g.n.] (TST, AIRR - 0001392-42.2014.5.03.0109, Rel. Min. Mauricio Godinho Delgado, DEJT em 03/07/2017)

as matérias-primas para produção de fios e tecidos. Dos tecidos, acrescidos os aviamentos, termos os insumos para a indústria de confecção, cujo produto final irá para a cadeia de distribuição e venda ao consumidor final.

Dada a extensão dessa cadeia produtiva, seria inviável economicamente uma única empresa conseguir contemplar todas as etapas de produção, sendo que a terceirização foi uma forma muito interessante para a organização da mão-de-obra e dos objetivos empresariais, criando uma relação triangular entre o prestador do serviço, seu trabalhador e a empresa tomadora de serviços.

No Brasil, o vácuo legislativo sobre a terceirização fez com que a questão fosse primeiramente apreciada pelo Poder Judiciário, cabendo ao TST a edição da famigerada Súmula 331, a qual proibia, sem qualquer suporte constitucional ou legal, a terceirização das atividades-fim, conceituadas como aquelas que estão diretamente conectadas com os objetos sociais da empresa tomadora de serviços. Nesses casos, haveria a formação de vínculo direto entre o tomador de serviços e o trabalhador, como já ocorrido em casos envolvendo contratos de facções, no setor de confecções.

A enxurrada de processos, gerada pela falta de uma legislação que desse mais segurança jurídica para esta modalidade de contratação, fez com que o Congresso Nacional promovesse alterações na Lei n. 6.019/74 e na CLT, para contemplar as regras que regulam a terceirização atualmente, a qual considera lícita a terceirização de qualquer uma das atividades da empresa. Essa premissa também foi acolhida pelo STF, no julgamento do RE 958.252 e ADPF 324.

Porém, não é por ser licita a terceirização de qualquer atividade que isto significa ausência de responsabilidade de quem toma o serviço, especialmente se considerarmos que a ausência de pagamento de verbas rescisórias é um dos assuntos mais recorrentes da Justiça do Trabalho. Desta feita, a novel legislação e a tese estabelecida pelo STF estabelecem que o tomador de serviços será subsidiariamente responsável pelos créditos trabalhista e eventuais indenizações, tanto as patrimoniais quantos a extrapatrimoniais, limitado ao período em que houve tomada do labor.

No caso da responsabilidade trabalhista, a regra será a responsabilidade subjetiva, por força constitucional, sendo reservada a aplicação da responsabilidade objetiva em casos excepcionais, envolvendo o labor em atividade de risco ou o desequilíbrio labor-ambiental. Também haverá exceção no que tange à responsabilidade subsidiária quando for verificada a chamada subordinação estrutural, considerada como aquela em que a tomadora de serviço disponibiliza a matéria-prima e as orientações técnicas, além se apropriar prévia e exclusivamente da produção gerada pela prestadora de serviços. Nestas situações, haverá formação de vínculo, sendo que tomadora e prestadora responderão solidariamente.

Referências

ASSOCIAÇÃO BRASILEIRA DA INDÚSTRIA TÊXTIL E DE CONFECÇÃO. *Indústria têxtil e de confecção brasileira: Cenários, demandas, perspectivas e desafios.* Disponível em <http://www.abit.org.br/conteudo/links/publicacoes/ cartilha_rtcc.pdf>. Visitado em 24/02/2019.

ASSOCIAÇÃO BRASILEIRA DA INDÚSTRIA TÊXTIL E DE CONFECÇÃO. *Perfil do setor.* Disponível em <http://www.abit.org.br/cont/perfil-do-setor>. Visitado em: 17/06/2017.

ASSOCIAÇÃO BRASILEIRA DA INDÚSTRIA TÊXTIL E DE CONFECÇÃO. *Setor têxtil e de confecção: Momento atual e agenda de trabalho.* Disponível em <http://www.abit.org.br/conteudo/links/apresentacoes/2016/salvador/app_circuito-salvador_fernando.pdf>. Visitado em 24/02/2019.

ČIARNIENĖ, R; VIENAŽINDIENĖ, M. *Management of contemporary fashion industry: characteristics and challenges.* In: Procedia - Social and Behavioral Sciences, V. 150, 2014, p. 1012-1019.

JORGE NETO, Francisco Ferreira; CAVALCANTE, Jouberto de Quadros Pessoa. *Direito do trabalho.* 9.ed., São Paulo: Atlas, 2019.

LEITE, Carlos Henrique Bezerra. *Curso de direito do trabalho.* 9.ed., São Paulo: Saraiva, 2018.

MORO, Rita de Cássia Lopes. Responsabilidade social na cadeia de fornecedores do varejo de vestuário de moda: estudo de múltiplos casos. Dissertação de Mestrado (Ciências). Escola de Artes, Ciências e Humanidades, Universidade de São Paulo, São Paulo, 2016.

REPÓRTER BRASIL. *Fast-fashion e os direitos do trabalhador.* São Paulo: Repórter Brasil. 2015. Disponível em: http://reporterbrasil.org.br/wpcontent/uploads/2016/08/Fast-Fashion_VFinal.pdf. Visitado em 24/02/2019.

REPÓRTER BRASIL; SOMO. *Da responsabilização moral à responsabilização jurídica? As condições de escravidão moderna na cadeia global de suprimentos da indústria do vestuário e a necessidade de fortalecer os marcos regulatórios: o caso da Inditex-Zara no Brasil.* São Paulo: Repórter Brasil & SOMO, 2015.

ROMAR, Carla Martins Tereza. *Direito do trabalho esquematizado.* 5.ed., São Paulo: Saraiva, 2018.

SAKAMOTO, Leonardo. *Reforma Trabalhista limita indenização a vítimas da tragédia a 50 salários.* Disponível em <https://blogdosakamoto. blogosfera.uol.com.br/2019/01/27/reforma-trabalhista-limita-indenizacao-a-vitima-de-brumadinho-a-50-salarios>. Visitado em 24/02/2019.

SEGATTI, Ana Elisa Alves Brito; et al. *Trabalho escravo: reflexões sobre a responsabilidade na cadeia produtiva.* In: Revista do Ministério Público do Trabalho. Brasília: Procuradoria-Geral do Trabalho. Ano XXIV, n. 48, set. 2014, p. 67-88.

TARTUCE, Flávio. *Direito Civil: Direito das obrigações e responsabilidade civil.* Vol. 2, 14.ed.,

Rio de Janeiro: Forense, 2019.

TEIXEIRA, Barbara Bittar. *Direitos Humanos e Empresas: A responsabilidade por exploração de trabalhadores em condições análogas à de escravo nas cadeias produtivas da indústria têxtil.* Dissertação de Mestrado (Direito). Fundação Getulio Vargas, São Paulo, 2018.

TURKER, D; ALTUNTAS, C. *Sustainable supply chain management in the fast fashion industry: An analysis of corporate reports.* European Management Journal, v. 32, n. 5, 2014. p. 837-849.

14. PIS e COFINS na Indústria Têxtil: Utilização de Créditos Relativos a Despesas Aduaneiras

Rangel Perrucci Fiorin

Introdução

O presente artigo tem por objetivo analisar a controvérsia existente no aproveitamento de crédito referente a Contribuição para o Programa de Integração Social - PIS e a Contribuição para o Financiamento da Seguridade Social – COFINS, diante dos custos e despesas aduaneiras pagas às pessoas jurídicas domiciliadas no país.

1. Do Regime não Cumulativo da Contribuição para o Programa de Integração Social - PIS e da Contribuição para o Financiamento da Seguridade Social - COFINS

Preambularmente, cumpre esclarecer que as contribuições ao PIS e da COFINS sofreram sucessivas alterações legais, inclusive no que se refere o alargamento da matriz constitucional de incidência tributária, que passaram a ter por base de cálculo o faturamento ou a receita bruta. Sobremais, as aludidas Contribuições Sociais também suportaram modificações quanto à aplicação da não cumulatividade conforme prescrição das Leis 10.637/2002 e 10.833/2003.

Nesse ensejo, o legislador ordinário desenhou o sistema de compensação de créditos inerentes ao PIS e a COFINS, determinando quais pessoas jurídicas sujeitam-se a modalidade da não cumulatividade, com a garantia constitucional inserida pela EC 42/2003, que acrescentou o § 12 ao artigo 195 da CF. Posteriormente à edição da EC 42/2003, a Lei 10.865/2004 alterou a redação das Leis 10.637/2002 e 10.8338/2003 restringindo ainda mais o alcance e conteúdo da não cumulatividade.

Todavia, é notório o debate em relação aos custos e despesas que geram créditos de PIS e Cofins apurados pelo sistema não cumulativo, merecendo estudo, diante da constante evolução da jurisprudência sobre o tema.

Consigne-se que o Superior Tribunal de Justiça, em sede de RECURSO REPETITIVO - Resp 1.221.170/PR, decidiu que o conceito de insumo, para fins de creditamento do PIS e da COFINS, deve ser aferido à luz dos critérios da essencialidade ou relevância, considerando-se a imprescindibilidade ou a importância de determinado item – bem ou serviço – para o desenvolvimento da atividade econômica desempenhada pelo contribuinte:

> EMENTA - TRIBUTÁRIO. PIS E COFINS. CONTRIBUIÇÕES SOCIAIS. NÃO-CUMULATIVIDADE. CREDITAMENTO. CONCEITO DE INSUMOS. DEFINIÇÃO ADMINISTRATIVA PELAS INSTRUÇÕES NORMATIVAS 247/2002 E 404/2004, DA SRF, QUE TRADUZ PROPÓSITO RESTRITIVO E DESVIRTUADOR DO SEU ALCANCE LEGAL. DESCABIMENTO. DEFINIÇÃO DO CONCEITO DE INSUMOS À LUZ DOS CRITÉRIOS DA ESSENCIALIDADE OU RELEVÂNCIA. RECURSO ESPECIAL DA CONTRIBUINTE PARCIALMENTE CONHECIDO, E, NESTA EXTENSÃO, PARCIALMENTE PROVIDO, SOB O RITO DO ART. 543-C DO CPC/1973 (ARTS. 1.036 E SEGUINTES DO CPC/2015). *1. Para efeito do creditamento relativo às contribuições denominadas PIS e COFINS, a definição restritiva da compreensão de insumo, proposta na IN 247/2002 e na IN 404/2004, ambas da SRF, efetivamente desrespeita o comando contido no art. 3o., II, da Lei 10.637/2002 e da Lei 10.833/2003, que contém rol exemplificativo. 2. O conceito de insumo deve ser aferido à luz dos critérios da essencialidade ou relevância, vale dizer, considerando-se a imprescindibilidade ou a importância de determinado item – bem ou serviço – para o desenvolvimento da atividade econômica desempenhada pelo contribuinte.* 3. Recurso Especial representativo da controvérsia

> parcialmente conhecido e, nesta extensão, parcialmente provido, para determinar o retorno dos autos à instância de origem, a fim de que se aprecie, Documento: 82073880 - EMENTA / ACORDÃO - Site certificado - DJe: 24/04/2018 Página 1 de 2 Superior Tribunal de Justiça em cotejo com o objeto social da empresa, a possibilidade de dedução dos créditos realtivos a custo e despesas com: água, combustíveis e lubrificantes, materiais e exames laboratoriais, materiais de limpeza e equipamentos de proteção individual-EPI. 4. Sob o rito do art. 543-C do CPC/1973 (arts. 1.036 e seguintes do CPC/2015), assentam-se as seguintes teses: (a) é ilegal a disciplina de creditamento prevista nas Instruções Normativas da SRF ns. 247/2002 e 404/2004, porquanto compromete a eficácia do sistema de não-cumulatividade da contribuição ao PIS e da COFINS, tal como definido nas Leis 10.637/2002 e 10.833/2003; e (b) o conceito de insumo deve ser aferido à luz dos critérios de essencialidade ou relevância, ou seja, considerando-se a imprescindibilidade ou a importância de terminado item - bem ou serviço - para o desenvolvimento da atividade econômica desempenhada pelo Contribuinte. ACÓRDÃO Vistos, relatados e discutidos estes autos, acordam os Ministros da Primeira Seção do Superior Tribunal de Justiça, na conformidade dos votos e das notas taquigráficas a seguir, prosseguindo no julgamento, por maioria, após o realinhamento feito, conhecer parcialmente do Recurso Especial e, nessa parte, dar-lhe parcial provimento, nos termos do voto do Sr. Ministro Relator, que lavrará o ACÓRDÃO. Votaram vencidos os Srs. Ministros Og Fernandes, Benedito Gonçalves e Sérgio Kukina. O Sr. Ministro Mauro Campbell Marques, Assusete Magalhães (voto-vista), Regina Helena Costa e Gurgel de Faria (que se declarou habilitado a votar) votaram com o Sr. Ministro Relator. Não participou do julgamento o Sr. Ministro Francisco Falcão. Brasília/DF, 22 de fevereiro de 2018 (Data do Julgamento). NAPOLEÃO NUNES MAIA FIL. (grifos nossos).

Para nós, adicionalmente o entendimento do Tribunal Superior, os comandos constitucionais nos leva entender que a expressão utilizada pelo legislador magno não fica restrita à mera preferência terminológica, mas sim a um regime adequado inclusive para a configuração das atividades legislativas e administrativas do Estado o observação a não-cumulatividade. Isso porque o §º 12 do artigo 195 da Constituição Federal determina que as contribuições sociais que incidem sobre a receita e faturamento serão não-cumulativa, sendo apenas definido pela lei os setores:

> "Art. 195 - A seguridade social será financiada por toda a sociedade, de forma direta e indireta, nos termos da lei, mediante recursos provenientes dos orçamentos da União, dos Estados, do Distrito Federal e dos Municípios, e das seguintes contribuições sociais:
>
> I - do empregador, da empresa e da entidade a ela equiparada na forma da lei, incidentes sobre:
>
> **a)** a folha de salários e demais rendimentos do trabalho pagos ou creditados, a qualquer título, à pessoa física que lhe preste serviço, mesmo sem vínculo empregatício;
>
> **b)** *a receita ou o faturamento*;
>
> (...)
>
> § 12. A lei definirá os setores de atividade econômica para os quais as contribuições incidentes na forma dos incisos I, b; e IV do caput, *serão não-cumulativas*". (grifos nossos)

Em suma, o art. 195, § 12, da CF/88 instituiu a não cumulatividade plena para o PIS e para a COFINS, sendo que a única margem de liberdade dada pelo Texto Constitucional ao legislador ordinário se refere à escolha dos setores da atividade econômica para as quais as referidas contribuições serão não cumulativas. Consequentemente, delimitados estes setores, a não cumulatividade não poderia sofrer qualquer outra restrição. Portanto, uma vez apurado o valor devido das contribuições sociais em questão, este poderá ser compensando com valores apurados pelo contribuinte a título de crédito, diante do princípio da não cumulatividade.

Seja como for, tal posicionamento não é unissono. A própria Secretaria da Receita Federal apresenta posições divergentes sobre questões similares. Vejamos: Nos termos da Solução de Consulta nº 121 – Cosit, de 8 de fevereiro de 2017 não é permitido o creditamento de PIS e COFINS sobre serviços aduaneiros, frete interno na importação de mercadorias e armazenagem de mercadoria importada.

> ASSUNTO: CONTRIBUIÇÃO PARA O PIS/PASEP. NÃO CUMULATIVIDADE. DIREITO DE CREDITAMENTO. SERVI-

ÇOS ADUANEIROS. FRETE INTERNO NA IMPORTAÇÃO DE MERCADORIAS. ARMAZENAGEM DE MERCADORIA IMPORTADA. No regime de apuração não cumulativa, não é admitido o desconto de créditos em relação ao pagamento de serviços aduaneiros e de frete interno referente ao transporte de mercadoria importada do ponto de fronteira, porto ou aeroporto alfandegado até o estabelecimento da pessoa jurídica no território nacional. É possível o desconto de crédito em relação a despesas com armazenagem do produto importado. Dispositivos Legais: Lei nº 10.637, de 2002, art. 3º; Lei nº 10.833, de 2003, art. 3º, IX, e art. 15, II; Lei nº 10.865, de 2004, art. 7º e art. 15; IN SRF nº 327, de 2003, art. 4º e 5º.

ASSUNTO: CONTRIBUIÇÃO PARA O FINANCIAMENTO DA SEGURIDADE SOCIAL – COFINS. NÃO CUMULATIVIDADE. DIREITO DE CREDITAMENTO.

SERVIÇOS ADUANEIROS. FRETE INTERNO NA IMPORTAÇÃO DE MERCADORIAS. ARMAZENAGEM DE MERCADORIA IMPORTADA. No regime de apuração não cumulativa, não é admitido o desconto de créditos em relação ao pagamento de serviços aduaneiros e de frete interno referente ao transporte de mercadoria importada do ponto de fronteira, porto ou aeroporto alfandegado até o estabelecimento da pessoa jurídica no território nacional. É possível o desconto de crédito em relação a despesas com armazenagem do produto importado. Dispositivos Legais: Lei nº 10.833, de 2003, art. 3º; Lei nº 10.865, de 2004, art. 7º e art. 15; e IN SRF nº 327, de 2003, art. 4º e 5º. (grifos nossos)

Analisando a Solução de Consulta supratranscrita, notamos que o embasamento jurídico apresentado, dentre outros, circunscreve-se também na lei 10.865/2014 que dispõe sobre a Contribuição para os Programas de Integração Social e de Formação do Patrimônio do Servidor Público e a Contribuição para o Financiamento da Seguridade Social incidentes sobre a importação de bens e serviços.

Por outro turno, a Secretaria da Receita Federal do Brasil através da Solução de Consulta nº 484 – Cosit de 25 de setembro de 2017 respondeu que independente de quem tenha feito o pagamento do frete no transporte internacional, o custo do transporte da mercadoria importada até o porto ou o aeroporto alfandegado de descarga ou o ponto de fronteira alfandegado onde devam ser cumpridas as formalidades de entrada no território aduaneiro (frete internacional) está incluído no valor aduaneiro e, portanto, enseja apuração de créditos da Contribuição para o PIS/Pasep e da Cofins:

> Contribuição para o PIS/Pasep. Desde que atendidos os demais requisitos da legislação tributária, *independente de quem tenha feito o pagamento do frete no transporte internacional (se a pessoa jurídica nacional, através de agentes de carga, ou se a pessoa jurídica estrangeira), o valor dos créditos da Contribuição para o PIS/Pasep estabelecidos pelo art. 15 da Lei nº 10.865, de 2004, abrange o custo do transporte da mercadoria importada até o porto ou o aeroporto alfandegado de descarga ou o ponto de fronteira alfandegado.* Dispositivos Legais: Lei nº 10.865, de 2004, arts. 3º, *caput*, I, 7º, I, e 15, *caput*, I, e §§ 1º e 3º; arts. 4º e 5º da Instrução Normativa SRF nº 327, de 9 de maio de 2003.
>
> Assunto: Contribuição para o Financiamento da Seguridade Social - Cofins
>
> Desde que atendidos os demais requisitos da legislação tributária, independente de quem tenha feito o pagamento do frete no transporte internacional (se a pessoa jurídica nacional, através de agentes de carga, ou se a pessoa jurídica estrangeira), o valor dos créditos da Cofins estabelecidos pelo art. 15 da Lei nº 10.865, de 2004, abrange o custo do transporte da mercadoria importada até o porto ou o aeroporto alfandegado de descarga ou o ponto de fronteira alfandegado. Dispositivos Legais: Lei nº 10.865, de 2004, arts. 3º, caput, I, 7º, I, e 15, caput, I, e §§ 1º e 3º; arts. 4º e 5º da Instrução Normativa SRF nº 327, de 9 de maio de 2003. (grifos nossos)

Notamos também que o Conselho Administrativo de Recursos Fiscais - CARF, decidiu que os custos com aquisições de bens e serviços, utilizados como insumo na prestação e na produção ou fabricação de bens ou produtos destinados à venda, geram créditos da contribuição, sendo reconhecido o direito aos créditos apurados sobre os custos com serviços de desestiva/ despachantes, correspondentes exclusivamente ao descarregamento, movimentação, acondicionamento e armazenagem das matérias primas no armazém alfandengado, pagos às pessoas jurídicas domiciliados no País, mediante notas fiscais de prestação de serviços (Processo nº15586.001201/201048 - Recurso nº Voluntário - Acórdão nº 3301002.061 – 3ª Câmara / 1ª Turma Ordinária Sessão de 25 de setembro de 2013).

Em suma, é notória a divergência do entendimento da própria Secretaria da Receita Federal e Conselho Administrativo de Recursos Fiscais, causando insegurança jurídica, quanto a não cumulatividade. O princípio da não cumulatividade do PIS e da COFINS deveriam ter por pressuposto desoneração do faturamento e da receita bruta das pessoas jurídicas, seja ela comercial, industrial ou prestadoras de serviços.

Tenhamos presente que os ditames constitucionais conferem direitos fundamentais aos contribuintes e não podem ser alterados por conveniência e adequação na tributação e arrecadação, eis que o valor despendido por quem deve pagar o tributo e a forma que deve ser pago necessita observar o ideal de justiça tributária, segurança jurídica. Segundo Roque Antonio Carrazza:

> "Nem mesmo o objetivo, em tese louvável, de solucionar os 'problemas de caixa' das pessoas políticas tem força bastante para subverter os princípios fundamentais do sistema constitucional tributário brasileiro, que deitam raízes, em última análise, no próprio princípio da segurança jurídica"[1].

Consequentemente, a não cumulatividade do PIS e da COFINS deveria abarcar todos dos custos de produção e as despesas necessária à atividade empresarial, inclusive relativos a despesas aduaneiras pagas às pessoas jurídicas domiciliadas no país. De acordo com José Eduardo Soares de Melo:

> *"Caso fosse suprimida, a cumulatividade tributária geraria um custo artificial indesejável aos preços dos produtos e serviços comercializados. Esses preços estariam totalmente desvinculados a realidade, de produção e da comercialização. Isto oneraria o custo de vida da população, e encareceria o processo produtivo e comercial, reduzindo os investimentos empresariais , em face do aumento do custo ocasionado por esse arificilistmo tributário oriundo da cumulatividade."*[2] (grifos nossos)

[1] CARRAZZA, Roque Antonio. *Curso de direito constitucional tributário.* **São Paulo: Malheiros. 2010.** p. 506.

[2] MELO, Eduardo Soares de. *ICMS Teoria e Prática.* 12. São Paulo: Dialética, 2012. p. 258

Nesse passo, os atos infraconstitucionais não teriam o condão de alterar a ordem constitucional, inclusive no que concerne ao direito de compensação, mesmo porque a não-cumulatividade, como mencionado, expurga o custo prejudicial a economia do país ao afastar a incidência de um mesmo tributos mais de uma vez (de forma cumulativa).

Adicionalmente, para que não cumulatividade atinja seu fim é salutar que as despesas necessárias ao exercício da atividade do contribuinte gerem o direito de crédito, sob pena de ferir também o princípio da livre concorrência (art. 170, IV da CF), isonomia (art. 5, II e art. 150, II da CF) e capacidade contributiva (145, §º1 da CF) e não confisco (art. 105, IV da CF). Assim, defendemos que os custos e despesas aduaneiras, pagas às pessoas jurídicas domiciliadas no país geram direito ao crédito, não podendo a fiscalização restringir tal direito.

Referências

CARRAZZA, Roque Antonio. *Curso de Direito Constitucional Tributário.* 26.ed. São Paulo: Malheiros, 2010.

MELO, Eduardo Soares de. *ICMS Teoria e Prática.* 12. ed. São Paulo: Dialética, 2012.

PRESIDÊNCIA DA REPÚBLICA FEDERATIVA DO BRASIL. Disponível em: <http://www.presidencia.gov.br/legislacao>.

Supremo Tribunal de Justiça – www.stj.jus.br

Parte V - Direito Ambiental

15. Desafios para a Sustentabilidade na Indústria da Moda e Aplicabilidade de Princípios de Direito Internacional do Meio Ambiente

Eloá Souza Figaro

Introdução

A indústria da moda compõe-se de negócios intrincados e complexos, que envolvem cadeias de produção longas e variadas, diferentes matérias primas, produção de tecidos, design, envio, vendas em atacado e varejo, uso pelos consumidores finais e, em última instância, descarte, tanto do excedente de tecidos não utilizados na indústria, como do produto final, não mais desejado pelos consumidores por deixar de ser tendência, ou mesmo devido ao tempo de uso.

Embora todas essas atividades pareçam corriqueiras, e parte do dia-a-dia de qualquer pessoa comum que precisa comprar roupas para trabalhar, divertir-se, uniformizar funcionários ou, em escala mais elevada, adquirir itens de luxo, coleção ou representativos de um *status* social, pouco se analisam os impactos que tais atividades e consumo, por vezes tão ordinários, possam ter em nível social e ambiental.

Dados recentes demonstram elevado impacto ambiental da indústria da moda, e algumas preocupações para sua redução já vem sendo abordadas e incorporadas por designers, marcas e fabricantes. Nesta linha, o objetivo deste artigo é pontuar, de forma breve e em caráter exemplificativo, dados que demonstrem o elevado impacto ambiental de atividades econômicas relacionadas à moda, seja ela de luxo ou destinada ao grande público, com o fim de delinear, em caráter não-exaustivo, os princípios de direito internacional do meio ambiente que sejam aplicáveis a essas atividades. Em alguns casos, há exemplos práticos da aplicabilidade desses princípios, situações que também serão aqui delineadas em caráter exemplificativo.

1. Indústria da Moda e Geração de Resíduos

A indústria da moda e vestuário, seja ela de luxo ou destinada ao grande público, movimenta globalmente valores significativos: estima-se que 3 trilhões de dólares sejam movimentados anualmente nos mercados de luxo, modas masculina e feminina, roupas para casamentos, roupas para crianças e roupas esportivas[1]. Esse valor corresponde a 2% do Produto Interno Bruto (PIB) global, porcentagem bastante semelhante à representada pela indústria do petróleo . Tal semelhança com entre as duas atividades econômicas não se concentra apenas no volume de recursos. O "custo de vestir-se bem" é tanto financeiro, quanto ambiental. A indústria da moda/indústria têxtil é também analogamente poluente à indústria do petróleo: enquanto esta última é considerada uma das atividades mais poluentes e nocivas para o meio ambiente[2], dados recentes têm demonstrado que a indústria da moda, principalmente relacionada ao mercado de *fast fashion*[3], é a segunda atividade econômica mais poluente do mundo.

Em termos de uso de recursos naturais e despejo de resíduos no ambiente, dados e estatísticas são alarmantes. Como exemplos, destacam-se: (i) são necessários 5 mil galões de água para fabricar apenas uma camiseta e um par de calças jeans; (ii) a indústria têxtil chinesa está entre as três maiores em número de desperdício de recursos hídricos, descarregando mais de 2.5 bilhões de litros de águas residuais por ano; (iii) dados da agência de proteção ambiental norte-americana reportam que 15.1 milhões de toneladas de resíduos têxteis foram geradas no ano de 2013; e,

[1] Dados da organização Fashion United, disponíveis em: <https://fashionunited.com/global-fashion-industry-statistics/>. Acesso em 27 fev 2019.

[2] Em vista da extensão do dano em caso de acidentes, bem como dos impactos causados pelas operações diárias.

[3] Abordagem de design, criação e marketing de itens de vestuário que enfatiza a rápida e econômica produção e disponibilização de tendências aos consumidores.

por fim, (iv) a produção de 1 quilo de tecido gera aproximadamente 23 kg de gases estufa[4]. Estes são apenas dados exemplificativos, que demonstram o grande impacto ambiental da produção industrial de materiais utilizados por grande parte das indústrias e consumidores no dia-a-dia, sem que necessariamente haja consciência, ou até mesmo informação, acerca da pegada ecológica de seus processos produtivos.

Além dos resíduos têxteis e relacionados ao consumo de água, é cabível notar que uma das fibras mais utilizadas na indústria da moda é a de algodão. O algodão é a fibra natural mais utilizada do mundo e representa 40% dos insumos de produção na moda. O impacto ambiental do seu uso é significativo: embora apenas 2.4% das áreas agrícolas do planeta sejam ocupadas com seu plantio, o algodão consome 10% de todos os produtos químicos utilizados na agricultura, bem como 25% dos inseticidas.

Matérias primas sintéticas relevantes, tais como o poliéster e o nylon, não são biodegradáveis, o que torna seu descarte altamente nocivo, ocupando espaços em aterros sanitários ou áreas de despejo de resíduos. Essas fibras sintéticas, embora não demandem consumo elevado de água, tem impactos significativos causados pelos produtos químicos utilizados nos processos de fabricação e tingimento. São ainda derivados de petróleo: aproximadamente 70 milhões de barris são utilizados anualmente na produção da fibra de poliéster, uma das matérias primas mais comuns na indústria da moda. Além de processos produtivos poluentes, estima-se que, uma vez que seja descartada, demore mais de 200 anos para se decompor[5].

Fora do escopo industrial, e em se tratando do impacto da moda no mercado consumidor, é possível apontar ainda que muitas pessoas, em vez de doar, acabam por descartar roupas velhas e usadas. Essas roupas, que poderiam ser reutilizadas ou destinadas a programas sociais, ocupam espaço em aterros sanitários ou poluem o meio ambiente devido a descarte inadequado, demorando por vezes centenas de anos no processo de decomposição.

[4] Dados e estatísticas disponíveis em: <https://www.ecowatch.com/fast-fashion-is-the-second-dirtiest-industry-in-the-world-next-to-big--1882083445.html>. Acesso em 25 fev 2019.>

[5] Dados disponíveis em: <https://www.forbes.com/sites/jamesconca/2015/12/03/making-climate-change-fashionable-the-garment-industry-takes-on-global-warming/#2f7e5ce779e4>. Acesso em 02 mar 2019.

2. Direito Internacional do Meio Ambiente

As relações das sociedades humanas com o meio ambiente foram objeto de mudanças ao longo da história. O desenvolvimento das sociedades, da economia e das ciências trouxeram, em conjunto com inegáveis aprimoramentos e benefícios, dificuldades a serem enfrentadas no que se refere à preservação ambiental e a manutenção de qualidade saudável de vida para determinadas áreas e grupos sociais. O domínio aprimorado de tecnologias é característico das sociedades modernas e a possibilidade de avaliação do risco de atividades desenvolvidas pelo homem estreitou as relações com a natureza, demovendo-se o temor previamente existente entre as sociedades e as forças naturais[6]. O domínio do risco permitiu então a exploração de recursos naturais com possibilidade de delimitação das consequências das atividades. Ao longo dos anos, a exploração excessiva e o fato de que há consequências naturais imprevisíveis, ou mesmo que previsíveis, são por muitas vezes ignoradas, culminou na prática frequente de atividades de risco e perigosas para o meio ambiente. Dessa forma, passou a destacar-se a necessidade de preservação ambiental de forma independente e direta, não necessariamente relacionada às necessidades humanas.

Os primeiros instrumentos de Direito Internacional do Meio Ambiente surgiram no início do século XX. Possuíam cunho essencialmente antropocêntrico e utilitarista, tendo como o objeto a proteção de bens naturais com vistas a atender as necessidades humanas mais imediatas. Exemplo desse tipo de instrumento foi a Convenção para a Proteção das Aves Úteis à Agricultura, que data de 1902.

A partir das décadas de 1940 e 1950, a temática dos instrumentos internacionais amplificou-se, especialmente em decorrência do surgimento das organizações internacionais. Acordos de abrangência regional também

[6] Conforme apontado por Bernstein (p. 22): "*A idéia revolucionária que define o limite entre os tempos modernos e o passado é o domínio do risco: a noção de que o futuro é mais do que um desejo dos deuses e que homens e mulheres não são passivos perante a natureza. Até a descoberta pelos seres humanos de um caminho através de tal limite, o futuro era um espelho do passado ou o domínio impreciso de oráculos e videntes que detinham o monopólio do conhecimento de eventos antecipados. (...) A habilidade de definir o que pode acontecer no futuro e escolher dentre alternativas encontra-se no cerne das sociedades contemporâneas. O gerenciamento de riscos guia-nos em uma vasta gama de tomada de decisões, desde a alocação de riquezas à salvaguarda da saúde pública, do pagamento de guerras ao planejamento de uma família, do pagamento de seguros ao uso do cinto de segurança, do plantio de milho ao comércio de flocos.* (tradução livre; grifos nossos)".

passaram a existir. De modo geral, compunham a temática acordos territoriais, como o Tratado de Antártida de 1959. Passaram a ser regulamentadas atividades de risco e perigosas, especialmente aquelas relacionadas às atividades nucleares, o que culminou no estabelecimento da Agência Internacional de Energia Atômica em 1957.

Na década de 1970 teve início nova perspectiva adotada no conteúdo dos tratados de temática ambiental. Obrigações de objeto temático e acordos multilaterais com disposições acerca de pesquisas para redução da poluição passaram a multiplicar-se, desenvolvendo-se regimes regulatórios e estruturas institucionais ambientais. Em 1972 foi realizada a Conferência das Nações Unidas sobre Meio Ambiente Humano, marco histórico no tratamento internacional da matéria e que tratou em detalhes das relações entre o homem e a natureza.

A partir da década de 1980, com o surgimento do conceito de desenvolvimento sustentável, inaugurou-se novo relacionamento entre as sociedades humanas e a preservação ambiental. Temáticas discutidas à época envolviam a preservação do meio ambiente marinho, proteção de rios e lagos e a regulamentação de atividades militares em tempos de paz, com o fim de coibir experiências com armas que pudessem ter efeitos transfronteiriços. Destacam-se entre as convenções importantes da época a Convenção das Nações Unidas sobre o Direito do Mar (1982), o Protocolo Adicional à Convenção Internacional para Conservação do Atum e Afins do Atlântico (1984), Convenção de Viena para a Proteção da Camada de Ozônio (1985) e a Convenção sobre Breve Notificação a Respeito de Acidentes Nucleares (1986).

Não obstante a grande evolução observada nos instrumentos de Direito Internacional do Meio Ambiente ao longo do século XX, foi apenas na década de 1990 que surgiram os primeiros instrumentos sem cunho antropocêntrico, e que tinham nos recursos naturais o fim maior de proteção, independentemente da utilidade de tais recursos às sociedades humanas. Exemplos de documentos que evidenciam essa mudança advieram, especialmente, quando da realização da Conferência das Nações Unidas para o Meio Ambiente e Desenvolvimento, no Rio de Janeiro, em 1992 (UNCED). Na ocasião foram adotados instrumentos tais como a Convenção sobre Diversidade Biológica, Convenção Quadro sobre Mudanças Climáticas, Agenda 21, Declaração do Rio sobre Meio Ambiente e Desenvolvimento e Declaração das Florestas. A partir de então, teve início novo período de desenvolvimento do direito internacional do meio ambiente, que ainda vige.

Desde a realização da UNCED até os dias atuais, instrumentos internacionais prezam pela integração das preocupações ambientais às demais atividades internacionais de cunho social e econômico, ressaltando a importância do desenvolvimento sustentável. Sobre essa evolução, cabe ser observada a análise de Phillip Sands :

> Ao delinear o desenvolvimento da matéria, tendências e temas gerais podem ser diferenciados. Primeiro, o desenvolvimento de princípios e regras de direito internacional do meio ambiente – por meio de tratados, outros atos internacionais e costume – tende a reagir a eventos ou incidentes ou a disponibilidade de evidências científicas, ao invés de antecipar ameaças ambientais gerais ou específicas e aplicar um quadro legal antecipatório. Segundo, desenvolvimentos na ciência e tecnologia desempenharam papel significativo e catalítico: sem a disponibilidade de evidências científicas, a adoção novas regras jurídicas é improvável. Terceiro, (...) os princípios e regras de direito internacional desenvolveram-se como resultado de uma interação complexa entre governos, atores não estatais e organizações internacionais. (tradução livre)

A análise da evolução dos instrumentos de direito internacional do meio ambiente demonstra a clara mudança nas temáticas abordadas, bem como nos objetivos de sua adoção. Se no início do tratamento dessas questões o viés de análise era essencialmente antropocêntrico, tendo a pessoa humana como único sujeito de direito a ser protegido, hoje já se verifica a existência de inúmeros tratados que protegem o meio ambiente como um fim em si mesmo. Entretanto, essa visão mostra-se extremamente recente, e portanto, ainda protagoniza evoluções.

2.1. Princípios como Fonte de Direito Internacional do Meio Ambiente

O direito internacional contemporâneo consiste em um sistema cujos elementos compõem-se da evolução de valores e modificação de paradigmas na sociedade internacional. Ao mesmo tempo, caracteriza-se como processo de consolidação desses mesmos valores sob perspectiva universal, por meio do estabelecimento de relações cooperativas entre diferentes sujeitos. Como sistema, deve ser compreendido como um arranjo intencional de elementos ou componentes inter-relacionados, que não podem ser descritos ou entendidos de forma isolada, possuindo um grau de unidade e coesão que facilita a descrição de tais elementos como parte de um todo maior .

O direito internacional do meio ambiente insere-se nessa perspectiva: sua evolução, o aumento do número de temas tratados e o amadurecimento das relações internacionais cooperativas destinadas ao aprofundamento da matéria são exemplos claros do estabelecimento de valores que perpassa o direito internacional contemporâneo como um todo por meio de um processo de construção não apenas de normas, mas também de valores .

Os princípios gerais de direito se constituem em fontes formais clássicas do direito internacional, consolidadas no artigo 38 do Estatuto da Corte Internacional de Justiça, que reproduziu conteúdo já abarcado pelo anterior estatuto da Corte Internacional Permanente de Justiça.[7]. Os princípios de direito são fundamentais a qualquer temática jurídica, desempenhando importante função na atribuição de coerência e harmonização ao conteúdo de outras fontes, tais como a lei, o costume, a equidade e, no caso específico do direito internacional, às resoluções das organizações internacionais e os atos unilaterais de Estado. Conforme aponta Delmas-Marty (2004, p. 79):

> (...) o princípio é realmente a expressão de uma consciência jurídica que, situada fora, num contexto de conjunto e como que numa posição acima do todo, federa as diversas partes do direito e atravessa as fronteiras que as separam. (...) Quanto à sua origem, são ao mesmo tempo inspirados como o direito natural por um ideal de justiça, e contudo integrados ao direito positivo, uma vez que são extraídos de regras existentes e podem ser invocados para apoiar um raciocínio jurídico. E seu suporte é tanto de direito interno como de direito internacional, como mostram os exemplos que acabamos de citar.

[7] Artigo 38. A Corte, cuja função seja decidir conforme o direito internacional as controvérsias que lhe sejam submetidas, deverá aplicar: (...) os princípios gerais do direito reconhecidos pelas nações civilizadas.

No direito internacional, os princípios têm especial relevância na atribuição de coesão e coerência para a formação de um verdadeiro sistema de normas, atribuindo-lhes legitimidade, além da legalidade. A despeito do conteúdo individual de cada princípio, de modo geral, conferem dimensão axiológica à ordem que se estabelece, por consolidarem valores que inspiram a ordem jurídica e, em última instância, a sua fundamentação[8].

Dessa forma, os princípios consolidam um valor de busca do bem comum, protegendo, por meio de conteúdos diversos, bens essenciais e comumente caros a diferentes sujeitos e, em consequência, ao direito internacional. A validade contínua dos princípios como fontes faz com que estes informem não apenas a interpretação e aplicação de normas jurídicas, mas também o seu processo de negociação e elaboração. Além de contínua, sua validade abrangente faz com que tenha relevância no processo de concretização da pretensão universalizante do Direito Internacional.

Os princípios que se associam à questão da mitigação de danos na indústria da moda, para os fins deste trabalho são, destacadamente, provenientes do Direito Internacional do Meio Ambiente. Apresentam, assim, a relevância que se dá aos chamados princípios de Direito Internacional Geral, mas têm conteúdo temático próprio associado à preservação ambiental. De modo geral, os princípios de Direito Internacional do Meio Ambiente têm sua origem em importantes Declarações Internacionais – notadamente as Declarações de Estocolmo (1972) e do Rio de Janeiro (1992), mas podem advir também de pareceres consultivos ou do conteúdo de documentos provenientes da atuação dos Tribunais Internacionais.

Nesse contexto, serão aqui apresentados os Princípios de Direito Internacional do Meio Ambiente que possam ser relacionados à redução de danos ambientais causados pelas atividades associadas à indústria da moda. É cabível ressaltar que seu conteúdo pode se referir (i) à norma protetiva *per se*; ou (ii) a um norte para adoção de outras normas, positivas, costumeiras ou declaratórias, permitindo ainda a adaptação de legislação interna a

[8] De acordo com Cançado Trindade (2006, p. 85): "One cannot study International Law making abstraction of its foundations, otherwise it would be reduced to an instrument of the establishment of international order. International Law goes much further than that, in the quest of humankind for the realization of justice at both national and international levels. Nor can one study the foundations of International Law making abstraction of its basic principles, which form the substratum of the legal order itself. It is indeed the principles of International Law which, permeating the *corpus juris* of the discipline, render it a truly normative system."

seu conteúdo ou a aplicação por meio de tribunais internacionais em conflitos associados ao tema.

2.1.1. Princípio da Cooperação

O princípio da cooperação é valor fundamental da ordem internacional contemporânea. Estabelecido no artigo 1º da Carta da ONU, é mencionado em todos os instrumentos e fontes contemporâneas do Direito Internacional do Meio Ambiente.

A compreensão do princípio da cooperação, especialmente quando aplicável à temática ambiental, pode se dar *lato sensu* ou *stricto sensu* (SOARES, 2001). No primeiro caso, deve-se considerar que os Estados e demais sujeitos de Direito Internacional precisam cooperar para a adoção de padrões internacionais adequados de preservação ambiental, bem como na ação efetiva de implementação por meio de iniciativas específicas e adoção de legislação nacional. Ainda, conforme detalhado por Guido Fernando Silva Soares (2001), o princípio da cooperação faz nascer deveres amplos relacionados a (i) intercâmbio de informações científicas e tecnológicas e (ii) informação, consultas e notificação, dever especialmente consolidado no princípio 19 da Declaração do Rio, e que envolve a efetiva comunicação entre os diferentes sujeitos de Direito Internacional sobre atividades potencialmente causadoras de impacto ambiental negativo. Em sentido *stricto*, a cooperação se materializa por meio do dever de assistência em casos de emergência ou calamidades[9].

Entende-se que, no caso específico concernente à moda o princípio da cooperação faz nascer deveres de conduta não apenas aos Estados, mas também às organizações internacionais, às ONGs e, em última instância, aos indivíduos e empresas. Dessa forma, os referidos deveres se consubstanciam, por exemplo, por meio de ações cooperativas (i) entre empresas e governos para desenvolvimento de legislação que incentive processos produtivos mais sustentáveis; (ii) entre empresas para delimitação de padrões mínimos de sustentabilidade que não comprometam a competitividade de preços dos produtos; (iii) entre governos, empresas e entidades da socie-

[9] "As formas mais perfeitas do dever de cooperação entre os Estados, em matéria de preservação do meio ambiente, referem-se aos deveres de, numa emergência ou num acidente, os Estados prestarem-se assistência mútua." (SOARES, 2001, p. 567).

dade civil protetoras do meio ambiente, para o desenvolvimento de ações de prevenção e reparação, em vista dos danos efetivos e passíveis de serem causados em decorrência dos processos industriais. Exemplo de ação que pode ser pautada pelo princípio da cooperação é a atividade desenvolvida pela empresa Wearable Collections[10], que coleta roupas usadas e envia para outras empresas que fazem uma triagem, destinando uma parcela dos produtos para reciclagem das fibras, e outra para exportação. Incentivos governamentais a esse tipo de ação, incentivos fiscais internos e à exportação, e o envolvimento da sociedade civil são amostras claras de ações de incremento de sustentabilidade que tem base cooperativa.

A cooperação se demonstra não apenas como princípio, mas como valor fundamental do direito internacional contemporâneo e, por conseguinte, dever de conduta a ser observado por diferentes sujeitos em sua atuação na sociedade internacional. Seu conteúdo informa a adoção de diferentes fontes do direito internacional do meio ambiente, incluindo-se outros princípios, tratados e declarações.

2.1.2. Princípio da Soberania sobre os Recursos Naturais e a Responsabilidade de não Causar Danos ao Meio Ambiente de Outros Estados ou Áreas Além da Jurisdição Nacional

A soberania sobre os recursos naturais, considerada sem qualquer limitação, não encontra lugar no direito internacional contemporâneo. O estabelecimento da cooperação como valor fundamental e o aprimoramento da solidariedade, quando combinados ao desenvolvimento do direito internacional do meio ambiente nas últimas sete décadas, faz nascer, inegavelmente, a responsabilidade que limita a soberania e envolve a obrigação de não causar danos ao meio ambiente.

Essa responsabilidade está profundamente atrelada ao próprio desenvolvimento do direito internacional do meio ambiente: este princípio tem origem no nasceu do caso *Trail Smelter*, analisado pela Corte Internacional de Justiça, sendo aprimorado pelo Princípio 21 da Declaração de Estocolmo, reiterado e aperfeiçoado pelo Princípio 2 da Declaração do Rio – instrumentos de extrema relevância no desenvolvimento da matéria. Assim, os Estados têm o direito soberano de explorar seus próprios recursos segundo suas próprias políticas de meio ambiente e de desenvolvimento, e a res-

[10] Veja-se: <wearablecollections.com>. Acesso em 03 mar 2019.

ponsabilidade de assegurar que atividades sob sua jurisdição ou seu controle não causem danos ao meio ambiente de outros Estados ou de áreas além dos limites da jurisdição nacional.

A aplicação de referido princípio a questões associadas à moda pode mostrar-se relevante especialmente em casos envolvendo a fabricação de matérias primas – especialmente o algodão (que demanda o uso de pesticidas, cujo alcance pode ser extraterritorial), ou ao descarte e despejo de resíduos industriais em rios compartilhados, que muitas vezes são manejados ou transpostos para a produção de matérias primas. Ainda, considerando-se compromissos globais de redução de emissões de gases estufa, há impactos na produção têxtil que devem ser considerados: a produção de nylon, por exemplo, emite large quantidade de óxido nitroso, um gás estufa. O impacto de uma libra desse gás no aquecimento global é 300 vezes maior do que o representado pela mesma quantidade de dióxido de carbono, tão debatido nas discussões sobre preservação ambiental[11].

2.1.3. *Princípio do Desenvolvimento Sustentável*

A incorporação do conceito de desenvolvimento sustentável ao ordenamento jurídico internacional teve relevância notável, sendo considerado atualmente verdadeiro princípio fundamental de Direito Internacional do Meio Ambiente e que informa os instrumentos regulamentadores da preservação ambiental .

O princípio de desenvolvimento sustentável relaciona-se à preservação intergeneracional de recursos, traduzida na necessidade de que gerações futuras tenham condições ambientais e acesso a recursos naturais minimamente comparáveis àqueles de seus antecessores. Isso implica que cada geração deve deixar o Planeta em condição não menos favorável do que o recebeu, e que provenha as gerações subsequentes com acesso equitativo a seus recursos e benefícios (WEISS, 1992). Impõem-se limites ao exercício de direitos por gerações atuais, em verdadeira cadeia sucessória de direitos.

Para que o desenvolvimento seja, de fato, caracterizado pela sustentabilidade, é necessária a configuração equilibrada de seus três elementos: ambiental, social e econômico. Priorizar qualquer um destes elementos em

[11] Veja-se: <https://www.ecowatch.com/fast-fashion-is-the-second-dirtiest-industry-in-the--world-next-to-big--1882083445.html>. Acesso em 01 mar 2019.

detrimento de outro resulta na inegável descaracterização deste conceito. Assim, um modelo de desenvolvimento que privilegie os aspectos social e ambiental, em detrimento do aspecto econômico, não se mostra sustentável, mas apenas suportável; se os aspectos social e econômico forem priorizados em detrimento do aspecto ambiental, o desenvolvimento mostra-se apenas equitativo; por fim, dando-se preferência aos aspectos econômico e ambiental em detrimento do social, o desenvolvimento mostra-se apenas viável. A despeito da importância individual dessas características, a consideração equânime dos três aspectos é a única capaz de atribuir a sustentabilidade a modelos de desenvolvimento para que se caracterize por ser equânime, suportável e viável e, por conseguinte, sustentável.

Considerando-se suas três dimensões – ambiental, social e econômica – a aplicabilidade do princípio do desenvolvimento sustentável à atuação da indústria e mercado da moda deve dar-se também nessas esferas. Ainda, a atuação de governos, empresas e sociedade civil deve pautar-se pelos Objetivos de Desenvolvimento Sustentável da Organização das Nações Unidas, que consistem em 17 objetivos de desenvolvimento[12], detalhados em 169 metas a ser atingidas até o ano de 2030. Especificamente, as metas número 12 – Produção e Consumo Sustentáveis – e número 17 – Parcerias para o Desenvolvimento – são obviamente aplicáveis à indústria da moda, ao apresentarem indicadores que se referem a (i) gestão sustentável e eficiente de recursos naturais; (ii) alcance de gestão ambientalmente saudável de produtos químicos e resíduos; (iii) redução a geração de resíduos por meio de reciclagem e reutilização; e (iv) incentivos às empresas para adoção de práticas sustentáveis.

Exemplo de atuação cooperativa que se alinha com esses objetivos é a desenvolvida pela empresa H&M, que desenvolveu programa que permite aos consumidores levar às lojas tecidos e roupas que não mais desejem para que sejam reciclados ou até mesmo vendidos em segunda mão; a

[12] São os objetivos: (a) erradicação da pobreza; (b) fome zero; (c) boa saúde e bem-estar; (d) educação de qualidade; (e) igualdade de gênero; (f) água limpa e saneamento; (g) energia acessível limpa; (h) emprego digno e crescimento econômico; (i) indústria, inovação e infraestrutura; (j) redução das desigualdades; (l) cidades e comunidades sustentáveis; (m) consumo e produção responsáveis; (n) combate às alterações climáticas; (o) vida debaixo d'água; (p) vida sobre a terra; (q) paz, justiça e instituições fortes; (r) parcerias em prol das metas.

marca Patagônia tem programa semelhante de reciclagem e venda de seus produtos usados em suas lojas[13].

2.1.4. Princípio da Prevenção

O princípio da prevenção aplica-se a impactos ambientais já conhecidos e dos quais se possa, com segurança, estabelecer um conjunto de nexos de causalidade que seja suficiente para a identificação dos impactos futuros mais prováveis." (BESSA ANTUNES, 2012, p. 48, sem grifos no original).

O princípio da prevenção tem o condão de proibir atividades que causam ou possam causar danos ambientais, em violação aos padrões estabelecidos pelo direito internacional. Característica relevante e fundamental do princípio de precaução é a obrigação que compete ao Estado de prevenir danos ao meio ambiente que ocorram dentro de sua jurisdição, com os impactos internacionais ou não, por meio de medidas regulatórias, administrativas e legislativas. Não se refere, assim, ao estabelecimento de medidas de reparação, mas sim à tomada de medidas e decisões informadas para evitar que possíveis e eventuais danos venham a ocorrer.

O princípio da prevenção encontra guarida na Declaração de Estocolmo (1978), no Projeto de Princípios de Conduta dos Estados na Conservação e Exploração Harmoniosa de Recursos Compartilhados por Dois ou Mais Estados do Pnuma (1978), na Carta Mundial da Natureza (1982), além de outros instrumentos[14].

O princípio da prevenção tem aplicação inegável dentro de escopo de desenvolver ações para reduzir os danos sabidamente causados pelos processos produtivos têxteis. Bom exemplo de ação que se alinha com seu conteúdo é o programa WaterLess, desenvolvido pela LeviStrauss destinado a contabilizar o consumo de água nas decisões dos processos de design. Como apontado pela empresa, a simples ação de remover água de

[13] Veja-se: <https://www.npr.org/2016/04/08/473513620/what-happens-when-fashion-becomes-fast-disposable-and-cheap>. Acesso em 03 mar 2019.

[14] Veja-se: "More significantly for its development as an international legal principle is the fact that the principle has been relied upon or endorsed in a large number of treaties dealing with particular environmental media or activities. The preventive principle has also been specifically incorporated into treaties of more general application, including those in the field of international economic law, such as the EC Treaty, the 1989 Lome Convention and the 2001 Treaty establishing the East African Community. " (SANDS, 2003, p. 247).

"lavagens"[15] dos jeans ou combinar processos molhados, pode culminar em redução de 96% no consumo de água no processo produtivo. Aponta-se que desde o lançamento do programa em 2011, mais de 3 bilhões de litros de água teriam sido economizados[16].

2.1.5. *Princípio do Poluidor Pagador*

O princípio do poluidor pagador é aquele segundo o qual o poluidor deve arcar com os custos de medidas destinadas a reduzir a poluição, em consonância com a extensão do dano à sociedade ou ao excedente de um nível aceito de poluição[17]. O conteúdo do princípio foi descrito pela Organização para Cooperação e Desenvolvimento Econômico (OCDE) em 1972, por meio de recomendação de seu Conselho Diretor[18], ao considerar a possibilidade de deterioração dos recursos ambientais e a necessidade de medidas públicas para a redução da poluição e o alcance de melhor alocação de recursos, no sentido de garantir que os preços de bens que estejam vinculados à qualidade e quantidades de recursos naturais reflitam a sua escassez.

A aplicabilidade do Princípio Poluidor Pagador a questões à indústria da moda reflete os desafios impostos na contabilização dos danos ambientais nos processos produtivos tantos das matérias primas, quandto de produtos finais, de forma a garantir verdadeiros benefícios ao meio ambiente e redução no desperdício de recuesos. Nesse sentido, o que se destaca em relação ao Princípio Poluidor Pagador, considerado como parte de regulamentação pela qual deve se pautar a indústria da moda/indústria têxtil, é a possibilidade de sua aplicação em casos concretos que eventualmente envolvam ameaças ao meio ambiente decorrentes de suas atividades, fazendo nascer deveres aos usuários e poluidores dos recursos ambientais. Conforme Bessa Antunes (2012, p. 53), o princípio do poluidor pagador "não pretende recuperar um bem ambiental que tenha sido lesado, mas estabelecer um

[15] Nome dado a processos de coloração.

[16] Veja-se: <levistrauss.com/sustainability/products/waterless/>. Acesso em 03 mar 2019.

[17] Definição adotada pela Organização para Cooperação e Desenvolvimento Econômico. Veja-se: <https://stats.oecd.org/glossary/detail.asp?ID=2827>. Acesso em 19 fev 2019.

[18] Disponível em: <http://acts.oecd.org/Instruments/ShowInstrumentView.aspx?InstrumentID=4&InstrumentPID=255&Lang=en&Book=False>. Acesso em 19 fev 2019.

mecanismo econômico que impeça o desperdício de recursos ambientais, impondo-lhes preços compatíveis com a realidade".

Dessa forma, revela-se por fim uma dimensão protetiva oferecida pelo Princípio do Poluidor Pagador, em panorama caracterizado pela visão de políticas de incentivo e punição, também chamadas de "*sticks and carrots*"[19]. A visão dos "*sticks and carrots*" consiste em dar estímulos e incentivos de redução do custo de atividades menos poluentes (*carrots*), e aumento de tal custo para atividades lesivas ao meio ambiente (*sticks*)[20]. Em termos específicos relacionados à indústria da moda, isso poderia se dar, por exemplo, por meio de incentivos fiscais a empresas com práticas sustentáveis como as já mencionadas acima (*carrots*), ou então, ao contrário, pela criação de taxas a empresas sabidamente poluidoras (*sticks*).

2.1.6. Princípio da Responsabilidade Comum - Porém Diferenciada

O Princípio da responsabilidade comum - porém diferenciada considera as diferenças históricas entre os países desenvolvidos, em desenvolvimento e em menor desenvolvimento relativo na contribuição aos problemas ambientais globais, bem como as diferenças relacionadas às capacidades técnicas e econômicas respectivas para lidar com referidos problemas. Encontra-se descrito no Princípio 7 da Declaração do Rio, que ressalta a relevância da cooperação internacional para conservação, proteção e restauração dos ecossistemas, mas reconhece as diferenças na responsabilidades e possibilidades de alcance do desenvolvimento sustentável[21] - princípio cujo conteúdo alia-se a este.

19 Expressão associada à condução de animais de carga – os *sticks*, referentes a pedaço de madeira, associam-se às punições, enquanto os *carrots* – cenouras – associam-se a mecanismos de incentivo.

20 Conforme destaca Stiglitz (2007, p. 265), "as multinacionais precisam de incentivos melhores para não espoliar o meio ambiente. E a não ser que sejam forçadas a pagar pelo dano ambiental que resulta de suas ações, seus incentivos serão na direção oposta".

21 Princípio 7: "Os Estados irão cooperar, em espírito de parceria global, para a conservação, proteção erestauração da saúde e da integridade do ecossistema terrestre. Considerando as diversas contribuições para a degradação do meio ambiente global, os Estados têm responsabilidades comuns, porém diferenciadas. Os países desenvolvidos reconhecem a responsabilidade que lhes cabe na busca internacional do desenvolvimento sustentável, tendo em vista as pressões exercidas por suas sociedades sobre o meio ambiente global e as tecnologias e recursos financeiros que controlam."

O conteúdo do princípio é, assim, duplo: refere-se às responsabilidades comuns e compartilhadas entre os Estados – levando-se em conta a unidade do meio ambiente – e às responsabilidades diferenciadas – que se refletem, de forma geral, no estabelecimento de padrões de preservação diversos, consideradas as peculiaridades de Estados associadas à contribuição com os danos, a capacidade de lidar com impactos ambientais e o estágio de desenvolvimento econômico e social.

Em relação à moda, é inegável a menção de que as grandes redes e marcas de alta produtividade atual encontram-se em países desenvolvidos, tradicionalmete poluidores. Atualmente, a China é o maior exportador de itens de vestuário no mundo, fornecendo aproximadamente 13% de todas as exportações. Os Estados Unidos, embora consumam 22 bilhões de itens novos por ano, produzem apenas 2% desses itens internamente, o que gera alto custo ecológico em termos de transporte[22]. Dessa forma, eventuais medidas restritivas à produção, ou que de alguma forma possam ser consideradas limitantes por incluir custos de sustentabilidade, devem ser aplicadas na medida da responsabilidade de seus produtores, de forma proporcional à escala de produção. Pequenos produtores, ou produtores artesanais, que devem ter o consumo de seus produtos incentivado, não tem o mesmo impacto ambiental das grandes redes e, portanto, não devem sofrer os mesmos tipos de restrições que porventura possam vir a ser impostas a eles pela legislação ambiental.

Conclusões

Os dados exemplificativos analisados neste artigo permitiram demonstrar o alto impacto que as atividades relacionadas à indústria têxtil e a indústria da moda tem sobre o meio ambiente. Embora os dados sejam alarmantes, e ações preventivas e reparadoras sejam urgentes, tal impacto pode representar uma excelente oportunidade, sob uma visão otimista: se ações importantes e efetivas forem tomadas por grandes produtores, em países desenvolvidos e em desenvolvimento, com base nos princípios aqui apontados, o potencial de contribuição com a preservação do meio ambiente em escala global é significativo.

[22] Veja-se: <https://fashionunited.com/global-fashion-industry-statistics/>. Acesso em 27 fev 2019.

Ademais, muito embora tais princípios tenham sido apresentados de forma independente, é inegável que apresentam muitas semelhanças temáticas, relacionando-se de forma intrincada e cada ação exposta pode ser exemplo de mais de um princípio. Isso é evidência clara da existência de uma base principiológica protetiva que deve ser observada e considerada na atuação criativa e produtiva da indústria da moda, para que torne-se progressivamente sustentável, que se utilize da oportunidade e do acesso mercadológico que possui para contribuir com um progresso ambiental não isolado nessa indústria, mas global – tanto em termos econômicos, quanto geográficos.

Referências

ACCIOLY, Hildebrando; NASCIMENTO E SILVA, Geraldo Eulálio do; CASELLA, Paulo Borba. *Manual de direito internacional público*. 20ª ed. São Paulo: Saraiva, 2012.

BERNSTEIN, Peter L. *Against the gods*: the remarkable story of risk. New York: John Wiley & Sons, Inc, 1996.

CANÇADO TRINDADE, Antonio Augusto. *International Law for humankind*: towards a new jus gentium. Hague Academy of International Law, 2006

DELMAS-MARTY, Mireille. *Por um direito comum*. São Paulo: Martins Fontes, 2004.

SANDS, Phillip. *Principles of international environmental law*. 2nd ed. Cambridge: Cambridge University Press, 2003.

SOARES, Guido Fernando Silva. *Direito internacional do meio ambiente*: emergência, obrigações e responsabilidades. São Paulo: Atlas, 2001.

STIGLITZ, Joseph E. *Globalização*: como dar certo. São Paulo: Companhia das Letras, 2007

WEISS, Edith Brown. *In fairness to future generations*: international law, common patrimony, and intergenerational equity. Tokio: The United Nations University & New York: Transnational Publishers.1989.

ECOWATCH. *Fast fashion is the second dirtiest industry in the world, next to big oil*. Disponível em: <https://www.ecowatch.com/fast-fashion-is-the-second-dirtiest-industry-in-the--world-next-to-big--1882083445.html>. Acesso em 02 mar 2019.

FASHION UNITED. *Global fashion industry statistics – international apparel*. Disponível em: <https://fashionunited.com/global-fashion-industry-statistics/>. Acesso em 02 mar 2019.

FORBES. *Making climate change fashionable – the garment industry takes on global warming.* Disponível em: <https://www.forbes.com/sites/jamesconca/2015/12/03/making-climate-change-fashionable-the-garment-industry-takes-on-global-warming/#2f7e5ce779e4>. Acesso em 02 mar 2019.

LEVI STRAUSS. *Sustainability. Water<Less™.* Disponível em: <levistrauss.com/sustainability/products/waterless/>. Acesso em 03 mar 2019.>

THE ECONOMIST. *Looking good can be extremely bad for the planet.* Disponível em: <https://www.economist.com/business/2017/04/08/looking-good-can-be-extremely-bad-for-the-planet>. Acesso em 02 mar 2019.

NATIONAL PUBLIC RADIO. *What happens when fashion becomes fast, disposable and cheap?* Disponível em: <https://www.npr.org/2016/04/08/473513620/what-happens-when-fashion-becomes-fast-disposable-and-cheap>. Acesso em 02 mar 2019.

Organização para Cooperação e Desenvolvimento Econômico. *Glossário.* <https://stats.oecd.org/glossary/detail.asp?ID=2827>. Acesso em 19 fev 2019.

__________. <http://acts.oecd.org/Instruments/ShowInstrumentView.aspx?InstrumentID=4&InstrumentPID=255&Lang=en&Book=False>. Acesso em 19 fev 2019.

WEARABLE COLLECTIONS. *Clothing Recycling.* Disponível em:<wearablecollections.com>. Acesso em 03 mar 2019.

16. Sociobiodiversidade que se Veste

Maria Edelvacy Pinto Marinho
Solange Teles da Silva

Introdução

A moda pode ser considerada, seja como uma tendência, uma forma de vestir ou um costume, refletindo determinado período histórico. Ela geralmente está associada à ideia de superficialidade e consumo, ou classes sociais e suas desigualdades, bem como, possibilidades materiais e simbólicas de status social, enquanto forma de mostrar riqueza. Todavia, "a moda apresenta uma dimensão ligada à crítica social"[1]. Nesse sentido, é possível abordar a moda tanto como "expressão das identidades individuais localizadas na aparência (...), a sociobiodiversidade que se veste[2]; e igualmente como um sistema sociotécnico que engloba materiais, uma cadeia produtiva específica, seres humanos e suas relações sociais"[3].

Aqui se faz referência à cadeia produtiva da moda como o sistema têxtil, de confecção e vestuário, governada por aqueles e aquelas que consomem, ou em outras palavras, o sistema que depende da aceitação e do sucesso

[1] BERLIM, Lilyan Guimarães. *Transformações no Campo da Moda: Critica ética e Estética*. Tese de Doutorado em Ciências Sociais pelo Programa de Pós-graduação em Ciências Sociais em desenvolvimento, Agricultura e Sociedade, UFRR, 2016, p. 17.

[2] BENSUSAN, Nurit et al. Introdução. In BENSUSAN, Nurit et al. (org).*Biodiversidade: para comer, vestir ou passar no cabelo?* São Paulo: Peirópolis, 2006.

[3] Idem, p. 17.

que o produto venha a obter no mercado, o que denota uma interdependência nessa cadeia produtiva entre produtor, produto e consumidor. [4] A complexidade dessa cadeia produtiva está associada, dentre outros fatores, ao processo de globalização, às alterações das estruturas dos mercados e à evolução das escolhas dos indivíduos nas sociedades contemporâneas, expressando uma forma de auto expressão e, maior ou menor nível de consciência ambiental.

Ao considerar que os impactos dessa cadeia produtiva não ficam adstritos à biodiversidade, mas alcançam também a sociobiodiversidade enquanto "inter-relação entre a diversidade biológica e a diversidade de sistemas socioculturais"[5], o objetivo do presente artigo é realizar algumas reflexões sobre o direito da moda ou fashion law, a partir do prisma das relações existentes entre a indústria têxtil, de confecção e vestuário com as obrigações relativas ao respeito das expressões culturais tradicionais e aos parâmetros de sustentabilidade.

Em um primeiro momento será analisada a relação entre a cadeia produtiva da moda e a sociobiodiversidade, para em uma segunda etapa olhar especificamente como expressões culturais "coletivas" são utilizadas pela indústria da moda, tendo como foco central as expressões gráficas e os direitos dos povos indígenas no Brasil.

1. A Relação entre a Cadeia Produtiva da Moda e a Sociobiodiversidade: a Indústria Têxtil, de Confecção e Vestuário e os Parâmetros de Sustentabilidade

Ao analisar a relação entre a cadeia produtiva da moda e a sociobiodiversidade sob o prisma da sustentabilidade, dois Objetivos de Desenvolvimento

[4] RECH, Sandra Regina. Estrutura da cadeia produtiva da moda. In *Modapalavra e-periódico* n. 1, jan.-jul 2008, p. 8

[5] PORTARIA INTERMINISTERIAL MDA e MDS e MMA Nº 239 DE 21 DE JULHO DE 2009. Os bens socioambientais são todos aqueles "necessários a manutenção da biodiversidade e sociodiversidade, que compõe o meio ambiente ecologicamente equilibrado ou que sejam evocativos, representativos ou portadores de referencia a memoria das culturas e o conhecimento coletivos" SOUZA FILHO, Carlos Frederico Marés. Introdução ao direito socioambiental In LIMA, André (org.) O direito para o Brasil Socioambiental. Porto Alegre: Sergio Antônio Fabris, 2002, p. 39.

Sustentável (ODS)[6] merecem destaque, o objetivo 9, que se refere a promoção da industrialização inclusiva e sustentável, fomentando a inovação e, o objetivo 12, que preconiza assegurar padrões de produção e consumo sustentáveis. Antes de estudar esses dois ODS, é fundamental uma análise das pressões existentes aos componentes da biodiversidade pela atividade da indústria têxtil, de confecção e vestuário. Tais impactos negativos afetam igualmente a sociodiversidade, uma vez que a manutenção desta esta intrinsicamente ligada à conservação da biodiversidade.[7]

1.1. Breve Panorama da Indústria Têxtil, de Confecção e Vestuário e os Impactos nos Componentes da Biodiversidade

Se, por um lado, o mercado têxtil e de confecção e vestuário no Brasil ocupa posição de destaque na economia com expressivos ganhos de capital, tendo atingido o faturamento de 51,58 bilhões em 2017, segundo dados da Associação Brasileira de Indústria Têxtil (ABTI)[8], por outro lado, o desenvolvimento das atividades dessa indústria está associado a riscos e pressões sobre o meio ambiente, como por exemplo, o uso insustentável do solo e perda da biodiversidade, uma vez que para "que as fibras naturais, provenientes de recursos vegetais sejam produzidas, é necessário o cultivo cada vez mais intensivo da terra, em monoculturas extensivas que causam degradação progressiva das terras agriculturáveis que, com o tempo, tornam improprias outros cultivos, como alimentos, por exemplo".[9]

O Relatório da União Internacional pela Conservação da Natureza (UICN) de 2016, intitulado "Biodiversity Risks and Opportunities in the

[6] Em agosto de 2015 foram adotados na Cúpula das Nações Unidas para o Desenvolvimento Sustentável 17 Objetivos de Desenvolvimento Sustentável que representam uma agenda de desenvolvimento sustentável, a Agenda 2030.

[7] Aliás, o direito a sociobiodiversidade, enquanto "o direito do todos à existência e manutenção dos diversos povos e suas culturas (...) é um direito à alteridade e em estreita relação com o direito à biodiversidade, não só porque as culturas dependem do meio ambiente, mas em razão dos conhecimentos tradicionais inerentes à diversidade social". Souza Filho, Carlos Frederico Marés, Os povos indígenas e o direito brasileiro, In Souza Filho, Carlos Frederico Marés; BERGOULD, Raul Cezar (orgs) *Os direitos dos povos indígenas no Brasil: desafios no século XXI*. Curitiba: Letra da Lei, 2013, p. 27.

[8] ABIT, Perfil do Setor, Disponível em: http://www.abit.org.br/cont/perfil-do-setor

[9] BERLIM, Lilyan Guimarães, *op. cit.*, p. 88.

Apparel Sector"[10], ao referir-se a cadeia produtiva do vestuário propõe uma categorização em quatro principais eixos – matérias primas, fabricação, transporte e assistência ao consumidor – analisando a pressão que cada um deles realiza na biodiversidade e nos ecossistemas. O primeiro eixo, o das matérias-primas inclui etapas de extração, produção e processamento de matérias primas como algodão, couro, metais. Aqui fica evidenciado, por exemplo, que o algodão que representa aproximadamente entre 30% a 40% de todas as fibras utilizadas para os têxteis provoca uma pressão direta no meio ambiente pela utilização intensiva de agrotóxicos. Além disso, as estimativas de expansão das áreas de cultivo do algodão poderão provocar um impacto negativo para a segurança alimentar, como acima se mencionou.

O segundo eixo das indústrias têxteis diz respeito a um estágio de processamento e montagem das matérias primas, englobando, por exemplo, a fiação, tecelagem e tricô, o corte e acabamento. As consequências para os componentes da biodiversidade e ecossistemas dizem respeito à poluição como também a pressão em relação aos componentes da biodiversidade e aos danos irreversíveis ao meio ambiente. O relatório enfatiza a necessidade de conduzirem-se estudos de impacto ambiental em relação à localização dessas indústrias considerando-se os riscos à biodiversidade. No mesmo sentido, outro relatório publicado pelo Greenpeace em 2011, intitulado "Dirty Laundry", denunciou que ao analisar amostras de água coletadas em rios chineses nas proximidades das indústrias têxteis evidenciou-se a presença de produtos químicos perigosos e de uso restrito da Europa.[11] Esses produtos além de contaminarem os rios chineses também acabam por poluir a água dos países onde tais produtos têxteis são consumidos, uma vez que no processo de lavagem resíduos do nonilfenol etoxilado se desprendem dos tecidos.

No que diz respeito ao terceiro eixo, o do transporte de mercadorias, pode-se considerar que com a globalização e o aumento exponencial do fluxo das matérias primas e dos produtos totalmente ou parcialmente finalizados devem ser contabilizadas as emissões de gases de efeito estufa. Da

[10] AIAMA. Deviah et al. *Biodiversity Risks and Opportunities in the Apparel Sector.* IUCN, 2016, p. 7. Disponível em: https://portals.iucn.org/library/sites/library/files/documents/Rep-2016-001.pdf

[11] GREENPEACE , *Dirty Laundry* , 2011, Disponível em: https://storage.googleapis.com/planet4-international-stateless/2011/07/3da806cc-dirty-laundry-report.pdf

mesma forma, há impactos decorrentes do transporte de mercadorias nos componentes da biodiversidade, em particular o potencial de transferência de espécies invasivas pelo transporte marítimo, principal meio utilizado nesse setor.

Finalmente, o último eixo, ele relaciona-se à assistência ao consumidor e descarte em final de vida do produto. A quantidade de roupas que vão para os aterros sanitários cresceu exponencialmente e, ao considerar o ciclo de vida dos produtos, há uma significativa poluição, seja pela sua disposição em aterros sanitários, seja pela sua incineração. Esses dados evidenciam a questão do ciclo de vida dos produtos da indústria da moda, indicando que se trata de um ciclo curto, motivado pela forma como a sociedade atual entende consumo. Isso traz como consequência uma utilização cada vez mais intensa de recursos naturais para suprir a demanda por produtos que se enquadram na categoria de "tendência" e que foram concebidos para durar apenas uma estação. A educação dos consumidores quanto ao impacto causado ao meio ambiente para a produção de cada item do vestuário é um meio de conscientizar a população e estimular a indústria a adotar práticas mais sustentáveis.

1.2. Da Industrialização Inclusiva e Sustentável, Fomentando a Inovação, a Produção e Consumo Sustentáveis

A sustentabilidade alcançou a cadeia produtiva da moda e assim ações ocorrem no sentido de inovar para obter produtos e processos sustentáveis. Anicet e Rüthschilling destacam que no primeiro caso, utilizam-se, por exemplo, fibras mais ecológicas, como o algodão orgânico, materiais biodegradáveis e reciclados. [12] Já no segundo caso, o processo produtivo fica em evidência para utilizar menos energia ou matéria-prima. As autoras destacam aqui o método do "zero waste" – desperdício zero – indicando, entretanto que esse método ainda é pouco utilizado para a confecção de roupas.[13]

[12] ANICET, Anne; RUTHSCHILLING, Evelise Anicet. Relações entre moda e sustentabilidade. In 9º Colóquio de moda, 2017. Disponível em: http://www.coloquiomoda.com.br/coloquio2017/anais/anais/edicoes/9-Coloquio-de-Moda_2013/ARTIGOS-DE-GT/Artigo-GT-Moda-e-Sustentabilidade/Relacoes-entre-moda-e-sustentabilidade.pdf

[13] Idem, ibidem.

A Política Nacional de Resíduos Sólidos (PNRS), Lei 12.305 de 2010 estabelece, dentre seus objetivos, em seu art. 7º, por exemplo: o estímulo à adoção de padrões sustentáveis de produção e consumo de bens e serviços; a adoção, desenvolvimento e aprimoramento de tecnologias limpas como forma de minimizar impactos ambientais; incentivo a indústria da reciclagem, tendo em vista fomentar o uso de matérias primas e insumos derivados de materiais recicláveis e reciclados[14] e; o estímulo a rotulagem ambiental e ao consumo sustentável. Todos esses objetivos relacionam-se a indústria têxtil, de confecção e vestuário no sentido de estimular e promover a sustentabilidade.[15]

Essa política nacional adota dentre seus princípios, a responsabilidade compartilhada pelo ciclo de vida dos produtos e, como um dos instrumentos para implementação desse princípio estão os sistemas de logística reversa. [16] Aqui vale a pena mencionar o Projeto Retalho Fashion em São Paulo que tem como objetivo desenvolver um plano de gerenciamento de resíduos sólidos "por meio da organização e promoção da coleta de resíduos têxteis provenientes das confecções instaladas no bairro Bom Retiro, através das comunidades de catadores existentes, buscando a preservação ambiental e a geração de renda com ocupação qualificada"[17]. As estimativas são que nesse bairro sejam geradas aproximadamente doze toneladas por dia de resíduos têxtil.[18]

[14] ZONATTI, Welton F. *Geração de resíduos sólidos da indústria brasileira têxtil e de confecção: materiais e processos para reuso e reciclagem.* Tese de Doutorado em Ciências, Programa de Pós-graduação em Sustentabilidade da Escola de Artes, Ciências e Humanidades da Universidade de São Paulo, 2016.

[15] LIMA, Bruna L. et al. Critérios para avaliação da sustentabilidade em marcas de moda. In *Design & Tecnologia* 14 (2017) pp. 59-68.

[16] Dentre seus objetivos estabelecidos no art. 7º, estão, por exemplo, o estímulo à adoção de padrões sustentáveis de produção e consumo de bens e serviços; a adoção, desenvolvimento e aprimoramento de tecnologias limpas como forma de minimizar impactos ambientais; incentivo a indústria da reciclagem, tendo em vista fomentar o uso de matérias primas e insumos derivados de materiais recicláveis e reciclados e; o estímulo a rotulagem ambiental e ao consumo sustentável.

[17] Esse projeto é desenvolvido pelo Sindicato Indústria Fiação Tecelagem Estado São Paulo (Sinditêxtil), pela Associação Brasileira da Industria Têxtil e de Confecção (ABIT) com parceria com outras entidades e a Prefeitura Municipal de São Paulo. Projeto Retalho Fashion, disponível em: http://sinditextilsp.org.br/retalho_fashion/site/resumo.pdf

[18] Idem, ibidem.

Há ainda iniciativas da indústria do fast fashion[19] que se dirigem ao uso de práticas sustentáveis. A Renner informa que em 2017 produziu três milhões de peças que tinham por objetivo reduzir o impacto ambiental em seu processo produtivo e que a expectativa é ampliar essa produção para dez milhões de unidades.[20] O que permitiu essa redução foi o investimento da empresa em fibras recicláveis e solventes biodegradáveis. A C&A lançou em 2018 modelos desenvolvidos com algodão reciclado em parceria com a indústria têxtil Vicunha. A empresa também tem recolhido peças em algumas unidades para o desfibrilamento e envio para seu reuso com mantas acústicas para construção civil.[21] São iniciativas voluntárias que agregam valor a marca. O que se observa, entretanto, em relação às marcas de fast fashion é a existência de pequenas coleções ou algumas peças que seguem práticas sustentáveis. Não se trata da adoção de práticas sustentáveis em toda a cadeia de produção.

Outra solução voluntária consiste na criação de selos que certificam a adoção de práticas sustentáveis. No Brasil, foi desenvolvido o certificado de qualidade e sustentabilidade – QUAL – para indústria têxtil e confecções que traz parâmetros de qualidade, inovação e de responsabilidade socioambiental[22]. A iniciativa foi apoiada pela Agência Brasileira de Desenvolvimento Industrial (ABDI) e Agência Brasileira de Promoção de Exportações e Investimentos (APEX).

Mas, em realidade, um dos grandes indutores de mudança no processo de produção das empresas em favor de práticas mais sustentáveis é o consumidor. A informação sobre os métodos utilizados na confecção da peça de vestuário é condição para que o consumidor possa adquirir a peça de maneira consciente. No Brasil, as empresas são obrigadas a informar nas etiquetas: o nome ou razão social ou marca, o país de origem, nome das

[19] A indústria do *fast fashion* pode ser definida como aquela que produz pecas básicas vendidas a um preço acessível.

[20] BALDIOTI, Fernanda. Mercado da moda aposta no algodão reciclado para reduzir pegada ambiental. Disponível em: https://projetocolabora.com.br/agua/sua-roupa-e-organica-ou--reciclada/

[21] BALDIOTI, Fernanda. Mercado da moda aposta no algodão reciclado para reduzir pegada ambiental. Disponível em: https://projetocolabora.com.br/agua/sua-roupa-e-organica-ou--reciclada/

[22] SEBRAE, Minha empresa sustentável, confecção e moda. Cuiabá, Sebrae, 2017, disponível em :

fibras e filamentos e seus respectivos percentuais[23], tratamento e cuidados de conversão da peça e a indicação de tamanho. A partir dessas informações é possível determinar se a peça foi produzida a partir de material reciclado, ou orgânico, e é possível ter uma ideia da pegada de carbono decorrente da avaliação dos seus impactos nos gazes de efeito estufa. [24]

Além disso, em relação ao ciclo de vida do produto há cenários que foram desenvolvidos para um consumo mais consciente. Carlo Vezzoli[25] aponta para quatro possibilidades fundadas no compartilhamento e durabilidade dos produtos. Os dois primeiros cenários com base no compartilhamento dizem respeito ao: a) compartilhamento de produtos de moda, por exemplo, através de uma rouparia coletiva em um condomínio residencial; b) compartilhamento de produtos de moda via sistema de aluguel. Os outros dois cenários baseados na durabilidade do produto seriam via compra com: c) a participação do consumidor na criação e produção das peças personalizadas; d) os serviços de manutenção, restauração e roupas sob medida.

Há também movimentos de ativismo para um consumo sustentável ou consciente sendo possível citar, de acordo com Rossi e Jansena) o Minimalista, fundado na ideia que se possa viver melhor com menos; b) o Slow, baseado no tempo e, a partir do qual surge o Slow Fashion, que considera o design a partir de praticas éticas, a produção com trabalhos manuais e longevidade dos produtos; c) o Fashion Revolution, que visa fomentar a transparência e ética na cadeia produtora da moda; d) o Ecofashion e o Fair Trade, fundado em negócios sustentáveis com empresas éticas e com responsabilidade social; e) o Guarda-roupa Cápsula, que "envolve o uso e posse de apenas um número limitado de peças de roupa durante um período de tempo, pode ser uma estação, ou um ano".[26]

[23] Resolução n. 2 de 13/12/01 do Inmetro

[24] Como salientam Joner et al. a "pegada de carbono nada mais é do que a Avaliação de Ciclo de Vida focada em apenas uma categoria de impacto ambiental, as mudanças climáticas.". JONER, Suelen et al. Pegada de carbono de uma calca jeans produzida no Brasil e a influência dos cenários da etapa de uso. In V Congresso Brasileiro de Gestão do Ciclo de Vida, Fortaleza, 2016.

[25] VEZZOLI, Carlo Apud SCHULTE, Neide k; LOPES, Luciana D. Sustentabilidade ambiental: um desafio para a Modapalabra e-periódico v.1, n2 (2008) Disponível em http://www.revistas.udesc.br/index.php/modapalavra/article/view/7601/5107.

[26] ROSSI, Daiane; JANSEN, Aline C. Moda sustentável: novos formatos de *dress code*. In 6 Fórum Internacional ECOINOVAR, Santa Maria 2017, Disponível em http://ecoinovar.com.br/cd2017/arquivos/resumos/ECO1780.pdf

Para além de quantidade e qualidade, os produtos de moda também envolvem o design e suas expressões gráficas que podem ter um determinado significado para determinadas culturas.

2. O Uso de Expressões Gráficas dos Povos Indígenas pela Indústria da Moda

A apropriação de expressões gráficas dos povos indígenas pela indústria da moda requer uma análise sobre a aplicabilidade de direitos que protejam tais expressões culturais, dentre os quais será dada ênfase aos direitos do autor e o espaço existente para inspiração dos designers da moda. Esse problema não é exclusivo dos povos indígenas. O espaço entre inspiração e cópia é bastante controverso.[27] Mas, nesse caso, se exige um exame diferenciado em razão da natureza coletiva desse direito autoral, respeitando-se as diferenças sociais e culturais de cada povo indígena.

2.1. O Tratamento Internacional dado às Expressões Culturais Tradicionais (ECTs)

A lógica do sistema de propriedade intelectual não é capaz de integrar completamente as características distintivas das obras produzidas por uma coletividade ao longo de várias gerações. A inexistência de um acordo internacional para proteger expressões culturais tradicionais não significa, contudo, que não haja nos textos legais já em vigor uma proteção possível. Significa que há ainda um debate sobre a adaptação dos modelos já existentes às características dos conhecimentos tradicionais.

A Comissão Intergovernamental da Organização Mundial da Propriedade Intelectual (OMPI) sobre a Propriedade Intelectual e os Recursos Genéticos, os Conhecimentos Tradicionais e o Folclore (IGC)[28] conceitua expressões culturais tradicionais (ECTs) também chamadas de "expressões de folclore" compreendendo "músicas, danças, artes, desenho, nomes, sinais e símbolos, performances, formas arquitetônicas, artesanatos, nar-

[27] Raustiala Kal; Sprigman, Christopher. The piracy paradox: innovation and intellectual property in fashion design. *Virginia Law Review*, vol. 92, n. 8, 2006.

[28] Para acompanhar o trabalho da comissão e os documentos já produzidos ver : https://www.wipo.int/tk/en/igc/

rativas e muitas outras expressões artísticas e culturais."[29] A depender do tipo de expressão cultural tradicional sua proteção pode ser assegurada via sistema de indicações geográficas, marcas ou direito autoral. Há, entretanto, determinadas expressões que necessitariam de uma proteção específica. É nesse espaço que o IGC da OMPI tenta avançar com um acordo entre os Estados membros. Deve-se reconhecer, todavia, que as discussões avançam lentamente. O texto de Disposições-tipo da UNESCO-WIPO para as leis nacionais sobre a proteção das expressões do folclore contra a exploração ilícita e outras ações lesivas[30] identifica o folclore como uma expressão também atual e viva dos povos. Isso conduz a considerar que essa proteção não deve, sobretudo, em países em desenvolvimento ser vista como uma "mera lembrança do passado".

A Convenção sobre proteção e promoção da diversidade das expressões culturais da UNESCO conceitua expressões culturais como "aquelas expressões que resultam da criatividade de indivíduos, grupos e sociedades e que possuem conteúdo cultural".[31] O texto em seu artigo 13 fomenta a criação de políticas em favor da diversidade das expressões culturais de maneira integrada à promoção do desenvolvimento sustentável.[32] O Brasil ratificou a convenção por meio do decreto legislativo n. 485/2006.

No caso dos grafismos enquanto expressão cultural tradicional de povos indígenas, é importante salientar que ele apresenta algumas peculiaridades, ele : "a) não tem, do ponto de vista de nosso sistema, um autor ou conjunto de autores imediatamente identificáveis, pois sua "autoria" é produto de sucessivas recriações individuais ocorridas ao longo de gerações; e b) sua reprodução, apesar de poder comportar pequenas variações, segue padrões

[29] WIPO. Traditional Culture Expressions, disponível em: https://www.wipo.int/tk/en/folklore/

[30] WIPO. Model Provisions for National Laws on the Protection of Expressions of Folklore against illicit exploitation and other prejudicial actions, 1985. Disponível em: https://www.wipo.int/export/sites/www/tk/en/folklore/1982-folklore-model-provisions.pdf

[31] UNESCO, Convenção sobre proteção e promoção da diversidade das expressões culturais, 2005

[32] UNESCO, Convenção sobre proteção e promoção da diversidade das expressões culturais, 2005 "Artigo 13 – INTEGRAÇÃO DA CULTURA NO DESENVOLVIMENTO SUSTENTÁVEL. As Partes envidarão esforços para integrar a cultura nas suas políticas de desenvolvimento, em todos os níveis, a fim de criar condições propícias ao desenvolvimento sustentável e, nesse marco, fomentar os aspectos ligados à proteção e promoção da diversidade das expressões culturais

semelhantes transmitidos também ao longo de gerações, já que de forma geral serve como um meio de expressão visual que deve ser compreendido por aquele determinado grupo étnico. Isso significa que, embora um artesão individualmente seja responsável por trançar uma determinada sílaba gráfica, usando para isso de seu talento e habilidade individual, a concepção artística e estética daquela obra não é fruto de sua criatividade individual, mas advém de uma criação coletiva, a qual não se limita, neste caso, à mera soma de contribuições individuais"[33].

Isso coloca uma dificuldade a sua proteção, já que se trata de criações coletivas, mas não meramente coletivas, coletivas com suas especificidades, respeitando-se a titularidade construída socialmente de cada uma dessas manifestações culturais.

2.2. O Tratamento dado às Expressões Culturais Tradicionais no Brasil

Certamente, a inexistência de um tratado sobre o tema dificulta a sua proteção em diferentes mercados. No Brasil, contudo, a Lei de Direitos Autorias, lei n. 9.610/1998 entende que o fato da autoria não poder ser identificada entre um número específico de indivíduos não impede a proteção via direitos do autor das obras indígenas. O artigo 45 da referida lei expressamente exclui do domínio público as obras que expressam os conhecimentos étnicos e tradicionais.[34] Deixa-se claro que não se recepcionou no Brasil a tese de que se trata de uma obra sem autoria identificável e, por consequência, esta integraria o domínio público[35]. Quando a obra pode ser associada a uma coletividade, não se trata de obra anônima.

No Brasil, a Fundação Nacional do Índio (FUNAI) editou a Portaria n. 177/PRES, de 16 de fevereiro de 2006, a respeito da cessão de direitos

[33] ISA, *Os povos indígenas frente ao direito autoral e de imagem*, 2004. Disponível em : https://www.socioambiental.org/banco_imagens/pdfs/10114.pdf

[34] BRASIL, Lei n. 9.610/98 Art.45. "Além das obras em relação às quais decorreu o prazo de proteção aos direitos patrimoniais, pertencem ao domínio público: I - as de autores falecidos que não tenham deixado sucessores; II - as de autor desconhecido, ressalvada a proteção legal aos conhecimentos étnicos e tradicionais."

[35] É o que determinaria a lei brasileira caso não estipulasse uma ressalva específica sobre os conhecimentos tradicionais "Art. 45. Além das obras em relação às quais decorreu o prazo de proteção aos direitos patrimoniais, pertencem ao domínio público: I - as de autores falecidos que não tenham deixado sucessores; II - as de autor desconhecido, ressalvada a proteção legal aos conhecimentos étnicos e tradicionais." Lei 9.610/98.

autorais e de direitos de imagem indígenas. Essa portaria " orienta procedimentos afins, com o propósito de respeitar os valores, criações artísticas e outros meios de expressão cultural indígenas, bem como proteger sua organização social, costumes, línguas, crenças e tradições". A respeito dos direitos autorais, a portaria reconhece pertencer aos povos indígenas o direito de definir ou valorar as obras e imagens a serem protegidas da exploração comercial ou divulgação indesejada.

O artigo 2º da referida portaria expressamente reconhece o direito autoral – moral e patrimonial - coletivo ou individual dos povos indígenas sobre os grafismos, criações artísticas, entre outras modalidades de expressão cultural. A autoria pode ser atribuída tanto ao indivíduo quanto à coletividade (nesse caso, a tribo), cabendo a estes decidirem sobre utilização de sua obra, sua proteção contra abusos de terceiros. A portaria reconhece que sempre haverá associada ao autor (indivíduo ou coletividade) o direito moral quanto ao reconhecimento da autoria.

Para seu uso por terceiros, a portaria estabelece quatro condições: "respeito à vontade dos titulares do direito quanto à autorização, veto, ou limites para a utilização de suas obras"; a apresentação de contrapartida justa pelo uso de obra sobretudo àquelas com destinação comercial; "a celebração de contrato civil entre o titular ou representante dos titulares do direito" e por fim , a FUNAI participará "das negociações de contratos e autorizações de uso e cessão de direito autoral indígena, no âmbito de sua competência e atendendo aos interesses indígenas, sempre que solicitada". [36]

Apesar de ser positivo a existência de normas sobre os direitos autorais dos povos indígenas, é revelador que o tratamento dado a matéria no Brasil tenha sido realizada via portaria. Ainda que a portaria integre um arcabouço jurídico protetivo mais amplo composto da Constituição Federal e Lei de direitos autorais, ela reforça um espaço de insegurança jurídica no que refere ao uso por terceiros de elementos culturais tradicionais dos povos indígenas.

Em 14 de fevereiro de 2015, o El pais divulgou uma reportagem sobre o uso de grafismos indígenas para uma coleção da marca Havaianas. O objetivo era criar uma sandália para integrar um kit promocional para alguns parceiros da marca. O contrato de cessão de uso foi celebrado entre a

[36] FUNAI, Portaria n. 177/PRES, de 16 de fevereiro de 2006.

Alpergatas (empresa que detém a marca havaianas) e Anuiá Yawalapiti, um membro da etnia Yawalapiti. O autor dos desenhos informou a reportagem que aceitou participar do projeto pois este não tinha finalidade comercial e que desconhecia a necessidade de autorização das demais tribos associadas à autoria dos grafismos pois o desenho tinha sido elaborado diretamente pelo próprio.[37] O caso revela a dificuldade de compreensão da autoria dos desenhos mesmo pelos membros da própria comunidade. Nesse caso, sendo a autoria do desenho atribuída às tribos do Alto do Xingu, haveria a necessidade do consentimento dos caciques de cada uma das quinzes tribos para que seu uso obedecesse aos procedimentos necessários para seu uso por terceiros.

Outro exemplo do uso de grafismos indígenas pela indústria da moda no Brasil pode ser identificado com o caso da OSKLEN e a tribo Ashaninka[38]. Diferente do que aconteceu na experiência analisada acima, houve um cuidado da marca com o consentimento da tribo para uso dos desenhos e com a repartição com a tribo dos ganhos obtidos através do pagamento de royalties advindos da venda da coleção. Os projetos da OSKLEN têm traduzido outros elementos que demonstravam o interesse da marca em associar-se a requisitos de natureza socioambiental: tecidos sustentáveis e etiquetas que apresentam o impacto socioambiental dos tecidos utilizados nas roupas. [39]

Conclusões

A construção de estratégias de sustentabilidade na cadeia produtiva da moda está intrinsecamente relacionada às relações que se estabelecem entre produtor, produto e consumidor e conduz à adoção de normas estatais ou voluntárias – como códigos de conduta para a indústria têxtil, de confecção e vestuário – que incitem uma produção sustentável, respeitando-se as expressões culturais tradicionais.

Por outro lado, o consumo sustentável ou consciente pode incitar a uma produção ética e sustentável, coibindo a apropriação e uso indevido de bens

[37] EL PAIS, As sandálias da polêmica, 14/02/2015, Disponível em: https://brasil.elpais.com/brasil/2015/02/13/politica/1423839248_331372.html

[38] Sobre a etnia ver : ISA, Ashaninka , disponível em : https://pib.socioambiental.org/pt/Povo:Ashaninka

[39] Sobre os projetos citados ver: http://institutoe.org.br/projetos/traces/

culturais imateriais. A continuidade e transmissão das expressões culturais dos povos indígenas como os grafismos deve se dar pela valorização de seus saberes e práticas respeitando o modo de ser e viver de cada povo.

Referências

ABIT, Perfil do Setor, Disponível em: http://www.abit.org.br/cont/perfil-do-setor

AIAMA. Deviah et al. Biodiversity Risks and Opportunities in the Apparel Sector. IUCN, 2016, p. 7. Disponível em: https://portals.iucn.org/library/sites/library/files/documents/Rep-2016-001.pdf

ANICET, Anne; RUTHSCHILLING, Evelise Anicet. Relações entre moda e sustentabilidade. In 9º Colóquio de moda, 2017. Disponível em: http://www.coloquiomoda.com.br/coloquio2017/anais/anais/edicoes/9-Coloquio-de-Moda_2013/ARTIGOS-DE-GT/Artigo-GT-Moda-e-Sustentabilidade/Relacoes-entre-moda-e-sustentabilidade.pdf

BALDIOTI, Fernanda. Mercado da moda aposta no algodão reciclado para reduzir pegada ambiental

BENSUSAN, Nurit et al. Introdução. In BENSUSAN, Nurit et al. (org).Biodiversidade: para comer, vestir ou passar no cabelo? São Paulo: Peirópolis, 2006.

BERLIM, Lilyan Guimarães. Transformações no Campo da Moda: Critica ética e Estética. Tese de Doutorado em Ciências Sociais pelo Programa de Pós-graduação em Ciências Sociais em desenvolvimento, Agricultura e Sociedade, UFRR, 2016

BRASIL, Lei n. 9.610 de 19 de fevereiro de 1998.

BRASIL, Portaria Interministerial MDA e MDS e MMA Nº 239 DE 21 De Julho de 2009.

EL PAIS, As sandálias da polêmica, 14/02/2015, Disponível em: https://brasil.elpais.com/brasil/2015/02/13/politica/1423839248_331372.html

FUNAI, Portaria n. 177/PRES, de 16 de fevereiro de 2006.

GREENPEACE, Dirty Laundry, 2011, Disponível em: https://storage.googleapis.com/planet4-international-stateless/2011/07/3da806cc-dirty-laundry-report.pdf

INMETRO, Resolução n. 2 de 13/12/01.

ISA, Ashaninka , disponível em : https://pib.socioambiental.org/pt/Povo:Ashaninka

ISA, Os povos indígenas frente ao direito autoral e de imagem, 2004. Disponível em : https://www.socioambiental.org/banco_imagens/pdfs/10114.pdf.

JONER, Suelen et al. Pegada de carbono de uma calca jeans produzida no Brasil e a influência dos cenários da etapa de uso. In V Congresso Brasileiro de Gestão do Ciclo de Vida, Fortaleza, 2016.

LIMA, Bruna L. et al. Critérios para avaliação da sustentabilidade em marcas de moda. In Design & Tecnologia 14 (2017) pp. 59-68.

PORTARIA INTERMINISTERIAL MDA e MDS e MMA Nº 239 DE 21 DE JULHO DE 2009

RAUSTIALA Kal; SPRIGMAN, Christopher. The piracy paradox: innovation and intellectual property in fashion design. Virginia Law Review, vol. 92, n. 8, 2006.

RECH, Sandra Regina. Estrutura da cadeia produtiva da moda. In Modapalavra e periódico n. 1, jan.-jul 2008.

ROSSI, Daiane; JANSEN, Aline C. Moda sustentável : novos formatos de dress code. In 6 Forum Internacional ECOINOVAR, Santa Maria 2017, Disponível em http://ecoinovar.com.br/cd2017/arquivos/resumos/ECO1780.pdf

SEBRAE, Cadeia produtiva têxtil e de confecções. Recife, 2008. Disponível em: http://189.39.124.147:8030/downloads/Textil.pdf

SEBRAE, Minha empresa sustentável, confecção e moda. Cuiabá , Sebrae, 2017, disponível em : http://sustentabilidade.sebrae.com.br/Sustentabilidade/Para%20sua%20empresa/Publica%C3%A7%C3%B5es/Modelos%20de%20neg%C3%B3cios/Confec%C3%A7%C3%A3o%20e%20Moda.pdf

SOUZA FILHO, Carlos Frederico Marés. Introdução ao direito socioambiental IN LIMA, André (org.) O direito para o Brasil Socioambiental. Porto Alegre: Sergio Antônio Fabris, 2002, pp. 21-48.

Souza Filho, Carlos Frederico Marés, Os povos indígenas e o direito brasileiro, In Souza Filho, Carlos Frederico Marés; BERGOULD, Raul Cezar (orgs) Os direitos dos povos indígenas no Brasil: desafios no século XXI. Curitiba: Letra da Lei, 2013, pp. 13-32.

UNESCO, Convenção sobre proteção e promoção da diversidade das expressões culturais, 2005

VEZZOLI, Carlo Apud SCHULTE, Neide k; LOPES, Luciana D. Sustentabilidade ambiental: um desafio para a Modapalabra e-periodico v.1, n2 (2008) Disponível em http://www.revistas.udesc.br/index.php/modapalavra/article/view/7601/5107

WIPO. Model Provisions for National Laws on the Protection of Expressions of Folklore against illicit exploitation and other prejudicial actions, 1985. Disponível em: https://www.wipo.int/export/sites/www/tk/en/folklore/1982-folklore-model-provisions.pdf

WIPO. Traditional Culture Expressions, disponível em: https://www.wipo.int/tk/en/folklore/

ZONATTI, Welton F. Geração de resíduos sólidos da indústria brasileira têxtil e de confecção: materiais e processos para reuso e reciclagem. Tese de Doutorado em Ciências, Programa de Pós-graduação em Sustentabilidade da Escola de Artes, Ciências e Humanidades da Universidade de São Paulo, 2016.

17. O Novo *Mindset* e a Sustentabilidade na Cadeia Produtiva da Moda

Evane Beiguelman Kramer
Karen Rochlin

Introdução

Uma das expressões mais utilizadas atualmente no âmbito da atividade fabril e da indústria da moda é a sustentabilidade, entendida no contexto do referir-se às maneiras de evitar o esgotamento dos nossos recursos naturais. Significa dizer, de uma maneira geral, que a sustentabilidade é a capacidade de manter-se, utilizando-se dos recursos naturais já existentes.

A indústria da moda é particularmente sensível ao tema, seja pela sua relevância econômica, seja em razão de toda a cadeia produtiva agregada, cujo potencial e impactos no ecossistema é enorme. Assim, recursos como de água e energia ou destinação de resíduos são pontos chave na indústria têxtil e de moda. Mas, a preocupação com a sustentabilidade vai muito além, abrangendo hoje as chamadas boas práticas e um novo *mindset*.

Este artigo aborda estes dois planos, através da análise segmentada das atitudes e comportamento mercadológico e dos instrumentos legais de monitoramento e *compliance* da indústria da moda.

1. O Novo *Mindset* da Sustentabilidade na Moda

A contemporaneidade está sendo marcada por profundas e rápidas transformações, promovendo mudanças de atitude, trazendo novos paradigmas e ruptura de antigos padrões de comportamento. Impactos sociais, econômicos, tecnológicos e climáticos estão definindo o que se começou a denominar de uma "Nova Era". Uma nova mentalidade emergiu, um novo *mindset* (termo em inglês que significa configuração da mente – *mind*: mente e *set*: configuração) surge como fio condutor do início de uma reestruturação cultural, revelando os desafios globais em que o mundo e o homem se encontram.

Compreender os novos comportamentos é o eixo central para repensar, ressignificar e conduzir de forma integrada as mudanças humanas e no ambiente de trabalho. Isso está diretamente conectado à tendência que irá definir, daqui para frente, os processos produtivos e as relações de trabalho em relação ao crescimento e à relevância dos modelos de negócio hoje. Com o desenvolvimento da indústria, da maior acessibilidade a bens de consumo, a moda, sendo reflexo de comportamento, aderiu a uma cultura do efêmero e trouxe, nessa combinação de fatores, um movimento de hiperconsumo, da cultura do descartável em que a concretização de desejos, do adquirir e do ter alavancou a indústria da moda ao patamar de uma das mais poluentes do mundo, causando enormes danos ao planeta e à humanidade.

Com o surgimento dos primeiros sinais de esgotamento de fontes naturais do planeta e, junto com essas evidências, a descoberta de relações e de condições de trabalho análogas à escravidão conduziram ao início de uma reflexão e conscientização de que proporcionalmente aos estragos, a mudança teria que ser ampla e holística inclusive no modelo de economia e em tudo o que contempla esse universo. A moda sempre trouxe uma postura revolucionária ao longo da história da humanidade desde os seus primórdios, atuando como agente transformador. A moda é mais do que o vestir e, seguindo sua essência de traduzir movimentos de comportamento, repensa hoje o seu papel, ressignificando seus propósitos, seus valores e sua responsabilidade no mundo. Profissionais da moda começam a se perceber como possíveis condutores dessa mudança e enxergam a importância de a mensagem chegar aos consumidores menos atentos a essa questão.

A educação, então, apresenta-se como um dos caminhos mais consistentes para a mudança de hábitos. Assim, a moda como expressão de uma época é um dos primeiros segmentos da economia, que absorve e reflete os impactos no comportamento. Uma vez identificado o cenário da indústria da moda no mundo, um movimento tímido de sustentabilidade se iniciou por volta de 1971. Em 1991, a mídia revelou a notícia de que a produção da Nike era realizada às custas de péssimas condições de trabalho na Indonésia e, em 2013, caiu o prédio Rana Plaza em Bangladesh, onde funcionava uma das fábricas da indústria da moda, matando mais de mil trabalhadores.

O *fast fashion*, prática de produzir roupas baratas em um espaço recorde de tempo, começou a ser questionado e rejeitado por pessoas mais atentas em como era possível produzir uma peça por valores tão baixos e quem estava por trás dessa produção. Todos esses acontecimentos aceleraram protestos, boicotes e movimentos de conscientização. A necessidade de providências quanto ao monitoramento da cadeia produtiva da moda se fez urgente e também trouxe a evidência de que uma nova mentalidade estava em curso. A sustentabilidade contempla, em seu conceito, pilares ambientais, sociais, culturais e econômicos.

No tocante ao pilar ambiental, as práticas nocivas à saúde e que culminaram em enormes desperdícios despontam, com novas soluções quanto ao processo produtivo, aliado a novas formas de repensar a indústria. Surgem alguns conceitos que hoje fazem parte de estratégias para o desenvolvimento sustentável.

Reciclar, que é a prática de modificar materiais descartados transformando-os em novos produtos. Nesse quesito, a tecnologia tem contribuído muito para viabilizar esse processo na indústria têxtil, como tecidos feitos a partir de garrafas pet, nylon feito a partir de redes de pesca, fibra de coco para calçados, equipamentos para reaproveitamento de botões, tricô de resíduos de jeans, as possibilidades são cada vez mais amplas. Exemplo a Insecta Shoes, marca gaúcha de calçados. *Upcycling*, que consiste em reutilizar resíduos da indústria e/ou produtos e ressignificar, criando novos produtos a partir deles. Essa prática traz o conceito da moda autoral, porque implica a criação que, na maioria das vezes, é única, uma vez que é difícil replicar a partir de materiais diferentes. Ou seja, é o contramovimento de uma produção em larga escala, demandando uma boa dose de criatividade. Exemplo: a marca Comas, de São Paulo e a *Think Blue*, do Rio.

O *slow fashion* segue esse mesmo caminho, diferenciando-se pelo fato de que a criação parte de materiais novos, em pequena escala, prezando pela qualidade, pela durabilidade e pela moda atemporal e ética, respeitando as normas da cadeia produtiva, praticando remuneração justa, buscando utilizar mão de obra local. Exemplo: Fernanda Yamamoto de São Paulo

Moda Circular é uma importante mudança de *mindset* no mundo e na moda, uma vez que se propõe pensar o produto a partir de um material existente e de forma que a vida útil seja prolongada, bem como de fácil reutilização. O foco contempla também as etapas relativas aos processos de fabricação, sem utilização de químicos prejudiciais ao meio ambiente. Hoje muitos movimentos com esse conceito surgem no mundo, como o *Fashion For Good* em Amsterdã, grande apoiador de negócios circulares. Exemplo: a marca gaúcha Contextura.

Tingimento natural: muitas startups estão embarcando nessa iniciativa, uma vez que o processo de tingimento é altamente nocivo ao ser humano e ao meio ambiente, e a natureza é uma fonte abundante de cores. Exemplo: Flavia Aranha de São Paulo. Brechós, bibliotecas de roupa e lojas de aluguel são soluções de reuso. Disponibilizar serviços é uma tendência para o varejo de moda, oferecendo reformas, customização e consertos.

Logística reversa ocorre quando a marca recolhe as peças que não estão sendo utilizadas e as destina para outros fins. Esse conceito também se aplica para embalagens que são devolvidas para reciclagem. Com a lógica do consumo e da moda mudando, certificações são criadas como Abvetex, Audaces, Sistema B, Índice de Transparência, são algumas disponíveis para garantir e dar credibilidade às marcas que optam pela sustentabilidade e suas práticas.

No tocante ao social, trata-se da consciência e do monitoramento da cadeia produtiva pela busca por um comércio justo que remunere adequadamente toda essa cadeia. Reeducação é a palavra de ordem para levar esse pilar da sustentabilidade a alcançar desde as pequenas marcas até as grandes empresas da indústria têxtil. É um longo caminho desarticular as práticas de exploração da mão de obra, mas já existem muitos movimentos, sites, plataformas, eventos e documentários, aproximando o tema das pessoas em todo o mundo. Marcas surgem com esse propósito. A sustentabilidade, além de uma necessidade, assume o papel de inovação e estratégia, consolidando a relevância de uma marca. Fazer bem ao mundo e ao planeta serão os atributos escolhidos por um consumidor cada vez mais consciente e inserido no novo *mindset*.

Quanto ao pilar cultural, uma marca prioriza a utilização de mão de obra local para fomentar a economia da região, buscando preservar a cultura local e reforçar seus valores como diferenciação. Costuma-se utilizar materiais, técnicas e habilidades manuais presentes na história e tradição da região. Exemplo: Ronaldo Fraga de Belo Horizonte.

Economicamente, para uma marca ser sustentável, é necessário boas práticas ambientais e sociais, é preciso que se sustente financeiramente, para que seja uma marca longeva. Gestão financeira, planejamento e busca por fornecedores, matérias-primas sustentáveis e de qualidade é o caminho para se tornar viável economicamente. O novo mindset ressalta importantes conceitos:

a) A prática do compartilhamento que foi desenvolvida a partir de modelos de negócio que tinham como vetor o acesso, e não a posse. Essa cultura logo foi adotada por diversos segmentos.
b) Representatividade e inclusão foi o resultado da ruptura de antigos padrões de cultura e preconceitos presentes na moda que excluía o que não era padrão de beleza. As novas gerações trouxeram esse olhar e a premissa de as pessoas aceitarem a todos da mesma forma e que padrão de beleza cada um cria o seu próprio. Isso abriu espaço para marcas de moda *plus size*, moda para deficientes físicos com técnicas para adequar a modelagem e atender às necessidades especiais desse consumidor, como faz a marca Equal Moda inclusiva do Rio de Janeiro. O design em todos esses conceitos é um fator fundamental para promover a inclusão e representatividade e validar a diversidade.
c) Diversidade é outro importante direcionamento no novo *mindset* e na moda. É pautado na pluralidade, envolvendo questões como afrodescendência e gênero. Grandes empresas do mundo que contemplam em seu quadro uma diversidade na composição do quadro de funcionários e de diferentes referências contribuem muito para a prosperidade do negócio.
d) Tecnologia: novos formatos de consumo, venda e de modelo de negócio foram impactados pela tecnologia. As possibilidades apontam para os wearables (roupas com funções para além do vestir), automação promovendo otimização de tempo, recursos, economia

de material e personalização. Realidade virtual (VR) e realidade aumentada (AR) irão revolucionar de forma ainda mais acelerada e transformadora o processo produtivo e o consumo.

e) *Ageless* indica que a idade deixa de ser determinante, deixa de ser parâmetro para a moda.

Observando e identificando os movimentos de comportamento impactados pelo novo *mindset* e pela tecnologia, o futuro da moda aponta para a transparência nas relações, para a sustentabilidade, acessibilidade e habilidade manual, trazendo de volta o "feito à mão", a funcionalidade, design e a narrativa da marca. Esses fatores serão o grande valor das marcas e bases para transformação social. Esses atuais propósitos necessitam de novas métricas e monitoramento para assegurar a moda como segmento relevante e sustentável no mercado.

2. Controle Interno e Externo da Sustentabilidade da Cadeia Produtiva e de Fornecimento

Como proceder, então, ao monitoramento da cadeia produtiva de fornecimento? É correto analisar o monitoramento da sustentabilidade da cadeia produtiva e de fornecimento por duas perspectivas, a saber, controle interno e externo. Sob o prisma interno, uma das ferramentas de gestão adotadas por empresas e indústrias é a criação de setores ou unidades autônomas, também conhecidas por unidades de *compliance,* as quais se dedicam à realização de auditorias de conformidade, com a finalidade de avaliar e monitorar padrões de negócios socialmente responsáveis.

Significa dizer que são vistoriadas pelas unidades de *compliance* tanto as condições de trabalho de todos os envolvidos na produção e comercialização (inclusive fornecedores) – com o objetivo de prevenir qualquer forma de trabalho irregular – quanto ao manejo ambiental das unidades de produção, fabricação e comercialização, descarte de resíduos, composição de produtos, poluição sonora, recuperação de áreas degradadas etc. – bem como a infraestrutura, a organização das áreas de produção e as práticas comerciais. As auditorias de conformidade (ou de *compliance*)[1] ampliam

[1] Sobre *compliance,* ver BIEGELMAN, M.T., BARTOL, J.T. Executive Roadmap to Fraud Prevention and Internal Control: Creating a Culture of Compliance. New York: John Wiley

diretrizes fixadas pelas empresas, contemplando e implementando, portanto, padrões de boa conduta fabril, comercial e outros aspectos sociais e econômicos definidos por organismos internacionais (a exemplo da Organização Internacional do Trabalho – OIT, ONU, OMC).

Importante destacar que as unidades de *compliance* são autônomas em relação às demais unidades de produção e comercialização para que, a fim de adotar isenção e imparcialidade e reportar-se apenas às unidades executivas, garantindo efetividade no monitoramento da cadeia produtiva e de fornecedores. O controle interno de cada empresa, portanto, realizado pelas unidades de *compliance,* visa não apenas detectar as não conformidades na cadeia produtiva. O ideal é que, a partir da constatação de necessidades de melhoria na cadeia produtiva, sejam apresentados planos que resultem em ferramentas e no saneamento dos vícios encontrados.

Exemplifica-se: uma das circunstâncias que ensejaram ações de *compliance* conhecidas no segmento da indústria da moda é a erradicação de trabalho escravo, infantil ou em condições análogas à escravidão. Ocorrências com gigantes da indústria da moda (como Zara ou Nike) determinaram ações em todos os continentes do planeta e culminaram na adesão de grandes empresas a compromissos voluntários de monitoramento de suas próprias cadeias de suprimentos para erradicar essa prática dos negócios.

Essa adesão representa um marco na indústria da moda em prol da sustentabilidade e pureza da cadeia produtiva, promovendo não apenas a fiscalização das condições de trabalho em seus parques industriais, mas também no local de produção onde estejam instalados eventuais subcontratados, bem como treinando seus funcionários e colaboradores em políticas, práticas e procedimentos, que incluem toda a interface com fornecedores, com frequente avaliação de resultados.

A propósito, a Nike passou do "escândalo" do trabalho infantil na Indonésia, nos anos 90, a uma das empresas líderes do setor em sustentabilidade, combinando o trabalho na cadeia de fornecimento com a participação na fundação de organizações não governamentais para profissionalização no trabalho, desenvolvimento de produtos com desperdício zero e substituição de matérias-primas, de forma a diminuir o impacto ambiental dos

& Sons. 2ed. 2012. MANZI, V.A, *Compliance no Brasil: consolidação e perspectivas.* São Paulo: Saint Paul, 2008 E SILVA, E.C. *Governança corporativa nas empresas: guia prático de orientação para acionistas, investidores, conselheiros de administração e fiscal, auditores, executivos, gestores, analistas de mercado e pesquisadores.* 3. São Paulo: Atlas, 2012.

produtos, criou a plataforma GreenXchange (uma espécie de brainstorm global sobre ecoeficiência).

Outra ferramenta inovadora no controle interno da cadeia produtiva é a utilização da tecnologia *blockchain*[2], a qual agrega segurança na rastreabilidade dos componentes da cadeia produtiva. Isso porque a fragmentação das fases de produção pode esbarrar em desvios das práticas e condutas fixadas pela marca, imaginando-se a trajetória que permeia desde a plantação do algodão até a venda no varejo.

A tecnologia *blockchain* possibilita a transparência, compactando e criptografando qualquer aplicação, contrato ou operação, é imutável e torna-se auditável através da interpretação dos dados fornecidos. Portanto, com a tecnologia *blockchain*, a empresa e a marca podem gerenciar e auditar todas as informações que entender relevantes a respeito de cada fornecedor, como a origem da matéria-prima, qualidade dos insumos, status da contratação de mão de obra utilizada, descarte de dejetos etc[3].

Sobre o assunto, um projeto piloto de transparência foi desenvolvido pela marca Neliana e a estilista Martine Jalgaard, que consiste em rastrear as peças de roupa com a tecnologia *blockchain* e disponibilizar todas as informações da cadeia produtiva em QR Code na etiqueta da peça. No projeto em questão, a jornada da matéria-prima lã de alpaca foi rastreada desde a criação dos animais na fazenda, passando pela tosa, transporte, manuseio e fiação, até chegar às lojas de varejo de luxo[4].

Em síntese, pode-se dizer que o controle e monitoramento interno da sustentabilidade e qualidade da cadeia produtiva da empresa ou marca pode ser realizado através de ferramentas "humanas" (as chamadas unidades de *compliance*) ou, então, agregar, ainda, ferramentas de alta tecnologia (conhecida por *blockchain*) para rastreamento de informações imutáveis.

O controle externo da indústria da moda, por sua vez, é feito através de órgãos públicos reguladores, dotados de competência legal para controlar a qualidade da matéria-prima, impactos ambientais da produção fabril,

[2] CROSBY, M. et al. BlockChain Technology: Beyond Bitcoin. *Applied Innovation Review*, Berkeley: junho 2016 nº2.

[3] "Como o Blockchain Pode Deixar a Moda Mais Transparente e Sustentável" https://www.modefica.com.br/blockchain-moda-transparente-sustentavel/), Último acesso em 06/03/2019.

[4] "What is blockchain and what can it do for the fashion industry?" (http://www.thefashionlaw.com/home/what-is-blockchain-and-what-can-it-do-for-the-fashion-industry), Último acesso em 06/03/2019.

proteção de consumidores, fiscalização das condições de trabalho, entre outros aspectos da cadeia produtiva.

A título de exemplificação, é possível elencar um rol de órgãos públicos atuantes no Brasil com competência para o controle e fiscalização da indústria da moda, a saber: Inmetro - órgão dotado de competência legal para a fiscalização da qualidade de produtos têxteis disponíveis no mercado, verificando se estão de acordo com as Normas e Regulamentos Técnicos vigentes[5]. O Inmetro adota Procedimento de Fiscalização e Coleta de Amostras de Produtos Têxteis para a Avaliação da Fidedignidade das Informações acerca das características do tratamento, conservação e limpeza do produto, bem como a indicação da composição têxtil, assegurando a identificação dos produtos em toda a cadeia têxtil. Os procedimentos adotados pelo Inmetro estão de acordo com o Regulamento Técnico Mercosul sobre Etiquetagem de Produtos Têxteis, aprovado através da Resolução Conmetro nº 02, de 6 de maio de 2008[6].

Meio ambiente: diversos órgãos fiscalizadores do meio ambiente compõem a estrutura federativa de controle ambiental, entre eles o Conselho Nacional do Meio Ambiente – Conama – um dos órgãos fiscalizadores do meio ambiente mais importantes, pois propõe diretrizes, normas e padrões para um meio ambiente equilibrado – Ministério do Meio Ambiente, Secretarias nos Estados e Municípios e o Instituto do Meio Ambiente – Ibama: realiza a fiscalização, controle e estímulo dos recursos naturais, além de órgãos da polícia judiciária ambiental[7].

Trabalho: o artigo 3º da Convenção 81 da OIT, da qual o Brasil é parte, afirma o compromisso de proteger a integridade dos funcionários e assegurar a aplicação das disposições legais relativas às condições de trabalho, proteção dos trabalhadores, dos membros que a ratificaram, bem como o emprego das crianças e dos adolescentes e a outras matérias conexas[8].

[5] Disponível em: <http://www.inmetro.gov.br/fiscalizacao/treinamento/proced_textil.pdf>, Último acesso em: 06/03/2019.

[6] Disponível em: <http://www.inmetro.gov.br/fiscalizacao/treinamento/proced_textil.pdf>, Último acesso em: 06/03/2019.

[7] Disponível em: <http://www2.mma.gov.br/port/conama/> e <http://www.ibama.gov.br/> , Último acesso em 06/03/2019.

[8] A Organização Internacional do Trabalho – OIT é a única agência das Nações Unidas que tem estrutura tripartite, na qual representantes de governos, de organizações de empregadores e de trabalhadores de 187 Estados-membros, entre eles o Brasil, participam em situação de igualdade das diversas instâncias da Organização. A Convenção 81 foi aprovada pelo Decreto

Cabe ao Poder Executivo, especialmente por intermédio da fiscalização federal do Ministério do Trabalho e Emprego, a tarefa de orientar e fiscalizar sobre condições de trabalho e reprimir as empresas, aplicando multas, embargando obras e interditando estabelecimentos, setores de serviços, máquinas, equipamentos e quaisquer atividades que estejam oferecendo risco grave e iminente para a saúde e integridade física dos trabalhadores.

No entanto, o Ministério do Trabalho e Emprego não dispõe de estruturas humana e material adequadas e, portanto, não tem obtido o êxito esperado. As multas administrativas estão previstas na Consolidação das Leis do Trabalho, os valores são ínfimos e não coíbem com eficiência as infrações. Já, a competência de promover a fiscalização e de impor penalidades é especialmente das Delegacias Regionais do Trabalho (art. 156 da CLT).

Além do Ministério do Trabalho, também será competente o Ministério da Saúde, nas suas três esferas, como dispõe a Constituição Federal em seu artigo 200, que dá a competência de executar as ações de vigilância sanitária e epidemiológica, bem como as de saúde do trabalhador, além de colaborar na proteção do meio ambiente, nele compreendido o do trabalho.

Ainda na esfera administrativa, a fiscalização poderá ser exercida pela Previdência Social e pela Receita Federal[9]. Ainda na fiscalização e controle externo, o Ministério Público do Trabalho – MPT é o ramo do Ministério Público da União que tem como atribuição fiscalizar o cumprimento da

Legislativo nº 24, de 1956 e promulgada pelo DECRETO Nº 41.721, DE 25 DE JUNHO DE 1957, o qual foi Revigorado pelo Decreto nº 95.461, de 11.12.1987. Especialmente, o artigo 3º da Convenção 81 da OIT, acima citado: 1-O sistema de inspeção de trabalho será encarregado: a) de assegurar a aplicação das disposições legais relativas às condições de trabalho e à proteção dos trabalhadores no exercício de sua profissão, tais como as disposições relativas à duração do trabalho, aos salários, à segurança, à higiene e ao bem estar, ao emprego das crianças e dos adolescentes e a outras matérias conexas, na medida em que os inspetores são encarregados de assegurar a aplicação das ditas disposições; b) de fornecer informações e conselhos técnicos aos empregadores e trabalhadores sobre os meios mais eficazes de observar as disposições legais; c) de levar ao conhecimento da autoridade competente as deficiências ou os abusos que não estão especificamente compreendidos nas disposições legais existente. 2 - se forem confiadas outras funções aos inspetores de trabalho, estas não deverão ser obstáculo ao exercício de suas funções principais, nem prejudicar de qualquer maneira a autoridade ou a imparcialidade necessárias aos inspetores nas suas relações com os empregadores. Sobre o assunto: http://www.trtsp.jus.br/geral/tribunal2/LEGIS/CLT/OIT/OIT_081.html#081, Último acesso em 06/03/19.

[9] Cf. Decreto 3.048/99.

legislação trabalhista quando houver interesse público, procurando regularizar e mediar as relações entre empregados e empregadores.

Cabe ao MPT promover a ação civil pública no âmbito da Justiça do Trabalho para defesa de interesses coletivos, quando desrespeitados direitos sociais constitucionalmente garantidos aos trabalhadores. Também pode manifestar-se em qualquer fase do processo trabalhista, quando entender existente interesse público que o justifique. O MPT pode ser árbitro ou mediador em dissídios coletivos e pode fiscalizar o direito de greve nas atividades essenciais.

Compete, ainda, ao MPT propor as ações necessárias à defesa dos direitos e interesses laborais dos menores, incapazes e índios, bem como nas relações em que estão presentes condições análogas à escravidão, além de recorrer das decisões da Justiça do Trabalho tanto nos processos em que for parte, como naqueles em que oficie como fiscal da lei. Assim como os demais ramos do Ministério Público, o Ministério Público do Trabalho recebe denúncias, representações e pode instaurar inquéritos civis ou outros procedimentos administrativos para obter informações necessárias.

Certificações de Qualidade da Indústria da moda: Por último, as certificações de qualidade e sustentabilidade têm se tornado extremamente importantes para a internacionalização dos setores têxtil e de confecção.

O Programa de Exportação da Indústria da Moda Brasileira – TexBrasil, por meio de uma parceria com a Abit (Associação Brasileira da Indústria Têxtil e de Confecção) com a Apex-Brasil (Agência Brasileira de Promoção de Exportações e Investimentos), mantém a iniciativa, que também recebe o apoio do Inmetro (Instituto Nacional de Metrologia, Qualidade e Tecnologia) adota a tendência das certificações com o objetivo de assegurar ao mercado que as empresas seguem padrões de sustentabilidade e boas práticas laborais, contratuais e ecológicas.

Assim sendo, empresas certificadoras garantem ao mercado que os produtos certificados estão em conformidade com as principais normas técnicas nacionais e internacionais do setor, além da qualidade ética e socialmente responsável da produção e sustentabilidade[10].

[10] Selos como o QUAL, ABRAVEST, ECOCERT, ABVTEX, IBD, ISSO 26000, FAIRTRADE, entre outros.

Conclusões

Verificamos que quanto menor a produção de uma marca, mais fácil controlar os processos, a exemplo da pouca produção ou *slow fashion* – tendência que defende a criação de peças atemporais, feitas à mão, com tecidos naturais e duráveis (como algodão, linho e seda), em baixa escala ou zero desperdício de tecido. Quando se trata de produção em massa, as soluções de controle da cadeia talvez sejam mais complexas ou caras, mas como visto, as ferramentas tecnológicas apresentam alternativas de rastreamento, aliadas às certificações existentes no mercado.Assim, a transparência e as boas práticas são requisitos que vieram a agregar o *mindset* contemporâneo, definitivamente.

A "moda rápida" ou fast fashion afigura-se, assim, a anti-tendência da indústria sustentável, pois, a pretexto de manter custos baixos, operam de forma ética e ambientalmente questionável, ignorando o controle de qualidade de toda a cadeia produtiva.

O novo *mindset* é aquele de promoção das iniciativas ambientais sustentáveis e dos modelos de negócios que beneficiam a sociedade, do ponto de vista social, trabalhista e ambiental. O controle interno e externo da indústria da moda é, portanto, um dos temas relevante na atualidade do Fashion Law, a fim de garantir efetividade ao novo mindset de consciência, especialmente porque a violação das leis relativas à saúde, segurança, meio ambiente, trabalho ou direitos humanos representam riscos significativos para a empresa, seus gerentes, acionistas e fundos de investimento também.

É assim uma preocupação significativa ter os olhos voltados às questões de responsabilidade social e ambiental, aos "códigos de conduta" e às boas práticas no dia a dia. Louis Brandeis da Suprema Corte dos EUA disse que "*sunlight is said to be the best of disinfectants*", significando aplicar aqui a ideia da transparência como ferramenta essencial à credibilidade deste novo *mindset* do *slow fashion*.

Referências

BIEGELMAN, M.T., BARTOL, J.T. *Executive Roadmap to Fraud Prevention and Internal Control: Creating a Culture of Compliance*. New York: John Wiley & Sons. 2ed. 2012.

EDLKOORT, Li, Documentário, Anti-Fashion A Manifesto for the next Decade. Disponível em: <http//youtu.be/LV3djdXfilm>

LIPOVETSKY, Gilles. *O Império do Efêmero: A moda e seu destino nas sociedades modernas.* São Paulo: Companhia das Letras,2009.

MANZI, V.A, *Compliance no Brasil: consolidação e perspectivas.* São Paulo: Saint Paul, 2008.

MORGAN, Andrew. True Cost - Documentário Netflix.

"Como o Blockchain Pode Deixar a Moda Mais Transparente e Sustentável" Disponível em: <https://www.modefica.com.br/blockchain-moda-transparente-sustentavel/)> Ùltimo acesso em 06/03/2019.

"What is blockchain and what can it do for the fashion industry?" Disponível em: <http://www.thefashionlaw.com/home/what-is-blockchain-and-what-can-it-do-for-the-fashion-industry>, Último acesso 06/03/2019.

http://www.inmetro.gov.br/fiscalizacao/treinamento/proced_textil.pdf, Último acesso em 06/03/2019.

http://www2.mma.gov.br/port/conama/ e http://www.ibama.gov.br/. Último acesso em: 06/03/2019.

GCC - Portal de Inteligência - Sebrae RJ www.sebraeinteligenciasetorial.com.br.

Parte VI - Direitos Humanos

18. Direitos Humanos E Apropriação Cultural na Indústria da Moda

Flávio Leão Bastos Pereira

"O adorno é mais que um enfeite, é uma identificação com o mundo espiritual" (ANDUJAR, Cláudia. A Luta Yanomami).

Introdução

O estudo dos direitos humanos tradicionalmente vem sendo desenvolvido, sob um ponto de vista eminentemente pedagógico, pela consideração de uma via clássica para sua compreensão, com abordagens acadêmicas que os classifica em direitos civis e políticos, tais como caracterizados segundo o período histórico nos quais, pouco a pouco, floresceram por meio de revoluções liberais marcadas por profundos processos políticos, econômicos e sociais a partir dos quais os indivíduos adquiriram voz e vez diante do Estado e, outrossim, pela referência a um conjunto de garantias denominadas como direitos humanos econômicos, sociais e culturais, conjunto de bens, valores e prerrogativas que nasceram do inconformismo e da contestação à abstratividade daquele primeiro conjunto de direitos (civis e políticos), afinal, raramente acessíveis a grande parte das populações em séculos passados, mas, ainda hoje, objeto de planos de governo, políticas públicas e ações sociais em todo o globo, com o escopo de efetivá-los, mormente a partir das promulgações das Constituições mexicana de 1917 e de Weimar, de 1919.

Levando-se em consideração exatamente referida perspectiva econômica, social e cultural, a análise dos temas suscitados por tal classificação e que são objeto de debates e reflexões, ao menos no meio acadêmico, revela-se mais intensa precisamente nas abordagens dos temas de ordem econômica e social (o que se justifica, dada a premência que caracteriza tais temas em países com baixo grau democrático e com assimetria étnico-sócio-econômica acentuada, como o Brasil). No que tange aos *aspectos culturais*, especialmente num país desigual como o Brasil, entendemos, diversas são as reflexões ainda cabíveis, por sua importância ao desenvolvimento de um país que, se por um lado ocupa as mais desfavoráveis colocações em termos de desenvolvimento social no globo (educação, saúde, moradia, distribuição de renda etc.), de outro ostenta como riqueza inerente, como possível fonte de geração de bem-estar socioeconômico, sua multiculturalidade. O tema ora sob análise encontra localização exatamente na seara dos direitos humanos culturais e, ainda, ambientais.

Dentre as relevantes hipóteses que se inserem na referida seara, a utilização de referenciais artísticos, gráficos, cosmológicos etc., por empreendedores, sem qualquer justa contrapartida aos legítimos titulares do riquíssimo patrimônio imaterial explorado, ora mencionado, constitui tema que requer não apenas uma abordagem exclusivamente relacionada à "apropriação cultural" propriamente dita, mas também buscando propor soluções que tornem os atores da via econômica aliados e parceiros no processo de luta por maior visibilidade dos povos e nações titulares de tamanha riqueza imaterial, acelerando e solidificando, pois, a construção de uma cidadania mais qualificada e estável. Referida responsabilidade recai, atualmente, também sobre a indústria da moda, que apresenta experiências marcantes em relação à citada "apropriação cultural", como será abordado, a seguir.

1. Globalização e Relativismo Multicultural: Desterritorialização e Memória

Foi no jornal *O Estado de São Paulo* de 4 de abril de 1975, que a fotógrafa Cláudia Andujar recordou marcante afirmação do antropólogo Lévi-Strauss, segundo quem "*...vivemos em tempos de culturas paralelas, não de cul-*

turas civilizadas e primitivas..."[1]. A assertiva traduz constatação que, à luz da análise de alguns fatores históricos, políticos, culturais e econômicos, revela-se precisa. Após 1945, diante da exaustão dos modelos político-econômicos até então vigentes, o mundo se rendeu a um já conhecido processo de implantação de foros globais e regionais, ainda sob um cenário de guerra-fria, com o estabelecimento de – ou ao menos, a tentativa em se estabelecer – patamares mínimos para o desenvolvimento da via dialógica entre os Estados soberanos e entre estes e as organizações internacionais, buscando efetivar um grau mínimo de desenvolvimento social e econômico possível em todos os continentes, necessário à manutenção da paz. O desafio lançado mostrou-se ambicioso e de difícil realização, na medida em que visões políticas, culturais, jurídicas, econômicas e religiosas completamente distintas, necessariamente teriam de conceber e concretizar um espaço minimamente razoável para o diálogo e a convivência.

Importantes e recentes fatos demonstram que o desafio acima proposto não apenas vem sofrendo intensas críticas sob certos cenários, mas que sofreu efetivamente alguns retrocessos, com o consequente enfraquecimento ou, ao menos, com a geração de desconfiança sobre a durabilidade de tais modelos. Exemplo evidente pode ser vislumbrado com o resultado do referendo, no Reino Unido, em relação à sua permanência, ou não, como membro da União Europeia (*Brexit*)[2]. Neste sentido, um dos aspectos tradicionalmente mais debatidos na seara dos direitos humanos repousa exatamente nas tensões que marcam a relação entre uma proposta globalizada e universal de referências normativas, políticas e culturais, de um lado e, de outro, a existência de referenciais culturais específicos, multifacetados e que são, frequentemente, inspiração para a resistência aos modelos acima referidos como "globalizados".

As tradições, muitas vezes, constituem fator de resistência às visões universalizantes, historicamente eurocêntricas, normalmente opostas a práticas e costumes considerados violadores dos direitos humanos. Falamos, pois, no *relativismo* que tem por linha determinante a legitimação de políticas de Estado e/ou de diretrizes emanadas dos foros internacionais e

[1] ANDUJAR, Cláudia. *A Luta Yanomami*. Thyago Nogueira (Org.). São Paulo: Instituto Moreira Salles (IMS), 2018, p.166.

[2] Sobre o *Brexit* (saída do Reino Unido da União Européia), ver GOODWIN, Matthew J. e HEATH, Oliver: *The 2016 Referendum, Brexit and the Left Behind: An Aggregate⊠level Analysis of the Result* - disponível em https://doi.org/10.1111/1467-923X.12285 - acesso em 05.03.2019.

regionais, desde que inseridas no contexto cultural, histórico, econômico, político, jurídico, religioso, moral e social desenvolvidos e vigentes nas respectivas sociedades nas quais presentes o debate. A partir desta constatação, alguns estudiosos vislumbraram um certo fenômeno que passaram a denominar como *desterritorialização*[3] de povos e culturas locais, em prejuízo de seus legados culturais, materiais e imateriais, imposição decorrente da visão globalizada marcada pela mundialização do mercado que, de certo modo, tem na busca por sua expansão e pelo lucro, bem como na imposição de um modelo consumista e desenvolvimentista predatório a razão para a acima apontada *desterritorialização* de povos e nações, por força da ausência de um norte inspirado no próprio ser humano, a guiar dito processo. Daí a necessidade de proteção dos referenciais culturais materiais e imateriais resultantes dos processos de criação cultural legitimamente pertencentes a tais povos. Neste sentido, explica Maria Coeli Simões Pires[4]:

O patrimônio cultural serve de contraponto ao processo acelerado de desterritorialização e padronização cultural. A proteção desse patrimônio cultural, ao seu turno, deve ser tratada numa dimensão humana. Ao incidir sobre bens culturais, materiais ou imateriais, as medidas acautelatórias e de preservação são fundamentadas pelo poder de referência desses bens para a identidade dos seres humanos, por seus valores e sua capacidade de transmitir testemunho ou despertar sentimento. Essa perspectiva antropocêntrica afasta a compreensão de um patrimônio cultural divorciado dos sentidos e do sentimento das pessoas.

Do ponto de vista do tema que ora se propõe, sob aspectos mais gerais, constatamos, por uma lado, a existência e a convivência de milhares de práticas culturais e tradições, por vezes milenares; de outro, o desenvol-

[3] Maria Coeli Simões Pires descreve o fenômeno da d*esterritorialização* como [...] *fenômeno de virtualização das referências, ocasionado pelas rápidas transformações a que são submetidos os grupos sociais sob a influência das tecnologias. Essas mudanças são promovidas a partir da premissa do desenvolvimentismo, motivado pelo compromisso com soluções extrativistas agressivas, com a ampliação mercantil e industrial sem limites e de cunho consumista. Sob a ditadura desse avanço unilateral, são sacrificados centros de tradição cultural e importantes marcos históricos regionais, o que facilita ainda mais o progressivo esvanecimento do patrimônio cultural 'lato sensu' e a intrusão de padrões comportamentais ditos 'mundiais', sem qualquer conexão com as reais demandas ou vocações das sociedades atingidas* [...]. PIRES, Maria Coeli Simões. *A Proteção do Patrimônio Cultural Como Contraponto à Desterritorialização*, p.67. Bens Culturais e Direitos Humanos. SOARES, Inês Virgínia Prado; CUREAU, Sandra (Org.). São Paulo: Edições SESC, 2015.

[4] PIRES, Maria Coeli Simões. Ob.cit., p.71.

vimento de processos produtivos e econômicos transnacionais e internacionais, sob ditames e referenciais "globalizadores" e que, por conta da necessidade da busca de inovações e de novos mercados, não raro promovem a ruptura dos limites éticos, legais e morais ao se lançarem na exploração econômica das riquezas geradas pelas tradições e culturas acima lembradas e, afinal, sacrificadas. Daí a necessidade de reformulação dos processos de interação entre o universalismo (atualmente revisto em seu conceito) e as realidades cosmológicas e culturais presentes em cada nação, tendo o ser humano como preocupação central (visão antropocêntrica proposta por PIRES.

Não será diferente no mundo da moda e da indústria têxtil, que em algumas situações reproduziram as tensões acima descritas. Casos marcantes e esclarecedores sobre possível apropriação cultural pela indústria da moda podem ser indicados como ocorrências importantes para as reflexões ora propostas, como no caso da rede espanhola de varejos de roupas e calçados, Zara, que recentemente foi apontada por artesãs indígenas da região de Chiapas, no sul do México, que tradicionalmente produzem e vendem suas peças de vestuário baseadas nos grafismos, cores e na cultura indígena local, como tendo explorado estampas e motivos artísticos oriundos da cultura indígena da citada região (Chiapas), sem qualquer retorno à referida comunidade. A referida corporação colocou à venda por mil pesos (US$ 50) peças de roupas inspiradas – de forma "agressiva", segundo a revista *The Economist* - nas produções das tecelãs indígenas mencionadas, que encontram na sua produção artesanal e venda por preços inferiores, o complemento de suas rendas, indispensáveis à sua sobrevivência.[5] Aliás, a referida grife não encontra no mencionado caso a única polêmica que envolve seu nome e imagem, além os limites éticos com os quais atua.[6]

O exemplo acima constitui apenas uma situação, dentre várias, nas quais as riquezas imateriais de um povo ou nação, titular de manifesta-

[5] The Economist. *Practising an ancient craft in a village without men - Indigenous artisans in Mexico are trying to protect their designs.* Disponível em: https://www.economist.com/the-americas/2018/08/23/practising-an-ancient-craft-in-a-village-without-men. Acesso em 05.03.2019.

[6] Sobre o lançamento de pijamas infantis, pela Zara, que imitavam os uniformes utilizados pelas vítimas dos campos de concentração e de extermínio nazistas e as respectivas polêmicas geradas, ver El País: *A Zara tira de circulação uma blusa acusada de evocar o Holocausto.* Disponível em https://brasil.elpais.com/brasil/2014/08/27/economia/1409139237_268695.html. Acesso em 05.03.2019.

ções culturais diversificadas e paralelas à cultura da sociedade dominante, depara-se com a utilização indevida e não autorizada de seus referenciais artísticos e grafismos resultantes de milênios de dinâmica evolução de suas estruturas sociais relacionais, por agentes exploradores da ordem econômica, sem que tenham recebido qualquer contraprestação passível de ser revertida em benefício dos citados povos.

1.1. Multiculturalidade e Cidadania

A *multiculturalidade* é fenômeno presente tanto no plano internacional, quanto em âmbito doméstico, em diversos países. As manifestações culturais, como grafismos produzidos por indivíduos pertencentes a povos ancestrais não possuem apenas uma função estética e para embelezamento de um ambiente, mas constituem autêntico e legítimo instrumento para memorialização das experiências coletivas e individuais no seio do mencionado povo. Vale dizer: a estética evidenciada pelos traços, desenhos, pinturas, cores e grafismos de um povo ou nação, dentre outros veículos (como a dança, a pintura, a arte em geral) não devem ser reduzidas a mera mercadoria descartável com o único intuito da busca pelo lucro e pela expansão de mercados, na medida em que constituem a impressão perene das experiências e das memórias que reservam o espaço e preservam a identidade destes povos. As vestimentas constituem fronteiras que delimitam o próprio ser ou mesmo as projeções de todo um povo. Explica Maria Cláudia Bonadio[7]:

> [...] Considerando que o corpo é um organismo de cultura com fronteiras pouco definidas, é a indumentária, ou seja, tudo aquilo que envolve, encobre e reveste o corpo humano, que em muitos casos funciona como a ligação entre o corpo biológico e o ser social. Nas sociedades contemporâneas e urbanas, é através daquilo que cobre a nossa pele, e, mais visivelmente das roupas (posto que tatuagens, piercings ou escarificações podem estar cobertos por estas) que informamos, ressaltamos e escondemos informações sobre nós

[7] BONADIO, Maria Cláudia. *O Corpo Vestido*, p.179. Sobre a Pele. Imagens e Metamorfoses do Corpo. MARQUETTI, Flávia Regina; FUNARI, Pedro Paulo A. (Org.). São Paulo: Intermeios; Fapesp, Campinas: UNICAMP, 2015.

mesmos. Portanto, a roupa pode ser entendida como a 'fronteira entre o eu, e o não eu'...ou entre aquilo que cada indivíduo pretende tornar público a respeito dos seus gostos, preferências, gênero, entre outros [...]

A exploração não ética e ilícita das riquezas imateriais titularizadas por um povo geram danos que não se limitam aos prejuízos materiais ou mesmo a eventuais impactos individuais-autorais, mas comprometem a própria visibilidade e existência dos respectivos povos em suas estruturas comunais e coletivas. Referida conduta inspirada exclusivamente pela expansão de mercados e conquista do lucro a todo custo e sem consideração aos profundos impactos sobre a existência dos legítimos titulares do domínio sobre as riquezas imateriais sedimentadas e amadurecidas ao longo de sua experiência coletiva, depõe contra a própria pluralidade que caracteriza a convivência humana no planeta. Afinal, como ensinou Hannah Arendt, [...] *quem habita este planeta não é o Homem, mas os homens; a pluralidade é a lei da Terra* [...][8].

Precisamente por conta do fenômeno da *multiculturalidade*, talvez decorrência da lógica *arendtiana* concernente a uma irrevogável lei da *pluralidade* vigente na Terra, tal como expresso pela grande pensadora e filósofa judia-alemã[9] do século XX, é que a compreensão acerca das manifestações artísticas, estéticas ou relacionadas aos vestuários típicos por parte de diversificados povos e culturas como expressão e projeção dinâmica das mais distintas identidades e experiências acumuladas ao longo do tempo, muitas vezes por milhares de anos, deve prevalecer e ser preservada por parte de agentes econômicos que interajam com tais referenciais. Tal ideia não significa que a destinação econômica por parte dos legítimos titulares de tamanha riqueza imaterial não se revele legítima e desejada. Na verdade, a responsabilidade da indústria, inclusive da moda, que se relacione com tantas e distintas culturas, relaciona-se à perspectiva atinente à sua responsabilidade social e ambiental, vale dizer, contribuir para reforçar tais identidades e reduzindo sua invisibilidade perante as sociedades dominantes e envolventes, colaborando para a consolidação da cidadania multicultural.

[8] ARENDT, Hannah. *A Vida do Espírito: O Pensar, O Querer, O Julgar.* Rio de Janeiro: Ed. Relume-Dumará, 4ª ed., 2000.

[9] Posteriormente, a partir de 1951, cidadã norte-americana.

Referida postura contribuiria para a consolidação de um referencial de cidadania efetiva e real, mais distante do discurso eurocêntrico que impõe delineamentos superficiais de garantias distantes das realidades e cosmologias dos já citados centros de cultura, afinal já fartos de discursos vazios e estéreis sobre direitos humanos. Podemos vislumbrar, pois, possibilidades ilimitadas disponíveis à indústria da moda no sentido de viabilizar uma real proposta de concretização substanciosa em relação aos direitos humanos cabíveis aos povos titulares de riquezas imateriais, bem como para promover a afirmação de suas respectivas identidades, substituindo-se a ideia frágil e irreal de direitos humanos e referenciais culturais tipicamente europeus, pela concepção de direitos humanos multiculturais. Neste sentido, Orlando Villas Bôas[10]:

> [...] A complexidade que perpassa o tema dos direitos humanos fica particularmente explicitada diante da questão da interculturalidade. Diversos autores, têm procurado sublinhar a importância do desenvolvimento de uma 'concepção multicultural de direitos humanos' para, a partir dela, refutar o mero transplante de modelos e valores ocidentais a outras culturas. Nesse sentido, Akuavi Adonon, Caroline Plançon e Christoph Eberhard, por exemplo, contestam a pretensa universalidade que acompanha a retórica dos direitos humanos assim como o transplante mecânico do 'Estado de Direito de tipo ocidental' (*l'État de Droit à 'l'occidentale'*) [...]

De fato, especificamente em razão do tema ora proposto, pode-se também concluir pela impropriedade da mera transposição de modelos ocidentalizados de negociação e contratação, quando o setor da moda demonstra interesse na exploração das produções artísticas, estéticas e imateriais em geral, constitutivas do patrimônio cultural de povos ancestrais, sob pena de violação dos direitos humanos a estes garantidos, em várias e paralelas perspectivas, inclusive com a caracterização da denominada *apropriação cul-*

[10] BÔAS, Orlando Villas; PEREIRA, Flávio de Leão Bastos. *A Declaração Universal dos Direitos Humanos e seu Impacto nos Direitos dos Povos Indígenas: Diálogos Entre o Sistema Global e o Sistema Interamericano de Direitos Humanos – Os Direitos Humanos Diante do Multiculturalismo*, p.236. 1948-2018: 70 Anos da Declaração Universal dos Direitos Humanos. ARRUDA, Eloisa de Sousa; PEREIRA, Flávio de Leão Bastos (Org.). São Paulo: Imprensa Oficial do Estado de São Paulo – Escola Superior do Ministério Público, 2018.

tural. Significa indagar: se houver interesse, por parte da indústria da moda e de seus demais *players*, na exploração das infinitas projeções de tantas e variadas culturas ancestrais, qual a via adequada apta a garantir aos verdadeiros titulares das referidas projeções estéticas, artísticas, grafismos etc. representativas das respectivas cosmologias, a participação nos benefícios econômicos, dentre outros, oriundos da industrialização e comercialização de produtos que contenham suas marcas, harmonizando-se interesses de todas as partes envolvidas ? Os instrumentos jurídicos e de negociação tradicionalmente predominantes no ambiente empresarial no seio das sociedades dominantes, mostram-se adequados no contexto ora sob análise? Finalmente, podemos afirmar que o setor industrial e empresarial poderiam, no futuro, tornar-se verdadeiros aliados no processo de visibilização e de construção da cidadania dos referidos povos, no que poderíamos denominar como uma via de negócios ambientalmente responsável ou, ainda, como uma espécie de *business* multiculturalmente consciente disciplinado por um conjunto de referenciais de governança e normas cogentes adequadas ao contexto? (*fashion law* inter e multicultural?).

2. Apropriação Cultural, Racismo Estrutural e Representatividade

> [...] *As passarelas do nosso país precisam ser reflexo do que se vê em nossas calçadas. É muito importante que cores e etnias diferentes sejam vistas em um espaço que discute a beleza e a elegância.* [...] (Do Rapper Emicida, após a estreia de sua grife LAB na *São Paulo Fashion Week* em 2017)[11].

Infelizmente as ideias acima trazidas à consideração não refletem a realidade ainda constatável quando as análises recaem sobre os procedimentos e condutas usualmente aplicados aos referenciais e riquezas imateriais com potencial econômico, produzidos por povos, nações e comunidades cuja produção intelectual remonta à própria história, cultura e cosmologias, sobretudo se a consolidação de sua identidade, inserção socioeconômica e qualidade de vida guardam relação, em grande parte, também com

[11] R7. Apropriação cultural é um problema da indústria do entretenimento?. Matéria veiculada pelo jornalista Helder Maldonado, 20 de novembro de 2017. Disponível em https://diversao.r7.com/pop/apropriacao-cultural-e-um-problema-da-industria-do-entretenimento-21112017 - acesso em 09.03.2019.

a obtenção de recursos e divisas oriundas da produção e comercialização das referidas riquezas imateriais, intelectuais. Especialmente os povos indígenas e povos negros, como na hipótese das produções imateriais de comunidades quilombolas, são os principais alvos das ações economicamente predatórias, facilitadas normalmente pela omissão de um Estado fraco quando se cuida da necessidade de tutela dos interesses de grupos humanos minoritários e que habitam seus territórios por séculos e, em vários casos, há milênios.

Importante estabelecer os limites do fenômeno aqui tratado, que podemos definir como a utilização de simbolismos, grafismos, elementos estéticos, artísticos e cosmológicos concebidos, evoluídos e resultantes da experiências histórico-coletivas e memórias de todo um povo, por terceiros exploradores da ordem econômica e que, intencionalmente, apropriam-se dos citados referenciais cosmológico-imateriais sem autorização e contraprestação aos povos titulares destes referenciais, com o exclusivo intuito de lucro. Dita cosmologia resulta das interações sociais em dado grupo humano, por processos dinâmicos e invenção e reinvenção quotidianas. A transmissão do conhecimento no seio de um grupo humano implica, para muito além da experiência individual, numa interação coletiva e experiência histórica e de memória também coletiva. Do ponto de vista da psicologia histórico-cultural, Silvia Maria Cintra da Silva, Célia Maria de Castro Almeida e Sueli Ferreira detalham o processo de apreensão dos referenciais culturais pelo indivíduo, tal como inserido numa coletividade e num dado momento de sua realidade histórica, ao analisarem os processos educacionais sob um contexto pedagógico[12]:

A psicologia histórico-cultural aponta que, ao aprender, o indivíduo não está isolado, mas sempre envolvido com outras pessoas, em um processo intersubjetivo constituído pelo sujeito que aprende, pelo sujeito que ensina e pela própria relação entre eles. Não obstante, a aprendizagem não ocorre apenas na presença do sujeito que ensina; ela pode ser constituída por objetos culturais, situações sociais e, principalmente, pela linguagem, que, por estar carregada de significados, torna-se o signo fundamental para a internalização das coisas da cultura.

[12] SILVA, Silvia Maria Cintra da; ALMEIDA, Célia Maria de Castro; FERREIRA, Sueli. *Apropriação Cultural e Mediação Pedagógica: Contribuições de Vigotski na Discussão do Tema*, p. 221. Psicologia em Estudo, Maringá, v. 16, n. 2, p. 219-228, abr./jun. 2011.

Muito embora a abordagem acima apontada não tenha por escopo a análise da *apropriação cultural* enquanto fenômeno lesivo a um dado grupo humano, as referências utilizadas e que estabelecem uma conexão entre aprendizagem, objetos culturais e internalização das coisas da cultura, exsurge de grande utilidade para a percepção aqui necessária sobre a importância da experiência cultural transmitida a cada geração, para a continuidade da existência do referido grupo. A compreensão dos referenciais apresentados pelo vestuário e elementos estéticos deste, de um povo ou grupo humano, constituem e delineiam certamente *experiências culturais* de certo grupo.

Contudo, para além das ações motivadas por um afã não ético pelo lucro sem parâmetros morais e de justiça por meio da prática da apropriação cultural, o fenômeno que pode ser evidentemente identificado na raiz das dinâmicas que envolvem dita apropriação, inclusive no setor da moda, diz mais respeito à visão, consciente ou inconsciente; individual, coletiva e estrutural, de superioridade por parte de alguns setores e de seus dirigentes, sobre grupos humanos mais vulneráveis ou minoritários, num cenário de pós-modernidade e globalização. Assim, ainda o fator étnico é preponderante quando dados são cotejados e impõem ao pesquisador mais atento a inevitável constatação de que, enquanto referenciais culturais próprios dos referidos grupos vulnerabilizados já podem ser considerados predominantes nas manifestações culturais de uma sociedade pluricultural e assimétrica como a brasileira, os esperados benefícios que deveriam advir da mencionada exploração não chegam aos verdadeiros e principais responsáveis por tão belas e ricas manifestações. Cuidamos, neste ponto, de formas sofisticadas de exploração e opressão, bem como eliminação de identidades étnico-culturais, especialmente no caso dos povos indígenas e dos povos negros. Assim, por exemplo, é fato incontestável que a cultura negra marca de forma relevante a maioria das manifestações culturais no Brasil, inclusive na moda, dentre outros, como a culinária e a música. Basta pensarmos nos estilos que podem ser diariamente vistos nas ruas e ainda em ambientes mais elitizados, como a alta frequência no uso de *dreads*, tranças, roupas afro etc.

Contudo, muito embora sejam diversos os exemplos, referida visibilidade não se estende ao reconhecimento destes segmentos quando se trata de geração de empregos, reconhecimento profissional e respectiva ocupação dos bancos das universidades e posições de comando no mercado de trabalho. E, de modo ainda mais dramático, constituem os indivíduos pertencentes a tais grupos as principais vítimas da violência na sociedade brasileira, uma das mais violentas hoje, no mundo.[13] O questionamento sobre a aparente ausência de coerência entre o fato de constatarmos a presença diária e maciça de elementos próprios da cultura negra e indígena em diversos setores, inclusive e especialmente na moda, e a evidente inexistência da projeção de tal reconhecimento quando se passa à avaliação da inserção étnico-sócio-econômica dos povos negros e indígenas nos postos de comando no país, tanto no setor privado, quanto público, ao que se soma o recorte da violência acima mencionado e decorrente das estatísticas oficiais e de institutos reconhecidos, pode conduzir a duas proposições visando o esclarecimento desta contradição: (i) tratamos, aqui, de evidente *apropriação cultural* no sentido espoliativo do termo; (ii) tal estado de iniquidade pode ser explicado pela predominância, no Brasil, do que se denomina *racismo estrutural* e que impõe a invisibilidade dos grupos atingidos por tal sistema que, ademais, naturaliza tais dinâmicas de violência *física*, por conta dos extermínios propriamente ditos e, ainda, *cultural*, por conta da já acima apontada *apropriação* de seus referenciais culturais. A expansão e conquista de mercados transnacionais sob a globalização vem conduzindo a uma certa sofisticação na exploração de riquezas (materiais e/ou imateriais), diante das necessidades dos citados atores econômicos em expandir suas ações lucrativas a mercados dominados, fato que torna imprescindível o desenvolvimento de técnicas mais elaboradas de dominação. Conforme ensinamentos de Silvio Almeida[14]:

Em uma sociedade que se apresenta como globalizada, multicultural e constituída de mercados livres, 'o racismo já não ousa se apresentar sem

[13] Como demonstra o Atlas da Violência de 2017 : [...] *A população negra corresponde a maioria (78,9%) dos 10% dos indivíduos com mais chances de serem vítimas de homicídios. Atualmente, de cada 100 pessoas assassinadas no Brasil, 71 são negras. De acordo com informações do Atlas, os negros possuem chances 23,5% maiores de serem assassinados em relação a brasileiros de outras raças, já descontado o efeito da idade, escolaridade, do sexo, estado civil e bairro de residência.* [...]. IPEA e Fórum Brasileiro de Segurança Pública. *Atlas da Violência 2017.* Disponível em http://www.ipea.gov.br/portal/images/170602_atlas_da_violencia_2017.pdf - acesso em 09.03.2019.Ver também CARTA CAPITAL. *Atlas da Violência 2017: Negros e Jovens são as Maiores Vítimas.* Disponível em https://www.cartacapital.com.br/sociedade/atlas-da-violencia-2017-negros-e-jovens-sao-as-maiores-vitimas/ - acesso em 09.03.2019.

[14] ALMEIDA, Silvio. *O Que é Racismo Estrutural?*, p.56/57. Belo Horizonte: Letramento, 2018.

disfarces'. É desse modo que o racismo passa da destruição das culturas e dos corpos com ela identificados, para a domesticação de culturas e de corpos. Por constituir-se da incerteza e da indeterminação, é certo que o racismo pode, a qualquer momento, descambar para a violência explícita, a tortura e o extermínio. Porém, assim que a *superioridade econômica e racial foi estabelecida pela desumanização*, o momento posterior da dinâmica do racismo é o do enquadramento do grupo discriminado em uma versão de humanidade que possa ser controlada. *Ao invés de destruir a cultura é mais inteligente determinar qual o seu valor e seu significado* [...] Mesmo que possam ser consideradas perigosas, pois oferecem possiblidades contestadoras de leitura de mundo e da ordem social vigente, as culturas negra ou indígena, por exemplo, não precisam ser eliminadas, desde que seja possível tratá-las como 'exóticas'. *O exotismo confere valor à cultura, cujas manifestações serão integradas ao sistema na forma de mercadoria.* (grifos nossos)

A explanação acima bem demonstra o fenômeno consistente numa certa *mercantilização* de manifestações culturais profundas e ancestrais reduzidas, portanto, a aspectos superficiais, peças vendáveis e descartáveis, sem qualquer observância aos direitos inerentes aos povos que criam e desenvolvem os elementos culturais que lhes confere visibilidade e originalidade, processo tal que surge perante a sociedade dominante como conduta natural e própria do mundo dos negócios. Assim, não são pontuais os casos de imposição da superioridade econômica e que reduz a propriedade imaterial dos povos indígenas e negros a mero conjunto ou estoque de mercadorias, reduzindo seu valor e significado, além de perpetuar por meios mais sofisticados um sistema iníquo com evidente recorte étnico-racial.

O reconhecimento e a percepção pelos principais atores do setor da moda, de que o problema da apropriação cultural é real e reiterado, com graves prejuízos e consequências que ultrapassam as métricas financeiras e colaboram para manter na periferia da cidadania milhares de seres-humanos, privando-os dos benefícios de um sistema capitalista mais distributivo, pode significar importante passo também para o reconhecimento de que referido setor não apenas tem *responsabilidade* em alterar tal realidade, mas que constitui também um dos segmentos com maior *potencial transformador* em relação à inserção de indivíduos alijados dos processos de construção da cidadania, porém com grande capacidade criativa e legatários de experiências e memórias que inspiram as mais belas manifestações culturais. Uma parceria entre o setor da moda e povos/comunidades interessadas em obter os benefícios que sua cultura pode gerar, dever partir do pressuposto, portanto, de que a propriedade imaterial pertencente a tais povos somente pode ser explorada mediante o *prévio consentimento* e a também com a *participação* dos citados grupos, na percepção dos respectivos benefícios.

3. Consulta Prévia e Parceria - Igualdade Relacional e Responsabilidade do Setor da Moda

> *Os povos indígenas têm direito ao pleno reconhecimento e respeito à propriedade, domínio, posse, controle, desenvolvimento e proteção de seu patrimônio cultural material e imaterial, e propriedade intelectual, inclusive sua natureza coletiva, transmitidos por milênios, de geração a geração.* (Artigo XXVIII da Declaração Americana dos Direitos dos Povos Indígenas)

Não sem razão, de modo geral, tanto o sistema das Nações Unidas, quanto o sistema regional interamericano (Organização dos Estados Americanos) consagram alguns dos principais instrumentos garantidores da preservação dos direitos dos povos indígenas e tribais no mundo e nas Américas (incluídos as comunidades quilombolas[15]), consistente exatamente na exigência da *realização da prévia consulta e consentimento*[16] a tais povos, antes da efetivação de qualquer ação legislativa ou administrativa que possam, em tese, causar-lhes prejuízos e ameaças às suas existências e culturas; o *reconhecimento da propriedade*[17] *sobre suas terras ancestrais*; e, ainda, o *reconhecimento das características comunais* na relação entre tais povos e seus patrimônios

[15] Sobre os direitos dos povos Quilombolas ver Tese de Doutorado de Patrícia Borba de Souza intitulada *Direitos, Comunidades Quilombolas e Conservação da Biodiversidade: O Exemplo do Vale do Ribeira/SP*. Tese de Doutorado apresentada e defendida junto ao Programa de Direito Político e Econômico da Universidade Presbiteriana Mackenzie, sob orientação da Professora Doutora Solange Teles da Silva. Disponível em http://tede.mackenzie.br/jspui/bitstream/tede/3351/5/Patricia%20Borba%20de%20Souza.pdf – acesso em 09.03.2019.

[16] Ver artigo 11 da *Declaração das Nações Unidas sobre os Direitos dos Povos Indígenas* e o artigo XXVIII, item 3, da *Declaração Americana dos Direitos dos Povos Indígenas*.

[17] Vale ressaltar que o artigo 231 § 2º da Constituição da República Federativa do Brasil não prevê o direito de *propriedade* dos povos indígenas sobre suas terras ancestrais, tendo o constituinte optado por legar à União a propriedade das referidas terras indígenas, a cujos povos foi garantida a *posse permanente* sobre referidas terras.

material e imaterial. Neste sentido, tanto instrumentos de *soft-law*, quanto a Convenção nº 169 da Organização Internacional do Trabalho (esta, vinculante), apresentam tais referenciais.

A adoção pelas esferas políticas e jurídicas internacionais e interamericanas de instrumentos vinculantes como a *Convenção nº 169 da OIT*, ou de instrumentos não vinculantes como a *Declaração das Nações Unidas dos Direitos dos Povos Indígenas* (Aprovada pela 107ª Sessão Plenária em 13 de setembro de 2007[18]) ou, ainda, a *Declaração Americana Sobre Os Direitos dos Povos Indígenas* (Aprovada na 3ª Sessão Plenária em 15 de junho de 2016[19]), marcam a ruptura com antigos modelos assimilacionistas e etnocidas. Ainda que voltadas aos Estados que compõem referidos foros, deve ser considerado que também o setor privado e todos os demais atores produtivos do país devem pautar suas ações de exploração da citada via econômica por princípios éticos no relacionamento com os povos ancestrais, bem como com fulcro nos fundamentos, objetivos e princípios que norteiam a liberdade econômica enquanto direito fundamental também previsto e consagrado pela Constituição da República Federativa de 1988, tais como ser fundada na valorização do trabalho humano; garantir a existência digna conforme os ditames da justiça social; observância à função social da propriedade; preservar em suas ações o meio-ambiente, devendo ser ressaltado nesta hipótese que a exploração antiética e ilícita da propriedade imaterial dos povos ancestrais constitui, sob o prisma jurídico-constitucional, ofensa à biodiversidade e ao socio-ambientalismo; alcançar a redução das desigualdades sociais regionais, inclusive com a efetivação do pleno emprego no país, dentre outros fundamentos. Observe-se, aliás, que já não são poucos os códigos de conduta vigentes em certos países, pautando sob o ponto de vista ético e da governança como deve ser dar o relacionamento entre agentes econômicos e os povos indígenas[20].

[18] ORGANIZAÇÃO DAS NAÇÕES UNIDAS. *Declaração dos Direitos dos Povos Indígenas*. Disponível em https://www.un.org/esa/socdev/unpfii/documents/DRIPS_pt.pdf - acesso em 09.03.2019.

[19] ORGANIZAÇÃO DOS ESTADOS AMERICANOS. *Declaração Americana dos Direitos dos Povos Indígenas*. Disponível em https://www.oas.org/en/sare/documents/DecAmIND_POR.pdf - acesso em 09.03.2019.

[20] Sobre o tema indicamos nosso artigo *Compliance, Direitos Humanos e Propriedade Imaterial Indígena*. PEREIRA, Flávio de Leão Bastos. Obra coletiva Governança, Compliance e Cidadania. NOHARA, Irene Patrícia; PEREIRA, Flávio de Leão Bastos (Org.). São Paulo: Revista dos Tribunais e Thomson Reuters Brasil, 2018.

Nesse passo, exsurge a grande responsabilidade e também o elevado potencial que a indústria da moda traz em sua história e sua natural vocação para provocar a conscientização das sociedades em todo o planeta, muitas vezes rompendo com paradigmas reacionários e preconceituosos e estabelecendo novos padrões em termos de vestimentas (identificadoras das múltiplas identidades que interagem no mundo contemporâneo). A experiência malsucedida do passado começa a frutificar em parcerias éticas e lucrativas tanto para a indústria da moda, quanto para os artistas oriundos de povos ancestrais, ainda que pontualmente.

Um exemplo que pode ser mencionado diz respeito à parceria firmada entre a nação indígena Kayapó e a Alpargatas. Assim, cerca de 300 mulheres de dez aldeias Kayapós, das Terras Indígenas Baú e Mekragnotire (sul do Pará – Xingu), produzem hoje os grafismos que ornamentam e embelezam os produtos da referida indústria, recebendo as respectivas comunidades o retorno financeiro pela exploração de seus talentos e tradições artísticas, o que também gera a preservação da cultura Kayapó[21].

Cuida-se, o exemplo acima, ainda que não majoritário no dia a dia de um país assimétrico e desigual como o Brasil, da efetivação e realização da *igualdade material* e também *relacional*, na medida em que, por iniciativa de uma indústria do setor do vestuário e da moda, em parceria com um grupo humano hoje minoritário e vítima de genocídio e etnocídio[22] ao longo da história do país, passa a encontrar uma oportunidade de parceria que permite a exteriorização e visibilização, a toda a sociedade brasileira, das belezas e riquezas de sua cultura e, ainda mais, gerando dividendos que retornam à coletividade, sobrepondo-se a uma relação iníqua e desigual, de exploração, a viabilização de janela de oportunidades materiais e que, além de tudo, confere um aspecto didático à experiência, no sentido colaborar para o combate ao racismo estrutural vigente no Brasil. Nas palavras de Adilson José Moreira[23]:

[21] INSTITUTO SÓCIOAMBIENTAL (ISA). *Alpargatas pintadas à mão por mulheres Kayapó ajudam na preservação da cultura indígena*. Disponível em https://pib.socioambiental.org/pt/Not%C3%ADcias?id=186416 – acesso em 10.03.2019.

[22] Acerca das discussões sobre a teoria do genocídio e do etnocídio, inclusive indígena, indicamos nossa obra *Genocídio Indígena no Brasil: O Desenvolvimentismo entre 1964 e 1985*. PEREIRA, Flávio de Leão Bastos. Curitiba: Ed. Juruá, 2018.

[23] MOREIRA, Adilson José. *Os Sentidos da Igualdade na Constituição Brasileira de 1988*, p.22/23. Obra coletiva 1988-2018: 30 Anos da Constituição Federal do Brasil. SANTOS JR., Belisário; VALIM, Rafael (Org.). São Paulo: Imprensa Oficial do Estado de São Paulo, 2018.

> [...] A ausência de igualdade de *status* cultural entre grupos tem um reflexo direto no *status* material, determinando a possiblidade dos indivíduos terem ou não acesso a oportunidades materiais... Mais do que um simples *status* jurídico que liga um indivíduo a uma nação, nossos tribunais enfatizam em decisões sobre os temas acima mencionados a dimensão moral da cidadania. Observamos em muitos julgados a afirmação da necessidade de uma grande mudança cultural para que o tratamento dos indivíduos no espaço público e no espaço privado sofra modificações significativas. Essa transformação surge então como um requisito necessário para que padrões culturais que representam grupos minoritários como pessoas essencialmente inferiores sejam eliminados...A ênfase no aspecto formal da igualdade pode contribuir para a reprodução da desigualdade ao impedir o reconhecimento do caráter coletivo dos muitos processos responsáveis pela injustiça social [...]

A análise crítica do autor acima, sobre o *conceito formal de igualdade* leva a uma conclusão importante, quando ressalta o risco gerado pela importância exacerbada eventualmente conferida a dito conceito (igualdade formal), exatamente por desconsiderar a importância do reconhecimento de que a sociedade brasileira é caracterizada por processos de exclusão e exploração, racismo e opressão, sobre coletividades. As ações remodeladoras das relações estabelecidas entre poderosos atores econômicos com grupos humanos vulnerabilizados na sociedade brasileira, especialmente proporcionando a tais grupos a possibilidade de preservarem seus referenciais culturais de forma conciliada com a geração de recursos materiais que revertam às suas comunidades e, ainda mais importante, gerado pela por suas próprias manifestações culturais, poderá concretizar a verdadeira cidadania – como no caso de parcerias entre a Alpargatas e o povo Kayapó, acima apontadas. Como explica Júlio José de Araújo Junior[24]:

> [...] Por muito tempo – e ainda hoje - tenta-se reduzir os problemas atinentes ao racismo e à exclusão unicamente a uma questão

24 ARAUJO JUNIOR, Julio José. *A Constituição de 1988 e os Direitos Indígenas: Uma Prática Assimilacionista?*,p.188. Obra coletiva Direitos dos Povos Indígenas em Disputa. CUNHA, Manuela Carneiro da; BARBOSA, Samuel (Org.). São Paulo: Editora UNESP, 2018.

> social, o que é constantemente desmentido pelas estatísticas. Da mesma forma, no trato de povos indígenas, diante de um cenário de extrema vulnerabilidade, a adoção de políticas compensatórias por meio de programas de transferência de renda não é suficiente para lidar com as peculiaridades socioculturais de cada grupo, uma vez que o incremento de rendimentos, sem a garantia de território ou do livre desenvolvimento de sua cultura, pode gerar desagregação social e internalização de práticas não cultivadas pelo grupo [...]

Na hipótese da apropriação cultural dos bens imateriais de grupos humanos tradicionais e ancestrais, tal constatação é particularmente cruel. O setor da moda, contudo nos últimos anos, se por um lado caracterizou-se por produzir algumas experiências típicas e comuns na sociedade brasileira, no sentido de perpetuar as devastadoras consequências do ponto de vista humano, cultural, financeiro e identitário, vem também demonstrando de modo crescente que ostenta importante e eficiente potencial para colaborar no sentido da construção de um país mais justo e menos racista em relação às suas minorias ancestrais e povos tradicionais, titulares de milenares e belíssimos referenciais culturais, na medida em que surgem novas parcerias e imprime maior responsabilidade socioambiental na produção e comercialização de seus produtos.

Conclusões

A percepção da necessidade de um melhor preparo dos profissionais atuantes nos quadros que compõem a cadeia produtiva no setor da moda, com maior sensibilização humana no sentido de pautarem seus relacionamentos com referidos povos (afinal, também cidadãos) pelo respeito e pela percepção de cosmologias absolutamente distintas daquelas dominantes nas sociedades envolventes, colaborará de modo muito mais célere, eficiente e abrangente para a construção de uma sociedade ética e mais justa, suplantando em muito as já conhecidas ineficiências e falta de visão do Estado brasileiro em relação às iniquidades éticas que pratica ou permite que sejam cometidas em seu vasto território, bem como servirá de exemplo aos respectivos agentes econômicos sobre como é possível a busca pelo desenvolvimento econômico justo, responsável e acessível a todos.

Especificamente no caso da moda, como afirmou a grande fotógrafa e ativista Cláudia Andujar, *o adorno é mais que um enfeite, é uma identificação com o mundo espiritual*. A moda pode significar também mais do que a mera oferta de peças de vestuário para vendas: ela pode simbolizar, outrossim, o grito transformativo da existência e do pertencimento.

Referências

ALMEIDA, Silvio. *O Que é Racismo Estrutural ?*. Belo Horizonte: Letramento, 2018.

ANDUJAR, Cláudia. *A Luta Yanomami*. Thyago Nogueira (Org.). São Paulo: Instituto Moreira Salles (IMS), 2018.

ARAUJO JUNIOR, Julio José. *A Constituição de 1988 e os Direitos Indígenas: Uma Prática Assimilacionista?*. Obra coletiva Direitos dos Povos Indígenas em Disputa. CUNHA, Manuela Carneiro da; BARBOSA, Samuel (Org.). São Paulo: Editora UNESP, 2018.

ARENDT, Hannah. *A Vida do Espírito: O Pensar, O Querer, O Julgar*. Rio de Janeiro: Ed. Relume-Dumará, 4ª ed., 2000.

BÔAS, Orlando Villas; PEREIRA, Flávio de Leão Bastos. *A Declaração Universal dos Direitos Humanos e seu Impacto nos Direitos dos Povos Indígenas: Diálogos Entre o Sistema Global e o Sistema Interamericano de Direitos Humanos – Os Direitos Humanos Diante do Multiculturalismo*. 1948-2018: 70 Anos da Declaração Universal dos Direitos Humanos. ARRUDA, Eloisa de Sousa; PEREIRA, Flávio de Leão Bastos (Org.). São Paulo: Imprensa Oficial do Estado de São Paulo – Escola Superior do Ministério Público, 2018.

BONADIO, Maria Cláudia. *O Corpo Vestido*. Sobre a Pele. Imagens e Metamorfoses do Corpo. MARQUETTI, Flávia Regina; FUNARI, Pedro Paulo A. (Org.). São Paulo: Intermeios; Fapesp, Campinas: UNICAMP, 2015.

CARTA CAPITAL. *Atlas da Violência 2017: Negros e Jovens são as Maiores Vítimas*. Disponível em https://www.cartacapital.com.br/sociedade/atlas-da-violencia-2017-negros-e--jovens-sao-as-maiores-vitimas/ - acesso em 09.03.2019.

El País. *A Zara tira de circulação uma blusa acusada de evocar o Holocausto*. Disponível em https://brasil.elpais.com/brasil/2014/08/27/economia/1409139237_268695.html. Acesso em 05.03.2019.

GOODWIN, Matthew J. e HEATH, Oliver: *The 2016 Referendum, Brexit and the Left Behind: An Aggregate☒level Analysis of the Result* - disponível em https://doi.org/10.1111/1467--923X.12285 - acesso em 05.03.2019.

IPEA; Fórum Brasileiro de Segurança Pública. *Atlas da Violência 2017*. Disponível em http://www.ipea.gov.br/portal/images/170602_atlas_da_violencia_2017.pdf - acesso em 09.03.2019.

INSTITUTO SÓCIOAMBIENTAL (ISA). *Alpargatas pintadas à mão por mulheres Kayapó ajudam na preservação da cultura indígena*. Disponível em https://pib.socioambiental.org/pt/Not%C3%ADcias?id=186416 – acesso em 10.03.2019.

MOREIRA, Adilson José. *Os Sentidos da Igualdade na Constituição Brasileira de 1988*. Obra coletiva 1988-2018: 30 Anos da Constituição Federal do Brasil. SANTOS JR., Belisário; VALIM, Rafael (Org.). São Paulo: Imprensa Oficial do Estado de São Paulo, 2018.

ORGANIZAÇÃO DAS NAÇÕES UNIDAS. *Declaração dos Direitos dos Povos Indígenas*. Disponível em https://www.un.org/esa/socdev/unpfii/documents/DRIPS_pt.pdf - acesso em 09.03.2019.

ORGANIZAÇÃO DOS ESTADOS AMERICANOS. *Declaração Americana dos Direitos dos Povos Indígenas*. Disponível em https://www.oas.org/en/sare/documents/DecAmIND_POR.pdf - acesso em 09.03.2019.

PEREIRA, Flávio de Leão Bastos. *Compliance, Direitos Humanos e Propriedade Imaterial Indígena*. Obra coletiva Governança, Compliance e Cidadania. NOHARA, Irene Patrícia; PEREIRA, Flávio de Leão Bastos (Org.). São Paulo: Revista dos Tribunais e Thomson Reuters Brasil, 2018.

PEREIRA, Flávio de Leão Bastos. *Genocídio Indígena no Brasil: O Desenvolvimentismo entre 1964 e 1985*. Curitiba: Ed. Juruá, 2018.

PIRES, Maria Coeli Simões. *A Proteção do Patrimônio Cultural Como Contraponto à Desterritorialização*. Bens Culturais e Direitos Humanos. SOARES, Inês Virgínia Prado; CUREAU, Sandra (Org.). São Paulo: Edições SESC, 2015.

PRESIDÊNCIA DA REPÚBLICA. Casa Civil. Subchefia para Assuntos Jurídicos. *Constituição da República Federativa do Brasil*. Disponível em http://www.planalto.gov.br/ccivil_03/constituicao/constituicaocompilado.htm - acesso em 09.03.2019.

R7. *Apropriação cultural é um problema da indústria do entretenimento ?*. Matéria veiculada pelo jornalista Helder Maldonado, 20 de novembro de 2017. Disponível em https://diversao.r7.com/pop/apropriacao-cultural-e-um-problema-da-industria-do-entretenimento-21112017 - acesso em 09.03.2019.

SILVA, Silvia Maria Cintra da; ALMEIDA, Célia Maria de Castro; FERREIRA, Sueli. *Apropriação Cultural e Mediação Pedagógica: Contribuições de Vigotski na Discussão do Tema*. Psicologia em Estudo, Maringá, v. 16, n. 2, p. 219-228, abr./jun. 2011.

SOUZA, Patrícia Borba de. *Direitos, Comunidades Quilombolas e Conservação da Biodiversidade: O Exemplo do Vale do Ribeira/SP*. Tese de Doutorado apresentada e defendida junto ao Programa de Direito Político e Econômico da Universidade Presbiteriana Mackenzie, sob orientação da Professora Doutora Solange Teles da Silva. Disponível em http://tede.mackenzie.br/jspui/bitstream/tede/3351/5/Patricia%20Borba%20de%20Souza.pdf – acesso em 09.03.2019.

The Economist. *Practising an ancient craft in a village without men - Indigenous artisans in Mexico are trying to protect their designs*. Disponível em: https://www.economist.com/the-americas/2018/08/23/practising-an-ancient-craft-in-a-village-without-men. Acesso em 05.03.2019.